U0919057

因为性别

改变美国女性职场环境的十个案件

Because of Sex

〔美国〕
吉莉恩·托马斯
-著-

李明倩
-译-

One Law, Ten Cases, and Fifty Years That Changed American Women's Lives at Work

译林出版社

图书在版编目（CIP）数据
因为性别：改变美国女性职场环境的十个案件 /（美）吉莉恩·托马斯（Gillian Thomas）著；李明倩译.—南京：译林出版社，2019.9
（法意 / 郑戈主编）
书名原文：Because of Sex: One Law, Ten Cases, and Fifty Years That Changed American Women's Lives at Work
ISBN 978-7-5447-7505-2

I.①因… II.①吉… ②李… III.①妇女权益保障法 - 研究 - 美国 IV.①D971.227

中国版本图书馆 CIP 数据核字（2018）第 205813 号

因为性别：改变美国女性职场环境的十个案件　[美国] 吉莉恩·托马斯 / 著　李明倩 / 译

责任编辑　王笑红
特约编辑　潘梦琦
装帧设计　今亮后声·小九
校　　对　蒋　燕
责任印制　单　莉

原文出版　St. Martin's Press, 2016
出版发行　译林出版社
地　　址　南京市湖南路 1 号 A 楼
邮　　箱　yilin@yilin.com
网　　址　www.yilin.com
市场热线　025-86633278
排　　版　南京展望文化发展有限公司
印　　刷　恒美印务（广州）有限公司
开　　本　850 毫米 ×1168 毫米　1/32
印　　张　12.5
版　　次　2019 年 9 月第 1 版　2019 年 9 月第 1 次印刷
书　　号　ISBN 978-7-5447-7505-2
定　　价　68.00 元

主编序

亚里士多德尝言："法律是摒除了激情的理性。"这句话如今已被许多人当成不言自明的真理。在价值多元、利益分殊的现代社会，唯有客观、中立、确定的法律才能定分止争，确立和维护秩序，这似乎也成了法治理想背后公认的现实考量。但法律能够摒除激情吗？法律能够兑现它所承诺的允正执中、不偏不倚吗？在民主、自由和多元文化等价值都颇受争议的时代，唯有体现了价值中立的法治很少受到挑战。中国也已经义无反顾地踏上了"建设社会主义法治国家"的道路。在这样的时代背景下，我们出版一套以讲述法律的真实故事为主旨的"法意"丛书，可谓正当其时。

首先，"徒法不足以自行"，法治在很大程度上意味着法律人之治，而自称并被许多人认为可以代表全社会公共利益的法律人，其自身也镶嵌在某一特定的阶层、种族、民族、性别和宗教认同之中。一位白人女性法官能够不偏不倚地判断一位黑人男性被告针对一位白人女性受害者的暴力犯罪吗？一位从未踏足过农村的科班出身的城市男性法官能够设身处地地理解农村外嫁女的处境，并在一起涉及外嫁女继承权问题的纠纷中作出公正的判决吗？本丛书所选书目大多是叙事类法律作品，它们可以帮助我们看到一个个真实的法律人如何在自己的各种群体认同和社会关联中操作法律的运转。

其次，说法治大体上是法律人之治，并不意味着否认法治与人治之间的区别。认识到可能导致法律人产生偏见的那些因素后，当然可以通过一定的制度设计来折冲这些偏见的影响。但人与人是不一样的，如果法律对人的性别、种族、民族和宗教信仰上的差别视而不见，变得色盲乃至全盲，它其实是在以社会的主流价值同化其他一切价值。其潜台词是：你变得跟我们一样，我们就以对待彼此的方式来对待你。本丛书关注女性、少数族裔和边缘群体在现代法治社会的真实处境，试图讲述平等在身份认同多元化的现代社会的复杂处境。如何以一般性的规则来分殊地对待希望保持自己的差异性的个人和群体，这也是现代法律所面临的独特而复杂的问题。

第三，法律是现代社会统治正当性的主要来源，因此，它除了涉及依法治人者与被治者之间的关系外，还涉及公众对法律舞台上所发生的事情的观感。“正义不仅应该被实现，还要以人们看得见的方式来实现。”法律的叙事可以帮助我们理解法律的真实运作状态，从而避免产生过高的期待。但对复杂性的揭示又可以使人们避免从盲目乐观直接滑向愤世嫉俗，理解法治可能是各种选项当中最不差的那一个。同时，它只是我们所需要的各种公器当中的一种，尽管是最基础、最低限的那种。

第四，法律是有时间维度的，它在初始状态可能蕴含着无限的可能性，但此后的每一次应用、每一个案件都把它的潜力固定了一点，到最后，它的可能性会完全变成现实性，从而失去了应对未来的能力。我们所选的作品中有不少历史类作品，即使不是历史类作品也多包含历史叙事的维度。马克·吐温尝言，历史不会重复，它只押韵。

如果人类生活的世界是一首诗，我们就要学习寻找历史的韵脚，从而把它写成一首兼顾四维的诗。

最后，为了避免把自己的主观确信当成客观确定性，我们要知道每一项规则、每一个事实都有不同的故事线。虽然法律只负责处理一条故事线，即用证据可以证明的那一条，但这些书可以帮助我们看到，即使是有证据支持的那一条故事线，也不一定就是真实发生的。法律所面对的平行世界，不是科幻的，而是现实的，它必须应对有限的人类认知能力、办案资源和时间约束下及时、准确、果断地处理案件的压力。法律除了连接应然世界和实然世界，还展示可能世界。本丛书也欢迎各种能够开启法律人的想象力和创造力的作品。

殊方未远，故国日新，全球化和中国高速转型是我们所处时空的两大特点。在这个信息爆炸和知识碎片化的时代，我们需要保有和培育在“乱花纷飞迷人眼”的现世中以不变应万变的人性尊严和知识立场。大数据和人工智能正在改变整个人类的命运，英国贵族罗素早在半个多世纪以前就曾指出，人类所有基于演绎推理的知识生产能力最终都将被机器所超越和取代。人类的尊严端赖于综合应用情感和理性的能力。法律的公平与正义，也浸润在这种人的特有能力之中。本丛书不以观点、立场取文，凡“析理精微、序事清润”者，皆在备选之列，但求“陶匏异器，并为入耳之娱；黼黻不同，俱为悦目之玩”。

郑戈

2019年1月1日

代译序

性别平权，道阻且长

这是一部讲述美国职业女性与不平等现实抗争的故事书，也是记载美国最近50多年职业女性处境逐渐改善的历史书，当然，它首先还是分析美国相关立法变化、司法文化变迁的法律书。

一

1964年2月8日，众议院就《民权法案》议案进行辩论的最后一天，老议员霍华德·史密斯，这位一向以顽固著称的种族主义者和公开的民权反对者，出于至今仍被争论不休的动机，提出在法案第七章“就业机会平等”的一些条款中，应该在“种族”、“肤色”、“宗教”和“民族”之外增加“性别”，这一提议获得多数议员赞成，同年7月2日，林登·约翰逊总统签署颁布《民权法案》，“性别”正式进入法案。此过程多少有点偶然和吊诡，但毫无疑问，正是因为引入了“性别”二字，这一法案的颁布才成为美国男女平权运动的一个重要时刻，成为美国职场女性的福音，改变了人们对职场女性的认识，也改变了对女性本身的看法。而这一法案、这一时刻，也便成了本书全部十个故事的起点。

1966 年，佛罗里达州。育有一个三岁孩子的母亲应聘导弹制造公司的组装工而遭拒。职业母亲求职时事实上被贬低，雇主招工时使用"性别加其他"标准来进行筛选，这样做是否违反《民权法案》，引起了最高法院第一次考虑并解释《民权法案》第七章及其"基于性别"的内涵，这是第一个故事，菲利普斯诉马丁·玛丽埃塔公司案（1971 年）。

1965 年，亚拉巴马州。体重 130 磅的女青年应聘警察被拒，拒绝信里明说的理由是她未能达到最低 160 磅的体重标准，同一个镇上，另一年轻女性应聘州狱警也因体重没有达标而被拒。将女性排除在一些职业门槛之外，是因为"业务必要性"，还是基于"女性无法胜任"这一刻板印象的歧视，这是第二个故事，多萨德诉罗林森案（1977 年）。

1973 年，加利福尼亚州。根据水电局的养老金政策，因女性寿命平均比男性长五年，所以要求女员工每月须比同龄男同事多缴纳 15% 的养老金，但退休时所领的实际养老金却没有增加。不同性别所需缴纳的供款差异，构成了性别歧视还是符合同样属于《民权法案》第七章的班尼特修正案，这是第三个故事，洛杉矶水电局诉曼哈特案（1978 年）。

1978 年，首都哥伦比亚特区。年轻女性入职银行后不久，即遭受男上司持续不断的非分之求和性虐待，在为了生计隐忍三年多之后，她终于忍无可忍，在向联邦地区法院提起诉讼后不久即因"请了太多的病假"而被辞退。作为管理者的男上司是否构成性骚扰，进而言之，是属于"交换条件"的骚扰还是"恶意环境"的骚扰，这是第四个故事，也是联邦最高法院首次审理性骚扰案件，美驰联邦储蓄银行诉文森案（1986 年）。

1982 年，加利福尼亚州。一个在休产假三个月后想重返岗位的年轻母亲被告知，其原来的职位已经另有新人，在向州公平就业和住房部投诉并由其着手调查七个月之后，她被安排到另一部门，并受到监视和排挤。不让休产假之后的妇女恢复原职，是否违反了该州的《孕期工作受限休假法》，还是该州法对于怀孕职工的“优待”本身就违反了（经《反怀孕歧视法案》修正过的）《民权法案》第七章的规定，这是第五个故事，加利福尼亚联邦储蓄信贷银行诉格拉案（1987 年）。

1982 年，弗吉尼亚州。普华会计师事务所政府业务部的女咨询师在任职四年后，因业绩优异、能力超强而得到普华合伙人的提名，与其他 87 名业绩和工龄都逊于她的男同事一起申请普华合伙人席位，尽管有一半以上的被提名者得到晋升，但她因“像个男人”“女人味不足”而遭淘汰，而作出这决定的是由八个她几乎不认识的男性同事组成的委员会。她是否遭受到了源于性别刻板印象的歧视，普华是否存在有性别偏见的评估体系，这是第六个故事，普华诉霍普金斯案（1989 年）。

1982 年，汽车电池制造公司向其全球电池加工部门的所有工厂发布备忘录，明确要求所有怀孕和有生育能力的女性不能从事涉及铅暴露的工作，致使相关的在岗女职工要么调职，要么绝育，正在应聘的女性若不出示不孕证明的则统统不予录取。该公司将有生育能力的女性驱逐在铅暴露的岗位之外，是为了保护下一代，存在业务必要性还是有损女性的职场平等权利，决定女性繁育角色的到底应该是雇主还是女性自己，这是第七个故事，国际公会、全美汽车工人联合会诉江森自控有限公司案（1991 年）。

1987 年，田纳西州。叉车公司租赁部女经理，时时遭到男老板的语言调戏，而且工作能力也常受其嘲讽和侮辱，心理压力极大，出现失眠、酗酒、痛苦、颤抖等症状，在忍耐了两年后不得不辞职。老板的这些行为只是属于职场中一个不上品男人的普通下流玩笑，抑或已经构成对于女经理的歧视性、恶劣的工作环境，这是第八个故事，哈里斯诉叉车公司案（1993 年）。

1997 年，单亲母亲应聘成为铁路公司的铲车工，成为该部门近

100 名雇员中的唯一女性，其直接主管，铁路公司的一名老员工，不时找碴甚至戏弄她。她首次向公司人力资源部门投诉后，该主管被停薪停职十天，可她本人也被调整为工作更辛苦的普通铁道工，而该主管复职后仍然是她的主管，且又故技重演，公司方面也竭力监视、孤立她，致其患严重抑郁症。男主管的行为对女下属是否构成恶意工作环境，将投诉者从铲车工调整为铁道工及后来的停职，是合法惩戒还是非法报复，是否构成报复性歧视，这是第九个故事，北伯林顿与圣达菲铁路公司诉怀特案（2006 年）。

2006 年，两次尝试试管婴儿失败后，第三次在休假期间终于怀孕的女空运快递员，休息三个月后想回到工作岗位，却被告知，孕期她不能继续工作，虽然该公司允许对因公受伤者、残障人士及不能再持有商业驾照者都可重新分配从事轻负荷工作或转做内勤，但孕妇却不在其列。直至生下女儿两个月、公司停发了近六个月工资之后，该女士才得以重返工作。公司可以给从事不同工作岗位的上述三类人提供便利，却将孕妇排除在外，这是否属于怀孕歧视，有违《反怀孕歧视法案》，这是第十个故事，扬诉美国联合包裹服务公司案（2015 年）。

这是十个真实故事，也是十则具有里程碑意义的判例，它们都辗转到了联邦最高法院，一则案例一章，十则案例从第一章到第十章的排列，就是按照联邦最高法院作出判决的时间先后。家有幼童的母亲能成功应聘，休完产假后能够恢复原职，不能借口为了保护下一代而将女性排除在一些岗位之外，孕期能继续从事力所能及的工作并得到合理的安排，女性也能当警察，不能因“女人味”不足而在升迁时遭到歧视，不受到老板的性骚扰甚至性虐待，在男人扎堆的工作环境中不遭受上司和同事们不怀好意的品头论足乃至嘲弄侮辱，遭遇类似欺负时如果进行投诉而不遭到报复，不能因为平均寿命长而缴纳比男同事更多的养老金，凡此种种，正是因为这些案例，才得以成为现实。

二

如果说，1964年《民权法案》第七章对美国法律和文化的影响完全是革命性的话，促就这种革命性影响真正奏效，首先要归功于各个案件中的当事人——艾达·菲利普斯，戴安娜·罗林森，玛丽·曼哈特，米歇尔·文森，莉莲·加兰，安·霍普金斯，江森公司的八名员工，特蕾莎·哈里斯，希拉·怀特，佩吉·扬。从一定意义上说，她们都是当时的职场文化中的叛逆者，在抗争过程中都曾犹豫、惶恐和困苦，在开始走向法院时不知胜诉概率有几许，但在复杂跌宕的漫长诉讼中，她们每一个人都展现出顽强意志，义无反顾坚持到最后。所有案件均成功获得法院最终判决的支持，但在判决的实际履行中往往是草草收场。就个人而言，相比于最初的诉求，她们的直接所获或多或少都打了折扣，其中有的可谓只是杯水车薪。比如，第一个案件中，官司打了四五年，艾达·菲利普斯最终仅从马丁公司获得一万余美元；第二个案件中，罗林森好不容易根据法院判决得偿所愿在州惩教委员会当上狱警，却在雄性激素爆棚的职场中处处受排挤，甚至遭到不明原因的调查，最终不得不辞职。相比于个人所获的不尽如人意，她们所做的更大贡献在于，为其他职业女性后来遇到类似困境、寻求保护时树立了榜样，开辟了新的法律基础，对于美国职场文化的改进功不可没。毫无疑问，她们个个都是偶像，都是英雄，她们是从草根中走出来的历史创造者，她们的名字永远铭刻于美国的男女平权史。

当然，与这些草根英雄一起参与改写美国历史的，还有其他一大批机构、团体及个人。

无疑，在此当首先提及的是，根据《民权法案》第七章成立、负责实施该法的平等就业机会委员会，尽管在其成立初期主要负责人对该法案也不以为然，甚至视法案为“侥幸出生的私生子”，在一些时期其对于法案的解读立场，也曾因受到党派不同政策的影响而摇摆，但是，当事人若要寻求根据该法第七章的法律保护，先决条件就是向这个机构提出指控，因此它是上述每一个案件的出场者，其年度报告及其不断更新发布的《反性别歧视指南》，本身就是男女平权史的组成部分。其他的还有美国公民自由联盟、美国公民自由联盟女性权利项目、南方反贫穷法律中心、全国妇女法律中心、全国妇女组织法律辩护与教育基金会（即后来的全国妇女和家庭联盟）、执业女性协会、全国有色人种协进会法律辩护和教育基金会、全美汽车工人联合会、美国心理学协会，等等，都是其中一些诉讼的重要助推者，非官方机构和社团的积极作用展现了美国社会的特色和蕴力。

在美国的司法文化中，这些案件的每一个当事人之所以能走进法院大门，都得有来自专业律师的鼓励和陪伴。不能说律师们接手案件时动机和目的都是如何崇高，但客观上却都助力了历史性结果的达致，他们有的是刚踏入律师业的菜鸟，有的却是鼎鼎大名的学者。如在第四个案件中参与为文森辩护的凯瑟琳·麦金农，她是杰出的女权主义法学家、名著《对职业女性的性骚扰》的作者，而第十个案件中扬的两位辩护者之一萨姆·巴根斯托斯曾任金斯伯格大法官的助理、奥巴马政府的官员，是《美国残障人士法案》方面的著名专家。学者，当然也不会缺席。

这些诉讼大多经历了联邦的地区法院、巡回上诉法院和最高法院，每一次庭审、每一份判决意见书，展现的是法官或保守或激进，或犀利或温和，或果断或矛盾的个人风格和法律观点，记录下的是美国并非顺坦的男女平权演进史。从作出第一个判决的1971年，到作出第十个判决的2015年，就最高法院而言，恒定的是九人，但经历了从伯格法院、伦奎斯特法院到罗伯茨法院的转变，而最显著的改变是，在作出这第一个判决十年之后的1981年，有了有史以来的第一个女大法官奥康纳。最高法院第一次将美国宪法第十四条修正案平等保护条款推及妇女权益保障的里德案（*Reed v. Reed*，1971），该案胜诉方辩论意见书的主要作者、美国公民自由联盟女性权利项目的共同创办者和领导者金斯伯格，在1993年成为奥康纳的同事。在2015年，女大法官在最高法院早已经占了三分之一。参与审理这些案件的女大法官（当然也包括她们的男同事）本身都是美国男女平权史的书写者，她们也是《民权法案》第七章及其实施、女性职场环境不断改善的受益者，1952年从斯坦福大学法学院毕业的优等生奥康纳，1959年以班级第一名毕业于哥伦比亚大学法学院的金斯伯格，毕业时没有一家律师事务所愿意雇用她们。

三

从第一个到第十个案件，无论当事人及其律师，还是审理法官，主要依据的都是《民权法案》第七章，但不同法院对同一案件作出不同判决，同一案件的双方律师针锋相对，那是源于他们对于法条的不同解读。不过，在十个判决相继作出的这些年间，法律法规本身也在变。

不仅平等就业机会委员会定期更新《反性别歧视指南》,《民权法案》第七章也在修改。比如，颁布伊始，它并没有适用于联邦、州和地方政府等设有执法机构的那些部门，直到1972年国会修改法律，政府雇主才适用该法，女性才得以通过诉讼方式来获得那些工作。1991年修改法案，联邦地区法院才用陪审团来审理此类案件，此前都是由法院“书面裁决”，也就是说，仅根据律师辩论意见书中的观点进行判决。可见，其实体和程序，都有变化。

同时,《民权法案》第七章的一些内容还因其他相关法律的通过而得以补充、修改。比如，美国国会于1978年通过《反怀孕歧视法案》，明确了"基于性别"的歧视也意味着"基于怀孕"的歧视。

对于美国的司法机制和实践，中国的法学者多多少少都会关心，有所了解。而这样与同一法案有关的十则案例的汇辑，则向我们立体地呈现了美国此类案件司法审判的诸多细节。一些法律术语，如全院庭审（*en banc*）、法庭之友意见书（*amicus* briefs）、调卷令申请（petitions for *certiorari*）、言词辩论（oral arguments）等，也经这些案件过程的描述，而让人更觉感性。这些案件中，只有第二个案件因为除《民权法案》第七章之外还涉及宪法问题，而当时联邦法律允许州绕开巡回上诉法院，所以直接向联邦最高法院寻求司法审查，其他九个案件都是从联邦的地方法院、巡回上诉法院到最高法院，联邦系统三级法院的审理程序及它们之间对于相同案件的一些分歧，不同巡回上诉法院在遵循相同先例时所出现的"分裂"，读来也更有趣。

联邦最高法院在认为有必要消除巡回上诉法院之间的观点冲突，以确保法律适用的统一性时，或者在认为有争议的法律问题非常重要，且被上诉的判决明显错误时，才会签发调卷令，作出判决，进行更正。这十个案件从每年成千上万份调卷令申请中撞大运似的获得最高法院的青睐，得以走进最高司法殿堂并被改判，也让我们了解到美国司法审查制度实际运行过程的鲜活。而当读到最高法院审理第八个案件时，看到与职业生涯中一直在推动女权案件诉讼的金斯伯格坐在一起的，还有克拉伦斯·托马斯，则让我忍俊不禁，确实很难想象这二位在一起审理这一案件的场景。这位托马斯大法官，曾是里根总统任命的平等就业机会委员会主席，他在处理第四个案件当事人文森的投诉时，既强烈反对支持"恶意环境型"诉讼，也反对因管理者的骚扰行为而产生的自动性雇主责任，在文森案判决五年后，被女助理指控正是在文森案前后曾实施第八个案件当事人哈里斯起诉哈迪的那种下流行为的他，在被提名时虽遭到女议员、女学者们的强烈抗议，却仍然坐上了最高法院大法官的宝座。在法庭言词辩论时，当双方就男老板哈迪对于自己女下属哈里斯的行为到底是普通的下流玩笑还是歧视骚扰针锋相对时，坐在法官席上的托马斯，他会回想起或懊恼些什么吗？身边的金斯伯格，还有奥康纳，还有其他几位同事，心里会否有嘀咕或者用眼睛的余光多瞅托马斯几眼呢？在此，实在忍不住要这样腹黑两句，呵呵。

诚如作者在本书尾声中所言，50年来，美国女性职场环境的改善和其他更多的改变，都应归功于《民权法案》第七章和这十个案例。它们为当代美国社会谱写了一曲高扬的旋律。不过，谁也否认不了，在美国，或在其他国家，直至今日，男女不平等还程度不等地存在，职场女性的困顿仍是各种各样。本书作者吉莉恩·托马斯系美国公民自由联盟高级专职律师，她基于自己的观察和灵感，撷取这十个改变女性职场文化的判例，通过采访当事人及其家属、律师等，撰成此书。它通俗但有意蕴，简洁却意味深长，一出版便成为畅销书。在李明倩博士的精湛翻译下，这种风格在中文版中得以留存，其中的人物和事件也栩栩如生，十分传神。在2017年的最后两个月，因受邀写序，数度浏览这译稿，越读越有感触。没有男女平权，奢谈文明发达，美利坚如是，其他国家亦然。环顾左右，我相信，其中文版的问世，必定广受关注，并将惠泽无数。

是为序。

李秀清

2017年12月15日

献给我的父母，感谢他们为我做的一切

目 录 | Contents

导 论

1964 年 2 月 8 日，一位名叫霍华德·史密斯的国会议员步入了 1
众议院的会场。时年 80 岁的史密斯是坚定的种族隔离支持者，但他永久地改变了美国职场女性的命运。

这是具有里程碑意义的 1964 年《民权法案》议案在众议院进行辩论的第八天，也是最后一天。史密斯提议的修改主要涉及就业机会平等的第七章。当时的草案已经禁止基于种族、肤色、宗教、民族的歧视，但是史密斯，这个来自弗吉尼亚的民主党人，还想再增加一个类别。书记员大声宣读了史密斯的提案："在议案第 68、69、70 和 71 页的'宗教'后面加上'性别'一词。"[1]

史密斯提议的"小修改"[2]虽然只是为了哗众取宠，但他称这是受到一名女性选民的来信启发，那位女选民希望政府能"保护我们那些单身的姐妹们"，她们由于缺少合格的学士学位而吃了不少苦头。[3]史密斯在满场男性听众大笑后说，"我读这封信只是为了解释女性确实有不容小觑的苦衷，确实有亟待保护的重要权利。我对此非常认真"。[4]主持众议院辩论的监察人，来自纽约的伊曼纽尔·塞勒也取笑道："根据我 49 年的经验——明年我将庆祝我的第 50 个结婚纪念日——可以说，女人在我家的地位可不是少数派。"他说，

“我通常都会在句尾说两个词——‘好的，亲爱的。’”[5]

在座的 12 名女性众议员中有几人起身，试图让喧笑声停下来，并呼吁众人认真考虑该修正案。来自密歇根州的民主党人玛莎·格
2 里菲思[1]得偿所愿。“如果说确有必要点明女性是二等性别，”她说，“会场上的笑声足以证明。”[6]（支持这项议案的）格里菲思理智地呼吁《民权法案》的反对者——主要是史密斯这样的南方民主党人——给予支持。那时，这部令他们憎恨的法律获得足够多的赞成票已是不可避免。所以格里菲思警告，如果没有性别条款，第七章只会使黑人女性获得比白人女性更多的权利。[7]“白人男性今天给该修正案投下的反对票，也是投给他们的妻子、遗孀、女儿或姐妹的反对票。”[8]

这场后来被称为“众议院女士节”[9]的会议本是史密斯为了将《民权法案》扼杀于襁褓中而耍的小伎俩。[10]毕竟，布尔·康纳和伯明翰市的恶劣行径成了全国性的新闻后，很多白人议员已经可以接受非裔美国人享有民权，但“女性享有民权”在其看来仍然只是笑谈。

史密斯这样一个公开的民权反对者，长期以来却支持平等权利修正案（Equal Rights Amendment），这看起来有些自相矛盾。但在平等权利修正案支持者们的施压下，史密斯确实已经持续几周放出风声，说他会提出一个“性别”修正案。（大多数性别平等权利修正案的支持者是白人，他们保留着不甚含蓄的种族主义激进思想。早

[1] 玛莎·格里菲思（Martha Griffiths, 1912—2003），美国众议院筹款委员会的首位女性成员，1954 年以民主党人身份当选密歇根州首位女性联邦众议员。——译注（说明：本书页下注均为译注，以下不再一一标明）。

在一个多世纪以前，他们就公开谴责扩展那些惠及非裔男性公民、却不让女性享有的权利的法律保护，例如选举权。）[11] 史密斯与南方制造业有密切的利益关系，他深深了解废除限制女性工作时间的州法，允许女性与男性工作同等时长将会释放大量人力资本。[12]

几个小时后，史密斯的提案进入投票环节，最终以 168∶133 的结果获得通过，大部分赞成票来自共和党人和美国南方的民主党人。[13] 旁听席上传来一名女性的呼喊，“我们赢了！我们赢了！”不一会儿又有人高呼：“我们做到了！天佑美利坚！”[14] 当该议案进入参议院投票环节时，史密斯提出增加的“性别”条款也被完整地保留了下来。1964 年 7 月 2 日，总统林登·约翰逊签署通过了《民权法案》，使其正式具有了法律效力，其中有一条明令禁止“基于性别”的就业歧视。[15]

如今，大部分美国职场女性可能无法想象，她们要感谢一名顽
固的八旬种族主义老翁，他将工作中的性别歧视归于非法。尽管历 3
史学家们至今仍为史密斯提出修正案的动机聚讼纷纭，[16] 这部法律是非裔美国人争取民权的标志性成就，也是性别平等斗争中的一座里程碑。《民权法案》第七章拉开了女性革命的帷幕。

正如《广告狂人》所呈现的，在 1964 年的美国社会，不足半数的美国女性从事有偿工作，仅占全美劳动者的三分之一。大部分职业女性从事的岗位种类稀少，薪酬低廉，如秘书、侍者和教师[17]，考虑到当时的招聘广告通常分为“职位招聘——女性”或“职位招聘——男性”，这一点并不出人意料。男性上司、同事的斜睨、身体触碰和求欢等行为对职业女性来说就像空气里的烟味一样稀松平常。怀孕——甚或是结婚——意味着失去工作。

今天，“歧视女性”（Jane Crow）[18] 的那一套再也行不通了。60% 的女性在外工作，约占全美劳动者的一半，70% 的职业女性育有子女。[19] 女性的身影遍布政界、商界、医学界、法学界、新闻界和学术界等领域的最高层。最高法院有三分之一的大法官是女性。也许我们很快就能见到，女性当总统也不再是遥不可及的事。曾经普遍存在于职场、被视为常态的性行为也有了一个新名称：性骚扰。女性在怀孕晚期也能正常工作，并且大部分人在生育后都能重返工作岗位。[20]

没有《民权法案》第七章，就不可能有今天的发展。然而，1964 年《民权法案》的颁布只是一个开端。接下来发生的一切才是本书的起点。

女性开始以《民权法案》第七章为武器争取职场上的公平。最初根据第七章提起诉讼的女性并不能总是遇到友好的庭审，1964 年，在 422 名美国联邦法官中，只有三人是女性。[21] 而且，因为第七章中性别条款的添加时间过晚，并没有常规的国会听证会和委员会报告对“基于性别”而产生的歧视进行界定。

不过，随着法院作出了一个个有利的判决，“基于性别”的歧视的定义也逐渐被廓清。这些案件中，有一小部分一路辗转到最高法院，使得最高法院对第七章的解释得以约束全国所有法官。

大部分将维权斗争带到最高法院的女士们不甚有名：艾达・菲利普斯、布伦达・米耶斯、金・罗林森、来自洛杉矶水电局的女士们、米歇尔・文森、莉莲・加兰、安・霍普金斯、来自电池制造商
4 江森自控有限公司的女士们、特蕾莎・哈里斯、希拉・怀特和佩吉・扬等。她们中的大多数人属于中产阶层或工人阶层，除了热忱的律师和一些支持她们的家人朋友，大都独自经历了数年的诉讼。

没有一位女士在诉至联邦最高法院之前打算放弃。她们只是想要一份工作而已。

在很长一段时间里，许多当事人不仅仅要与带有偏见的雇主、漠不关心的法官斗争。平等就业机会委员会（Equal Employment Opportunity Commission）是根据第七章设立的，负责实施该法，该机构却和史密斯当时的大部分听众一样，认为性别平等修正案十分可笑。一名记者询问平等就业机会委员会的首任主席小富兰克林·罗斯福："你怎么看待性别？"他得到的回答是："别让我谈这个，反正我完全支持。"[22] 而该机构的首届执行董事之一则将该修正案贬斥为"侥幸出生的私生子"。[23] "所有工作都应面向两性"的观念在该机构官员的嘲讽下，成了一个广为流传的笑话，即第七章制造了一个"兔女郎问题"——《花花公子》杂志也应当邀请腿毛浓密的男士当"兔女郎"。[24] 同样不可思议的场景还包括，《纽约时报》写道："女士申请在土耳其浴室做服务生，男士想做女士胸衣店店员，还有的女士想做纤夫，但拖船上只有给男人们睡觉的位置"。[25]

尽管在平等就业机会委员会成立的第一年，女性提起的歧视指控占了全部案件的三分之一，[26] 但官员们的沙文主义严重影响了处理这些问题的速度。幸好委员会中还有一小群意志坚定的女性辩护律师，此外，1966 年，一些社会活动家不满平等就业机会委员会对第七章性别条款的漠视，成立了全国妇女组织（National Organization of Women），并对委员会发起抗议。平等就业机会委员会最终形成了一个更加积极、强硬的立场。它指出那些区分性别的招聘启事违反法律，指责禁止空乘结婚的航空公司系非法地将女性贬低为性对象，认定限制女性劳动者搬运重量和工作时长的州

"保护性法律"已被第七章制止，因而无效。在《民权法案》第七章于 1972 年修订后，平等就业机会委员会得以以自身名义提起诉讼，这些诉讼成为先前全国数百起个人维权诉讼的重要补充。

5 本书中庆祝的胜利并不意味着第七章是治愈职场中性别不平等现象的万灵丹。首先，《民权法案》不适用于雇员少于 15 人的雇主，有人估测，这将使近五分之一的雇员（无论男性还是女性）不在该法保护的范围之内。[27]

美国数百万职场女性所从事的工作不能帮其摆脱贫困，反而危及她们的健康，没有提供任何养老保险或福利津贴，没有考虑女性妊娠或养育孩子的责任，甚至偶尔请一天病假也不被允许。即使是职业女性，怀孕和做母亲仍旧会对她们的事业发展具有极强的破坏性，从而形成影响她们对工作的忠诚感的有害刻板印象。[28] 性骚扰仍旧很普遍，特别是在男性主导的领域和一些低收入的劳动场所。电子邮件、短信和社交媒体使骚扰者得以用一种有时让人战栗的新方式表达其不受欢迎的关注。薪酬不平等现象依旧存在，尽管受教育程度和工作经验是决定薪酬高低的主要因素。男性赚到一美元时，白人女性的工资才艰难上涨到 78 美分，可以想象，有色人种女性的薪水差得更远。[29] 时至今日，人们在看到女建筑工人或者女消防员（或者男护士、男秘书）时还是感到很稀奇。长期以来，女性在科学、技术、工程、数学领域和金融行业中的代表性远远不足，公司高层中的女性人数少之又少。[30]

在这些问题当中，只有一部分能归为"基于性别"的歧视，另外一些问题需要通过制定新法或修改旧法才能解决。有些问题需要雇主政策的主动改变，还有些问题则要交给文化变革潜移默化的影响。即使我们很容易因为周遭那些令人瞠目的不平等状况而灰心丧气，我们也明白，相比以往更加糟糕的时候，至少现在已经取得了些许进步。

一位杰出的女性主义律师曾谈及为就业歧视案件中的女性代理时的感受，“这条路如此艰难，我经常听到客户说，‘为什么是我？为什么让我遭遇了这一切？为什么我的生活因为这个完全没有权利
这样对我的讨厌鬼而天翻地覆？’这不公平。然而，法律正是由那 6
些勇敢向前、挺身面对的女性改变的，她们为我们铺平了道路”。[31]

本书旨在向一些这样的女性致敬。她们取得了具有历史意义的法律胜利，惠及众人，她们的名字却往往鲜为人知。本书中的这些判例创设的许多权利已深入我们的现实生活，我们完全意识不到，就在不久之前，它们还完全不存在。

此书的灵感来自我本人代理案件的经历，很多被代理的女性都非常像书中那些当事人。她们在试图纠正遭遇到的那些不公时，常常要付出巨大的个人代价。想到她们所展现出的坚强意志，我意识到，这些把官司打到最高法院的女性还要面临一个额外的挑战：她们正在开辟崭新的法律领域。我援引她们协助创造的先例，获益良多，但在**她们**前往法院时，所遭遇的困境却是该法几乎尚未开始解决的问题。

在对案件胜诉的可能性如此不确定时，在一个仍对职场女性有所怀疑的文化中，提起性别歧视诉讼需要非同小可的勇气。我想去认识这些女人，讲述她们的故事。

第 1 章

有孺之妇

菲利普斯诉马丁·玛丽埃塔公司案

Phillips v.
Martin Marietta
Corporation, 1971

7 1966 年 9 月，一个炎热的晚上，佛罗里达州，艾达·菲利普斯坐在餐桌旁写信，她娇小的身躯倚靠在印有黄绿花朵的桌布上，用工整的草书字体很快就写满了三小页纸。“致美利坚合众国总统，”她写道，“此刻，1966 年 9 月 6 日下午七点。我应聘佛罗里达州奥兰多市的马丁公司，他们正在招聘 100 名组装工。但填写完申请表后，接待员告知我，由于我有学龄前孩子，我的申请不可能成功。”[1]

一个邻居提醒菲利普斯关注马丁·玛丽埃塔公司[1]在报纸上的公告。马丁公司是一家导弹制造商，其中一家工厂就设在距奥兰多市区十英里处。[2]他们有数以千计的员工，是奥兰多市最大的雇主之一。[3]流水线上的基本工资高达每周 125 美元，[4]相当于菲利普斯在甜甜圈小屋做服务员的收入的两倍。[5]更为优厚的待遇是，这份工作

[1] 以下简称“马丁公司”。

附有退休金计划[1]和其他福利，还包括保险。“你最好尽早办妥。”邻居建议说。他让菲利普斯将他列为推荐人，因为他正就职于马丁公司。“肯定会有很多人想应聘这份工作。”

菲利普斯决心成为其中一员。时年 32 岁的她有 7 个孩子，从 3 8
岁到 16 岁不等，她一直为生计奔波。她每天都要计算自己轮班期间获得的小费，纠结可以买什么用于做晚餐。所剩不多的钱也全被用来支付账单。她的丈夫汤姆·菲利普斯是一名技工，嗜酒成性，他的工资没法指望。

于是，菲利普斯，这个性情活泼、笑靥如花的红发女子，驱车 10 英里前往位于柯克曼路的马丁公司的工厂，递交申请表。当她来到队伍前列时，接待员询问她的孩子是否已经入学。在听闻她有一个 3 岁的孩子后，接待员拒绝了她的申请。菲利普斯的女儿已托管至托儿所，[6]而且住在附近的妹妹和邻居家的全职妈妈都能帮忙照顾孩子，但这些都无济于事，该公司拒绝带有幼童的女性。“我当时感觉整个世界都崩塌了，”菲利普斯回忆道，“我对此曾满怀希冀。”[7]她需要这份工资，她的孩子也需要这份福利。

这就是菲利普斯决定给总统林登·约翰逊写信的缘由。“我的总统先生，容我斗胆一言，我认为这有悖于您在执政期间颁布的政策，”她恳求道，“即机会均等、就业平等和宪法权利。”[8]菲利普斯并未过多关注这些政策，但她最近登记成为选民，并开始“从头到尾读报纸”。[9]她可能并不十分了解 1964 年《民权法案》，但凭直觉也感到马丁公司的行为有违法律。

---

[1] 退休金计划（pension plan），雇主拟订和实施的向退休雇员或其受益人支付长期退休津贴的计划。

菲利普斯的女儿薇拉·撒普回忆起邻居前来拜访的那个晚上。他来确认菲利普斯是否已经办妥。听闻此事，他很震惊。毕竟**他**也有学龄前的孩子，但公司并没有辞退他。“你应该再回去看看，”他建议，“去问他们为什么。”菲利普斯答应了，并在第二天又去了一趟工厂。但接待员未给出任何解释，只是重复公司规章：拒绝雇用带有幼儿的女性。

在把信件投入邮箱后不到一个星期，菲利普斯就收到了白宫的回信，称已将她的投诉信转交至负责实施法案第七章的联邦平等就业机会委员会，以做进一步调查。[10]

9 1967 年夏天，平等就业机会委员会作出有利于菲利普斯的裁决。[11] 在多次劝说马丁公司给予菲利普斯其所申请的工作以便结案未果后，[12] 1967 年 11 月，平等就业机会委员会向已随家人移居至杰克逊维尔市的菲利普斯邮寄了一份通知，称已尽其所能，但她仍有权就该案向联邦法院提起诉讼。[13] 显然，菲利普斯不想就此作罢，她非常愤怒，无法接受未获聘用的事实。现在，她需要聘请一名律师。

菲利普斯联系的第一位律师，用她自己的话来说，“他认为这个案子完全不值得浪费时间”。[14] 她毫不气馁，觉得自己“应该寻找黑人律师，因为（我）知道他们更了解公民权利”。[15] 本市著名的非裔美国律师厄尔·约翰逊正在竞选市政议员，菲利普斯找到了他。事与愿违，厄尔·约翰逊告诉她，竞选活动占据了他太多的时间，不过他推荐了一名刚加入他律所的年轻黑人律师——里斯·马歇尔。[16]

马歇尔从霍华德大学法学院毕业仅一年，正在美国全国有色人种协进会法律辩护和教育基金会（NAACP Legal Defense and Educational Fund）参加刚刚起步却已享誉四方的实习生计划。法律辩护和教育基金会由未来的联邦最高法院大法官瑟古德·马歇尔于1940年创建，是顶级的律师事务所，主要处理那些至今在美国仍司空见惯的种族不平等问题，涵盖教育、选举、刑事司法体系、住房、公共设施和就业等各个方面。法律辩护和教育基金会制定并执行了针对“隔离但平等”的诉讼战略，使其在最高法院1954年里程碑式的布朗诉教育委员会案（*Brown v. Board of Education*）[17]判决中宣告终结。

法律辩护和教育基金会的实习生计划旨在招募并训练“战士”，以帮助发动法庭上的民权战役。该计划包括在其纽约总部进行为期一年的实习（里斯刚刚完成这一阶段），随后在经验丰富的律师带领下进行为期三年的诉讼。马歇尔在未来三年中将跟随约翰逊，后者是法律辩护和教育基金会全国网络中的一名“合作律师”，也是全国有色人种协进会在佛罗里达分部的代表。

如今，马歇尔已是杰克逊维尔市一位专长于人身伤害诉讼的单人执业律师，慵懒的语调中带着一丝铿锵，浅笑中透露着自信，但回到20世纪60年代，他所处理的不过是鸡毛蒜皮的小案。在整个佛罗里达州克兰县，他经常担任贫困黑人的辩护人，处理琐碎的案件，诸如在人行道上随地吐痰等所谓的“犯罪”。 10

尽管马歇尔的职业重心在于拆解歧视黑人的法律，而艾达·菲利普斯是白人，但他仍被她的故事吸引。和菲利普斯一样，马歇尔的母亲在四年级时就辍学了，未曾接受过太多的正规教育。身为有四个孩子的单亲妈妈，她在马歇尔读小学的时候就迁居纽约，以期更好地谋生。马歇尔和他的两个哥哥随祖父母一道留在罗德岱堡。

他的祖父母是种豆子和茄子的农民（姐姐已离家去上大学）。九年级时，马歇尔染上脊髓灰质炎，母亲担心20世纪50年代佛罗里达州对黑人小孩的医疗保障水平，便将他接回身边。马歇尔和哥哥们乘坐灰狗巴士来到布朗克斯区投奔母亲。在随后的岁月里，马歇尔逐渐长大，目睹母亲孤身一人维持生计，同时将三个孩子拉扯至大学毕业。

菲利普斯的案子引起了马歇尔的兴趣。他翻开一本法律汇编，重读了第七章。一年前，第七章刚刚生效，并且首次将“性别”列入受保护之列。（“当然，”他后来回忆道，“我看完后说，是的，就用这条。”）在马歇尔看来，马丁公司的政策明显构成性别歧视：该公司拒绝育有幼童的女人在那工作，但男人则不然。如若这不算“基于性别”的歧视，那什么才算呢？并且，马歇尔喜欢菲利普斯。菲利普斯对马丁公司贬低职场妈妈的做法的愤慨感染了他。“这不仅仅是针对她，更是针对其他身处类似情况的母亲，仅仅因为她们有孩子而不被考虑。”他解释道。马歇尔决定参与其中，“让我们先来试试水。”

马歇尔明白，要和马丁公司这样的巨头进行较量，必然会遭遇一个高薪聘请的律师军团，他们会不惜一切来攻击他。马歇尔认为自己应该找寻一些帮手，他联系了法律辩护和教育基金会以及民权领域内的几位名人。然而，出人意料的是，这些组织和个人对菲利普斯案不感兴趣。那时，很少有组织聚焦于女性权利。全国妇女组织成立才一年，并且，正如《纽约时报》专栏作家盖尔·科林斯随后报道的那样，联系他们的领袖人物“有点像寻找早期的基督徒那
11 样困难”。[18] 其他那些在今天已经家喻户晓的全国性女性权利倡导组织——如美国公民自由联盟女性权利项目、全国妇女法律中心（National Women’s Law Center）——那时都尚未成立。

此外，尽管马歇尔确信马丁公司违反了第七章，并且有平等就业机会委员会的支持，但他仍踽踽独行。（他最终能获得报酬的唯一希望在于，第七章规定，如原告胜诉，被告须承担原告的律师费。）1967 年 12 月 12 日，他向佛罗里达中区联邦地区法院提起诉讼，诉请法院作出判决，认定马丁公司违反第七章规定，要求马丁公司雇用菲利普斯并返还其工资。该案由新任法官乔治·扬审理。数周之内，该诉求的遭遇就明朗了：虽然马丁公司并未施压催促，扬法官却破例签署法官令，否定了菲利普斯诉求中的关键部分。他宣称，针对带有孩童的女性的歧视不构成"基于性别"的歧视，删除了菲利普斯起诉状中的这部分诉求。此外，扬法官还裁定，除非菲利普斯可以指控马丁公司的政策是不雇用所有女性，否则，她的起诉无法进行下去。

这是个无法胜诉的案件。马丁公司向扬法官递交了充足的证据，证明他们雇用的大多数组装工都是女性。数月后，扬法官未发现任何有关性别歧视的证据，遂作出有利于马丁公司的判决。[19] 虽然马丁公司未曾否认他们雇用有学龄前孩子的男性，但扬法官宣称该事实不具关联性。"男性和女性对学龄前孩子承担的责任不同，"扬法官认为，"雇主有权在制定雇用政策时考虑这种差异。"[20]

扬法官"迅速、匆忙"地驳回菲利普斯的诉求，这对马歇尔来说显然是毁灭性的打击。但马歇尔坚信这个案件"会有好的结果"。毫无疑问，可供马歇尔引用的法律渊源基本不存在；第七章太新了，以至于最高法院尚未考量过何为"基于性别"的歧视。确实，也没有其他法院审理与菲利普斯案相似的案件。事实上，马丁公司的政策，更不要说扬法官支持该政策的判决理由，都根植于传统的理念，即女性应当更多地关注自己为人母的职责而非工作（这显然是第七章视为违法的歧视)。马歇尔决心上诉。

12 “我就是觉得,在上诉法院情况应该能有所好转,”马歇尔说,“有人能考虑这个问题,明白我们的诉求。”鉴于第五巡回上诉法院将审理此案,马歇尔有理由相信该案仍有希望。20世纪60年代末的第五巡回上诉法院是全国最倾向自由主义的一家法院,虽然自那以后第五巡回上诉法院被视为最保守的法院之一。第五巡回上诉法院被称为“南方最高法院”(Supreme Court of Dixie),[21] 因为它的辖区覆盖了大部分的前邦联成员——亚拉巴马州、佛罗里达州、佐治亚州、路易斯安那州、密西西比州和得克萨斯州。布朗诉教育委员会案的判决作出后,第五巡回上诉法院闻名一时,因为它为攻击吉姆·克罗法的民权律师提供了沃土。

在提起菲利普斯案的上诉之前,马歇尔再次尝试让全国性民权组织参与此案,但又一次遭到拒绝。他们对于利用菲利普斯案来检验“基于性别”条款的效力本就抱有疑虑,扬法官即刻驳回判决只会令他们却步。马歇尔孤身一人继续跟进此案,他最终获得了平等就业机会委员会的支持。平等就业机会委员会以法庭之友身份向法院提交了意见书。(外部利益团体提交的这类意见可以帮助法庭了解因诉讼引发的大问题,以及诉讼对个体当事人之外的人员有何更广泛的潜在影响。)

除作出有利于菲利普斯的裁定外,平等就业机会委员会还在推动更大的议程。1965年,即第七章生效的当年,该机构发布《反性别歧视指南》(Guidelines on Discrimination Because of Sex)。该《指南》虽不具法律强制力,但能使雇主和法官了解政府对第七章“性别”条款的看法。《指南》中的一条指导意见是:雇主不得“根据对一般女性的比较性就业特征的假设”拒绝雇用女性,例如“女性的流动率大于男性的假设”。[22] 另一条称，雇主不得基于“对两性的刻板印象”来作出雇用决定，包括“男性不适合组装精密仪器，女性不适合从事进取性的推销”。[23]

最具关联性的或许是《指南》中有关类别化女性——那些佩戴婚戒的女性——的条款了。“这种规则不针对所有女性，但只针对已婚女性，这对我们来说无关紧要，”《指南》解释道，“只要性别是影响规则适用的一个因素，该规则的适用便包含了性别歧视。”[24]

虽然自菲利普斯首次向马丁公司应聘已过去了两年时间，但她 13
的生活并未发生太大变化。向第五巡回上诉法院提交的包括宣誓书在内的诉讼卷宗展示了菲利普斯的贫困处境：她在一家叫作德比屋的餐厅担任侍者，月薪为 120 美元——大约跟马丁公司一个星期的工资差不多。孩子们在放学后来餐馆帮忙，帮助维持生计：13 岁的艾尔帮忙往玻璃水杯里倒水，清洗盘子。她的姐姐佩姬和薇拉在她这般年纪的时候也是干这些，而后才升职为侍者。哥哥罗尼成为一名厨师。菲利普斯在宣誓书中称自己没有任何储蓄或支票账户。

这样的生活与她经历过的大萧条时期的南卡罗来纳州农村地区的生活类似。她那时名叫艾达·沃特福德，是佃农的女儿，有 7 个兄弟姐妹，还有几位在出生时或出生不久便夭折了。15 岁时，她遇见了弗雷德·麦卡利斯特，一个长途火车司机兼技工。在菲利普斯发现怀孕后，他们成婚了。那个孩子夭折了，到 25 岁时，她有了其他 6 个孩子。一家人随着麦卡利斯特工作地点的变换而不断迁移，首先是博伊，而后是马里兰，随后是哥伦比亚特区，1960 年时他们最终定居于奥兰多。

在做麦卡利斯特太太的这些年间，艾达经常帮助补贴丈夫的收入。在孩子还小的时候，她出门销售雅芳、特百惠和莎拉·考文垂珠宝。孩子长大后，她做起了侍者。在佛罗里达州的时候，她最初在工厂工作，将柑橘分拣装箱，收入取决于装箱的数量。她的孩子佩姬、薇拉、艾尔回忆起柑橘传输至传送带时母亲娴熟的双手，还打趣称很像著名的露西尔·鲍尔[1]在糖果工厂[2]中的场景，尤其是那一头褐色的头发。染发是她为数不多的爱好之一，尽管只能用杂货店的染发剂。

但是，弗雷德·麦卡利斯特嗜酒成性。他们的婚姻陷入了困境。在与丈夫离婚后，艾达转而和一个叫作汤姆·菲利普斯的技工确定关系。艾达和他生下了自己的第七个孩子格雷西，随艾达母亲的名字。格雷西就是艾达向马丁公司提交申请表时的那个学龄前孩子。刚开始时，汤姆·菲利普斯还十分体贴，但很快便原形毕露。他殴打艾达和孩子们，也唯有艾尔能在他生气时和他对话，安抚他。
14 艾达被困在婚姻的枷锁里，饱受折磨，身无分文。在面对像里斯·马歇尔这样的外人时，汤姆·菲利普斯表示支持艾达起诉马丁公司，但孩子们一直觉得，他之所以持支持态度，仅仅是因为他觉得这可能会有大回报。直至20世纪70年代中期，汤姆因谋杀友人而锒铛入狱，这个家庭才摆脱了他的阴影。

从艾达·菲利普斯最初向第五巡回上诉法院提起口头上诉起，马歇尔就清楚地认识到，合议庭三位法官都赞同扬法官的观点。1969年5

[1] 露西尔·鲍尔（Lucille Ball），曾与其丈夫阿纳慈合作电视连续剧《我爱露西》，她特有的红头发、刺耳的嗓音和滑稽的表情，再加上女性的温柔，使她成为早期电视界最著名的女星之一。

[2]《我爱露西》中的一幕场景，露西和她的朋友在糖果工厂当包装糖果的流水线工人。

月，他们作出书面判决。不出所料，他们认定马丁公司的做法并不构成“基于性别”的歧视，因为该公司未拒绝所有女性，只是部分女性：

> 艾达·菲利普斯并不是因为她是女性才被拒绝，也不是因为她有学龄前孩子才被拒绝。是这两个因素的结合才导致她被拒绝。[25]

法院还明确拒斥了平等就业机会委员会对第七章的解读，称该解读要求人们认为国会“有意完全不考虑职场父亲、职场母亲与学龄前孩子间的关系的确存在差异，并有意要求雇主在执行一般性雇用政策时将两性视为完全相同”。法院称该解读毫无道理。“国会议员的普遍经历绝不可能脱离人类的一般经历，所以我们不应将这一不合理的立法意图强加在他们头上。”[26]

当马歇尔和菲利普斯仍在舔舐第五巡回上诉法院的驳回判决所造成的伤口时，一封不同寻常的信件送达了。这封信件来自法院书记员，上面写着：“本院此前所作指示撤回，[27] 将作出进一步的命令。”马歇尔获悉，巡回上诉法院其他 11 位法官中的一位法官提议重审该案——只不过此次是由全体法官而非 3 名法官组成的合议庭审理。这一程序又称全院庭审[1]，系在同一法院的法官反对其同僚就

[1] 全院庭审（*en banc*），法院全体法官审理和裁决案件的制度，区别于通常由法院部分法官审理案件的制度。美国联邦最高法院和州最高法院无一例外进行全院庭审，而联邦和州上诉法院虽一般只委派三名法官主持上诉审，但有时也进行全院庭审。此外，在对非常重要的案件进行审理或重审时，当事人也可以申请上诉法院进行全院庭审，但这种请求很少被批准。法院通常仅在案件争议性很大或合议庭法官对主要法律问题意见不一致时，才进行全院庭审。

某个案件作出的判决时所进行的程序。这一迹象首次表明马歇尔的法律论据没有被忽视，他非常“得意”。“这正是我们所追求的，”他说，“有人能正视此事，明白我们的处境和我们努力传达的讯息。”

然而，3 个月过后，他和菲利普斯得到的一个更加糟糕的消息。法院的大部分法官反对重审此案，且未作出任何解释。[28] 但第五巡回上诉法院新作出的这份否定性判决附有一份激烈的异议意见。首席法官约翰·布朗——一位因在过去 20 年的民权风暴中作出进步主义判决而闻名的法官——执笔该异议意见，他的两位同僚也在上面签名。“这个案件很简单。一位有学龄前孩子的女性可能不被雇用”，而“一个有学龄前孩子的男性则可能被雇用”。布朗写道：“而后问题产生了：这是否与性别相关？问题很简单，答案也同样简单：没有人看见过男性母亲，哪怕是睿智的法官或者终身任职的法官也是如此。”[29]

布朗法官将法院对第七章的解释讽刺为“性别加其他”标准：一个雇主所要做的就是使用性别“附加”其他条件作为筛选机制。这是实行歧视的免费通行证。正如布朗法官所言，通过上千次的操作，“性别加其他”可能会导致这部法律死亡。雇主只要在其雇用政策中加入不适用于男性的“附加”条件，如低于一定体重的女性或二头肌不够强壮的女性不被雇用，[30] 便可以拒绝雇用更广泛的女性群体。他作出悲观的预测：“如‘性别加其他’确立，这部法律将名存实亡。”[31]

1969 年秋，法律辩护和教育基金会中一位名叫比尔·鲁宾逊的年轻非裔美国律师穿过走廊去见他的上司——基金会主任律师杰克·格林伯格，商讨是否应将艾达·菲利普斯的案件提交至最高法院。基金会前实习生里斯·马歇尔已来电告知第五巡回上诉法院的判决及布朗法官的异议意见。鲁宾逊身材修长，他从哥伦比亚法学院毕业才五年，却已是法律辩护和教育基金会新兴的第七章诉讼团队的负责人。

法律辩护和教育基金会律师有策略地挑选全国范围内的种族歧视案件，并运用新的联邦法律来瓦解阻止非裔美国人获得高薪的制造业岗位的种族隔离体系。他们在民权组织者的帮助下收集资料，并据此确定三大靶子：第一，用来排斥黑人的求职规定，如能力测试或要求高中文凭（对美国多地的黑人来说，他们所受的教育十分
落后）；第二，确保黑人在裁员中首先遭解雇的工龄规定（因为白人 16
工作者在岗位上待的时间更久）；第三，工会的公然歧视，包括拒绝为黑人推荐工作（前提条件是工会允许黑人加入）。

性别歧视案件不在上述范围之内。不过，从马歇尔第一次试图寻求援手参与菲利普斯案的算起，历时三年，他终于成功了。布朗法官的激烈异议引发了对诸多重要问题认识的紧迫性，影响巨大。无论如何，对于格林伯格和鲁宾逊来说，该案明显在法律辩护和教育基金会的任务范围之内。一方面，数据表明，不论已婚还是单身，职场妈妈大多是非裔美国人。作为一个极端的人口现象，“性别加其他”规则必然更多地损害黑人女性。此外，格林伯格和鲁宾逊将第五巡回上诉法院的“性别加其他”原则视为危险先例。这很容易被重新改编成“种族加其他”，用来拒绝所有的工作者（不论男女），更别提“国籍加其他”或“宗教加其他”了。

鲁宾逊和里斯·马歇尔通话，告诉他基金会已同意接手本案。马歇尔开心地跟艾达·菲利普斯分享这些好消息，并向她保证，法律辩护和教育基金会的律师是“顶级的”，除了接手本案外，还

会和他们保持联系。马歇尔告诉他的客户菲利普斯：“我想我们接下来会非常顺利的。”

与联邦上诉法院不同，联邦最高法院不会受理所有申请重审的上诉。最高法院会驳回了每年收到的绝大部分请求——请求签发诉讼文件移送命令（petitions for *certiorari*，简称“调卷令申请”）。正如安东尼·刘易斯在《吉迪恩的号角》——刘易斯在这本书中精彩地描写了 1963 年最高法院的吉迪恩诉韦恩莱特案（*Gideon v. Wainwright*）[32]，正是该案确立了刑事被告人有获得律师辩护的权利——中所言：“最高法院最重要的职责之一是决定是否对一个案件作出判决。”[33] 20 世纪 70 年代，法院每年收到 4 000 份申请，其中只有 4% 获得批准。[34]（到了 2004 年，申请的数量近乎翻倍，约为 7 500 份，但受理比例却下降至 1%。[35]）虽然没有明确的规则确定最高法院会受理哪些案件，又会拒绝哪些案件，历史提供了一些指
17 导：例如，当有必要消除联邦上诉法院内部的观点冲突，以确保法律适用的统一性时，或者当争议的法律问题非常重要，且被上诉的判决明显错误时，大法官便有必要介入其中，进行更正。签发调卷令需要 9 名大法官中的至少 4 名同意重审。

在菲利普斯案引起最高法院关注之际，第七章颁布仅 4 年时间，且极少有判例就禁止性别歧视作出解释。有鉴于此，鲁宾逊和其法律辩护和教育基金会团队着力说服大法官，使其相信第五巡回上诉法院犯了巨大的错误。他们称，在被大幅且不公地限缩内涵前，该法很少有机会能适用于女性或其他任何人。律师们申请调卷令以突出这一问题的紧迫性，并极力向法官说明该案的影响力不局限于菲利普斯和马丁公司。

为了实现这一目的，他们聚焦于两个关键论点。首先，“性别加其他”标准是对第七章的误读。拒绝雇用一部分女性是“基于性别”的歧视。他们引用平等就业机会委员会的《指南》以及为数不多的、对该法作出解释的下级法院的判决，称“第七章禁止双重标准，亦即，任何不公平地限制女性就业机会的做法，或是对女性施加有别于男性的负担的做法”。[36]

在此，法律辩护和教育基金会追求实效，将矛头指向扬法官的观点，即“男人和女人对子女所负担的责任不同，雇主有权认可这些不同的责任”。[37]第五巡回上诉法院认可这一观点，也许最高法院的很多法官对此也持支持态度。在大部分美国家庭中，女人通常承担主要的看护职责，历史上便是如此；虽然现在越来越多的女性在家庭之外工作，但母亲仍承担更多照顾孩子的职责，今日的现实亦是如此。毫无疑问，对一些母亲来说，抚养孩子确实阻碍她们完成工作。

但是，马丁公司的政策正是利用这些普遍现象，在所有母亲身上贴上“不可靠”“不够投入”的标签。这一政策秉持“母亲关心孩子甚于工作”的成见，并将其纳入正式的雇用标准之中。法律辩护和教育基金会的任务是提醒最高法院：依靠假定的某一团体的特征来雇用职员会“对第七章的客观性造成严重损害”。他们称，法律应当将求职者视为独立的个体，而非某一群体的成员，并给予他们公平的入职机会。调卷令申请中这样解释道：

> 有人认为，女性也许对孩子承担特别的职责，因此在雇用 18
> 时可以对其区别对待。这一观点未能考虑到这些特殊职责对女
> 性履职不产生影响的情形。……马丁公司的规定未能客观地评

估家庭职责。我们认为，这一成见是第七章所禁止的违法歧视的核心。[38]

法律辩护和教育基金会提醒最高法院，若雇主认为女性无法胜任某一工作，第七章便出现了漏洞。如果雇主可以证明某一工作只能由特定性别履行，且这一要求对于其业务的正常开展是“合理必要”的，那么性别便被视为该工作的“善意的职业资格限制”[1]（简称 BFOQ）。法律辩护和教育基金会告诉最高法院，从理论上来说，善意的职业资格限制例外或能成为马丁公司免责的理由，但仅在马丁公司可以证明“有学龄前孩子的母亲在工作上的表现较差”时得以适用。[39]

法律辩护和教育基金会还用数据向最高法院证明，母亲们不只是为了“零花钱”而工作。她们的收入在美国家庭的生活中起着越来越重要的作用。在工厂工作的母亲中，有 360 万母亲有至少一个不满 6 岁的孩子。非裔美国女性占据了这一群体的大多数：在有幼童的已婚女性中，参加工作的黑人女性的数量是白人的两倍。[40] 研究还表明，有幼童的女性更可能出于经济需求而参与工作，或是因为她们是唯一负责养家糊口的人，或是她们的丈夫收入太低，不足以维持家庭生计。[41] 其中的含义不言而喻：如维持第五巡回上诉法院的判决，成千上万的女性和更多的孩子就会面临窘迫的经济后果。

---

[1] 善意的职业资格限制（Bona Fide Occupational Qualification，BFOQ），它允许特殊行业的雇主在聘用员工时，按照行业要求而依据性别、年龄、宗教信仰、种族等特征对雇员进行筛选。这种筛选是非歧视性的，并受到法律保护。

最后，法律辩护和教育基金会还希望提醒最高法院，基于“性别加其他”的歧视不仅仅危害女性。正如布朗法官所言，“如‘性别加其他’原则确立，这部法律将名存实亡”。具体而言，“种族加其他”原则也就为时不远了。“本案中确立的‘性别加其他’原则为未来对黑人工人的歧视埋下了种子，针对他们设立额外的标准，而对白人不强加这样的要求”。[42]

1970 年 3 月 2 日，鲁宾逊接到最高法院的来电。大法官们同意重审此案，并定于 12 月进行言词辩论。这将是最高法院首次考量第
七章“基于性别”条款的含义，事实上，这将是最高法院首次考量 19
第七章的含义。鲁宾逊穿过大厅来到主任律师格林伯格的办公室，认为肯定会由他向大法官陈述菲利普斯案。鲁宾逊曾在上诉法院出庭，但从未在最高法院参加过庭审，而格林伯格是最高法院的常客。作为首宗被提交至最高法院的有关第七章的案件，菲利普斯案极其重要。因此，当格林伯格告诉鲁宾逊要好好准备时，鲁宾逊大吃一惊。他本人将担任代理本案的律师。

里斯·马歇尔还记得在电话里向艾达·菲利普斯告知这个消息的情形。他们“手舞足蹈，开怀大笑，欣喜若狂”。这无疑给萎靡不振的她打了一针兴奋剂。她仍在做侍者，薪水仅为她本可在流水线上所获工资的一小部分。她每天还在努力拼搏，以勉强维生。她想有所改变，不仅仅是为自己的家庭，而且是为了其他女性。[43] 但是，迄今为止，她所遇见的一个个男性法官告知她马丁公司的政策完全合法。这样的经历激发了她昂扬的斗志。最近，她加入了全国妇女组织在当地的分会，还拽着大女儿佩姬加入在杰克逊维尔市中心举行的女性权利集会。她后来向记者透露，她不是去“焚烧胸罩，

或者做其他一些蠢事”。对她来说，“女性解放意味着平等的就业机会”。[44]

马歇尔在试图让全国性媒体关注这起案件时碰到了许多困难。但当最高法院决定受理该案时，困难全都消失了。《纽约时报》头条报道“最高法院审理性别歧视判断标准”，并在文中引用了来自密歇根州的国会女议员玛莎·格里菲思的话，格里菲思一马当先，确保“性别”条款包含在第七章之内，并宣称，如若最高法院维持第五巡回上诉法院的判决，“我将推动弹劾整个法院，因为他们未能忠实地执行法律”。[45] 这番言语展示了她对该案的愤怒之情。

法庭之友的意见书也纷至沓来。与平等就业机会委员会一样，代表美利坚合众国处理法律事务的律师——联邦政府首席律师——也给予了来自联邦政府的支持。那时已成立四年的全国妇女组织、美国公民自由联盟和妇女人权保护组织分别提交了法庭之友意见书。

20 这些意见书旨在推动调卷令的签发，尤其是加速推动大法官了解现代家庭的实际情况。有一种成见认为，在双亲家庭中，丈夫的收入已足够，妻子可以留在家里照顾孩子，但这已是过去式。根据美国劳工部的数据，[46] 截至 1969 年，仅有一半的美国家庭延续这种模式。实际情况是，近 40% 的家庭依靠女性的工资度日，在这些家庭中，夫妻双方共同工作的比例为 30%，妻子一个人养家糊口的比例为 8% 左右。[47] 值得一提的是，在这些女性主导的家庭中，有 35% 的家庭处在贫困线以下，并且，在非裔美国人家庭中，女性的工资正在发挥越来越重要的作用。[48] 确实，对家庭主妇的成见从未平等地适用于黑人女性。[49]

这些意见书还阐明：若最高法院赞同“性别加其他”标准，并允许全国的其他雇主效仿此例，会导致很大一部分女性失业。在 37% 的美国女性劳动者中，约三分之一多一点的女性有不超过 18 岁的孩子。[50] 在这群超过 1 000 万人的女性中，有 400 万名女性的孩子处于学前年龄。[51] 若最高法院允许雇主适用额外的“其他”因素，这些数字将剧增。正如美国公民自由联盟所言，排除具有各种“其他”特征的女性群体的政策简直是场灾难。例如，排除那些“其他”特征为已婚的女性，将会导致 1 750 万女性失业；若“其他”特征为离异，则会让 160 万女性离开工厂；若“其他”特征为丧偶，则意味着 260 万女性被排除在外。[52]

对已婚女性的限制并不完全是假设，空乘人员协会（Air Line Stewards and Stewardesses Association）提交的意见书详细描绘了这一情形。空乘人员协会是代表美国七大航空公司 1.3 万名空乘人员（其中 1.2 万名为女性）的工会。他们对菲利普斯案感同身受。第七章制定之后，女性空乘人员是首批运用性别歧视禁令的人员。她们质疑某些规章的合法性：最高体重限制、年龄限制（要求她们在 35 岁之前退休）、禁止怀孕和结婚的规定，而她们的男性同事则得以豁免这些限制。这些政策旨在维持空乘人员的形象，使得她们在点燃雪茄、调制曼哈顿鸡尾酒和拍打枕头时，在乘客（大部分为男性）面前保持性感、养眼的状态。

正如盖尔·科林斯在《当一切改变之后》一书中所言，20 世 21
纪 60 年代，空乘人员的平均任职期仅为 18 个月，这归因于女性一旦结婚就必须离职的规定。[53] 一些航空公司甚至利用这一人员流动现象作为营销策略。1965 年，一家美国航空公司的广告标题为“我们的空姐屡屡被偷”，上面附有一幅漫画，一个男人用手捂住空姐模型的嘴巴，偷偷地带着她逃走。文字如下：“两年时间内，我们绝大部分的空姐会离开我们，转投其他男人的怀抱。这没有什么好惊讶的。一个能持续微笑五个半小时的女孩真是打着灯笼也难找，更别提一个能记住 124 个人想吃何种晚餐的妻子了。(她还会告诉你所有有关气象学和飞机的知识，如若你对找寻的女性有此要求的话。[54])”空乘人员协会告知最高法院，维持“性别加其他”的判决对该协会的成员来说是场灾难。它还详细举例各大航空公司在第七章制定后废除的所有有关年龄、怀孕和结婚的限制政策，并发出警告：支持马丁公司的判决将会逆转这一进程。[55]

里斯·马歇尔称，有如此多的人在最高法院前支持菲利普斯，这“真像吗哪[1]”。“我们很惊讶，这些优秀和热心的人们参与其中，给予我们帮助。”

最高法院的言词辩论并不是一场审判，没有证人询问环节，仅有各方律师参与其中，在 30 分钟内向 9 名大法官陈述与案件有关的所有争议点。言词辩论并不是简单地发表已经准备好的演讲。大法官抛出问题，追问其论证基础，质疑他们认为的不当之处，并提出假设情形来检验所推动的法律原则能否适用，律师如果能在此之前说完几句开场白已经是很幸运的了。时间在不断地流逝。

言词辩论是否影响最高法院的判决结果，这一问题始终备受争议，许多律师认为其影响甚微。但最近的调查显示，哪怕一方所持立场有悖于某一大法官的思想观念，一场高质量的辩论也可以产生影响。大法官们也称，言词辩论有可能影响他们对案件的观点。“如果一场言词辩论有效，”首席大法官威廉·伦奎斯特解释道，“言词

---

[1] 吗哪（manna），出自《圣经》，古以色列人经过荒野时所得的天赐食物。

辩论中，一方表达立场的方式会对案件结果有所影响。”威廉·布伦 22
南大法官称：“我遇见过很多次这样的情形：我的判决结果根据言词辩论的情形而确定。”[56]哈里·布莱克门大法官则称：“一个优秀的辩手可以为案件添加很多材料，助力我们对案件的后续分析。很多时候，（辩论意见书中的）不明之处随着律师们的阐述而得以厘清。”

一位律师准备言词辩论的通常方式是“模拟法庭”，这是一场至关重要的带妆彩排，律师、教授和其他专家参与其中，扮演大法官的角色，其目的在于全面分析案件的每一角度，以免在实际辩论中出现律师从未遇到过的问题。这是鲁宾逊第一次参加最高法院辩论，他经历了不下于三场模拟法庭：一场是与他在法律辩护和教育基金会第七章团队的同事，一场是与杰克·格林伯格在哥伦比亚法学院指导的学生，还有一场是与法律辩护和教育基金会之外的律师。对于法律辩护和教育基金会来说，这是段忙碌的时间。菲利普斯案的调卷令批准后不久，最高法院受理了另一起有关第七章的案件——格里格斯诉杜克电力公司案（*Griggs v. Duke Power Company*）。在该案中，一家公共事业公司要求应聘者取得高中学历，并在一般能力倾向测试中取得及格的成绩。[57]该案对这些要求提出了质疑，更加符合法律辩护和教育基金会的核心诉讼战略。格里格斯案的辩论安排在菲利普斯案五天之后，由主任律师格林伯格参与辩论。

1970年12月9日清晨，菲利普斯案的辩论开始了。比尔·鲁宾逊的妻子即将临盆，她返回纽约随时待产，但他全神贯注，准备就绪。里斯·马歇尔和他的妻子到场，艾达和汤姆·菲利普斯也从佛罗里达驱车赶过来。[58]菲利普斯夫妇还带了艾达的女儿薇拉和他们的女儿格蕾丝，不过，在辩论期间，两个女孩被安置在艾达的姐姐家。马歇尔的搭档律师厄尔·约翰逊出现在旁听席，佛罗里达代表团成员齐了。艾达·菲利普斯的孩子们回忆起她在最高法院旁听**自己的**案件的“敬畏”之情。（不过，当她得知仅被允许旁听案件时，她感到很失落。她曾希望能有机会亲自向大法官们陈述意见。）后来，菲利普斯向记者透露，对于能在辩论中被视为一个名人，她非常激动。“我坐在法庭之中，乔治城大学的一位教师正在向学生们讲述性别歧视，猜想艾达·菲利普斯是否正坐在法庭之中，”她回忆道，“你能想象我向她表明我就是艾达·菲利普斯时的心情吗？”[59]

23 九名大法官陆续就座，首席大法官沃伦·伯格落座于大法官席的中间，联席法官则根据资历在两侧就座。雨果·布莱克为其中的最资深者，坐在伯格右首第一位，威廉·O. 道格拉斯则坐在伯格左首第一位。其他大法官呈扇形落座于两侧：布莱克右侧为约翰·哈兰、波特·斯图尔特和瑟古德·马歇尔，道格拉斯左侧为威廉·布伦南、拜伦·怀特和新晋大法官哈里·布莱克门。在当时乃至十年后，大法官席中都没有女性。

作为请求最高法院审理案件一方的代理律师，比尔·鲁宾逊最先步入讲台。讲台上方装有两盏灯：白色那盏会在 30 分钟的辩论时间只余 5 分钟时提醒鲁宾逊，红色那盏则会在时间耗尽时发出信号。

“首席大法官，尊敬的庭上。”鲁宾逊首先发言，他沉着冷静，从容淡定，丝毫没有流露出一个首次在最高法院出庭的律师、一个等待孩子出生的父亲应有的紧张之情。在详细叙述本案的背景，即菲利普斯最初尝试的应聘、马丁公司的回绝以及随后各个下级法院的诉讼程序后，鲁宾逊提出推翻第五巡回上诉法院判决的三大理由。他得以不被打断地陈述这三大理由。首先，第五巡回上诉法院的判决有违“第七章的基本意图”，因为该判决以“父亲外出工作，母亲留守家中，照顾孩童”这一性别刻板印象作为拒绝雇用女性的理由。其次，第七章以“直白的用语”规定禁止“基于性别”的歧视，而该判决与该规定相抵触，鲁宾逊引用法律辩护和教育基金会调卷令申请中所包含的数据（辩论之前提交的意见书中再次引用了该数据）：如果“性别加其他”被批准，那么约400万抚育幼儿的母亲将无法获得工作保障——无数的“其他”因素附加于性别之外，进一步削弱第七章的保护。鲁宾逊解释道，国会在制定“基于性别”条款时不可能预见这一漏洞。事实上，在参议院讨论该法时，有人曾提出将该条款变更为“**仅仅**基于性别”，这一提案被参议院否决。[60]

最后，鲁宾逊辩称，“性别加其他”将损害第七章，使之变得面目全非。“若该法允许基于‘性别加其他’的歧视，那么该法似乎也能允许基于‘种族加其他’‘宗教加其他’或‘国籍加其他’的歧
视。”[61] 在此，鲁宾逊举例说明，“例如，一位雇主可以拒绝雇用毛 24
发厚实的黑人，或是留有直发的黑人”。[62] 这显然是种族歧视，没有人会说这些行为符合第七章。（后来他解释道，这是刻意突显“荒谬”的举例。）借此，鲁宾逊希望反驳最高法院可能认为的马丁公司招工政策的任何合理之处，展现“性别加其他”的真实面目：旨在规避联邦的反歧视保护。

虽然大法官们并未对鲁宾逊的观点公开表现出敌意，但仍有人对第七章中性别条款的范围问题持有怀疑甚至困惑之情。首先，第七章已经消除了“男性的工作”和“女性的工作”之间的差别，这一见解使得一些大法官困惑不已。雨果·布莱克大法官问鲁宾逊：“法律是否要求雇主给予女性挖掘沟渠或者诸如此类的工作？”而哈里·布莱克门大法官则称鲁宾逊“启发了我”：“假设一家医院数年来只雇用女性注册护士。今日，在该法颁布之后，一位男性护士前

来应聘。我是否可以理解为，因为他们长期以来雇用女性注册护士，且喜欢女性护士，与之和谐相处，所以你会认为在不满足该法善意的职业资格限制例外的前提下，该医院不得拒绝雇用男性注册护士？”鲁宾逊告诉布莱克门，正是如此。首席大法官伯格插嘴道：“这和超过 99% 的私人秘书为女性是同一个道理？”鲁宾逊称这完全正确。[63]

首席大法官伯格对第七章的性别条款表现得尤为不安。在鲁宾逊的辩论开始不久时，伯格便打断他，问道：“若按照一般的政策，一位联邦法官拒绝雇用一位育有幼童的女性法官助理，却愿意雇用一位妻子育有幼童的男性助理，那么如果他们适用于该法，就违反了法律？”在鲁宾逊解释第七章不适用于联邦法院后（两年后，当政府作为雇主被加入该法时，这一差异消除），伯格如释重负地回答：“我很确定，它不适用于联邦法官。”[64] 旁听者哄堂大笑。随后，在提及第七章对性别歧视的禁止“系后来才被加入法案之中”，伯格督促鲁宾逊确切地解释，在性别条款的修改与整部法案的通过之间相隔多久。但鲁宾逊并未上当，这个问题只是想证明在某种程度上，对性别的反歧视保护不如对种族、国籍或宗教的保护强。“我认为，作为律师和法官，在解释该法时，我们应当像解释其他条款一样解释性别条款，而不应考虑它是何时被加入其中的。”[65] 伯格并未在这一问题上继续追究。

鲁宾逊坐下后，一名法警递给他一张纸条，告诉他在辩论结束后去见大法官的助理。鲁宾逊知道这意味着什么：他的妻子已开始分娩。但他还不能离开，法律辩护和教育基金会已同意将分给鲁宾逊的部分时间让给联邦政府首席律师劳伦斯 · 华莱士，此后由马丁公司的律师辩论 30 分钟，再由鲁宾逊进行为时两分钟的反驳。

华莱士起身，以联邦政府代表的身份发言，他附和了鲁宾逊的观点——“性别加其他”是对第七章根本性误读。正如一部禁止有学龄前孩子的女性参加选举的州法律违反了第十九修正案[1]，马丁公司的规定也违反了第七章。“为构成对女性的歧视，你不必将所有的女性排除在外。”华莱士解释道。[66]

布莱克对于善意的职业资格限制一词的外延有疑问。航空公司是否可以“决定他们仅设立空姐岗位，而不需要男性空乘人员”？因为“客户更希望女性，尤其是年轻女性，处在这个位置”。[67]华莱士回答，虽然平等就业机会委员会已正式反对这一规定，但目前尚无相关的法院判决。

接下来，其他大法官发问，本案中有何种证据可以证明满足善意的职业资格限制例外。是否有证据证明母亲停下流水线工作去打电话，证明女性缺勤率更高，证明女性事故率更高？华莱士极力主张，只有当这些履职问题和母亲身份之间有着极强的群体性关联时方才构成善意的职业资格限制例外。如果一位母亲在工作期间拨打太多次电话，缺勤太多天，或是因为粗心大意制造太多事故，她应该接受男性也会受到的处罚。华莱士称，她的过错仅是个人的过错，不应归罪于所有的母亲，以至于为**全面**禁止雇用母亲提供正当理由。[68]

随后出场的是马丁公司的律师唐·圣特菲特，他曾是一位银行家，时任佛罗里达州一家大型律所的合伙人。虽然该所的客户绝大部分为企业，但有时也会为意识形态光谱另一端的客户服务。例如，20 世纪 60 年代，在本案中与艾达·菲利普斯处于同一战线的美国

---

[1] 第十九修正案，禁止基于性别否定美国公民的选举权。

26 公民自由联盟就曾是该所的客户。确实，有迹象显示，圣特菲特对马丁公司在菲利普斯案中的立场也感到不满。在言词辩论开始不久前，圣特菲特曾致电鲁宾逊，说自己将到达纽约，并邀约他共进午餐。他们在四季酒店会面。圣特菲特在谈话中最触及本案的地方是他主动谈起了在菲利普斯初次来到马丁公司工厂的那天，公司职员看到报纸广告的应聘者蜂拥而来，成百上千的人出现在现场，他们疲于应对。圣特菲特解释道：因此，为了使招聘程序更加便于管理，公司员工采取临时措施，设定一系列资格标准，以便缩减排队人数。拒绝接受育有幼童的女性便是其中一条标准。虽然圣特菲特从未表现出马丁公司有放弃争诉、和解案件的意向，但鲁宾逊推测圣特菲特想要缓和法律辩护和教育基金会中“口吐火焰的自由主义者们”欲向最高法院展示的讯息。鲁宾逊微笑着回忆说，虽然他非常享受第一次在五星级餐馆吃午餐，但圣特菲特的话并未达到目的。

在最高法院陈述时，圣特菲特的观点与其在午餐时所言略有不同。马丁公司并未否认其接待员可能曾告诉菲利普斯：育有孩童的女性不得应聘。但实际上，该公司自身并未设立任何此类政策。圣特菲特继续说道，事实上，马丁公司甚至不同意第五巡回上诉法院有关“性别加其他”的判决理由。不过，他辩称，应当维持下级法院的判决，因为没有充分的证据可以确定艾达·菲利普斯为何被拒绝给予或被给予工作。扬法官在确定这一问题之前就驳回了起诉。

大法官们追问圣特菲特：如果马丁公司**确实**制定了这一政策，这将会是违法的，是否如此？圣特菲特称这并非绝对。他最多能承认，只有最高法院裁定菲利普斯应当有机会证明她因为拥有学龄前孩子而没有得到工作，而后马丁公司才可能援用善意的职业资格限制抗辩。这是个奇怪的论点：马丁公司未禁止育有孩童的母亲，如果马丁公司确有这一禁令，却又是正当合法的。

在圣特菲特辩论的尾声，首席大法官伯格再次抓住机会陈述自己对女性固有技能设定的认识。圣特菲特解释称马丁公司的流水线
工作不是“重活”，而是“精细活”，涉及“细小的电子元件”，伯格 27
陈述了自己的事实性假设：这正是女性占据工厂员工的大多数的原因。“女性在手工方面比男性更容易适应，也做得更好，”他补充道，“这与大多数人雇用女性做秘书是一个道理。因为女性做得比男性更出色。”圣特菲特回答道：“我万分赞同。我没法这么说，因为这似乎落入了刻板印象之中，也就是平等就业机会委员会所认为的偏见。”[69]此番言语引起了旁听席上的哄堂大笑。

首席大法官认为女性倾向于秘书类工作的观点可以接受，却令女性权利团体的旁听者感到万分沮丧。正如妇女权益行动联盟（Women's Equity Action League）的伯尼斯·桑德勒后来向长期支持女性权利运动的社会活动家保利·默里（美国公民自由联盟在菲利普斯案中提交的法庭之友意见书的共同执笔人）描述这场言词辩论时所言，“我们还有很长一段路要走”。[70]如果伯格在公开庭审中发表评论的对象是黑人工人与白人工人的固有能力差别，那么人们绝不会感到有趣。

当鲁宾逊回到讲台做简短反驳时，他建议最高法院对马丁公司的保证持保留态度。毕竟，四年前，平等就业机会委员会曾试图为马丁公司和菲利普斯的和解牵线，但马丁公司回绝了。如果艾达·菲利普斯被拒绝雇用的原因仅仅是接待员误传了公司的政策，为何马丁公司在知道菲利普斯的诉求后不马上雇用她，或至少允许她提交申请？为什么马丁公司反倒为自己拒招菲利普斯的权利而抗争，直至联邦最高法院？[71]

鲁宾逊结束发言后，抓起自己的东西直奔大法官助理的办公室。他得知自己的妻子**正在**分娩，但他无法从医院那边获知更多的信息。杰克·格林伯格的妻子向鲁宾逊保证她会从酒店带回他的行李，他于是打了一辆出租车赶往机场，搭乘最近的航班前往纽约。赶到西奈山医院后，他被告知女儿已于数小时前出生。根据出生证明，她来到这个世界的时间正好是言词辩论开始前一分钟。

在华盛顿这边，菲利普斯律师团队的其他成员都认为言词辩论进展顺利。鲁宾逊成功地使自己重要的论点不被打断。圣特菲特一定从大法官那里解读出了同样的结果。当马歇尔来到法院男厕时，圣特菲特及其同事威廉·阿克曼紧随其后。马歇尔很惊讶，对方显
28 然已失去等待看大法官如何判决的耐心，想要谈谈和解事宜。马歇尔回忆称，“我告诉他们我认为洗手间或许不是个适合讨论的地方”。他马上说了声“失陪”后离开，并向艾达·菲利普斯告知他们的提议，菲利普斯对此毫无兴趣。马歇尔称，在那个时候，“她觉得判决比金钱更为重要”。[72]

1971 年 1 月 25 日，染上了流感的比尔·鲁宾逊正思家心切，办公室打来电话：菲利普斯案的判决结果出来了。在篇幅仅为数段文字的判决意见中，最高法院支持了菲利普斯，称第七章“要求给予具有类似资格的人就业机会，而与性别无涉”。[73]“上诉法院允许为同样拥有学龄前孩子的女性和男性制定不同的招聘政策，因此这是对第七章的误解。”换言之，一项只对女性不利的政策，即使并非**所有**女性都受到不利影响，也构成性别歧视。“性别加其他”违反了第七章。

那时，里斯·马歇尔已经开始在杰克逊维尔的公设辩护人[1]办公室工作。他接到以前的搭档律师厄尔·约翰逊的电话，然后致电艾达·菲利普斯，告知这个消息。在发出庆祝的呐喊后，菲利普斯开始哭泣。据马歇尔所言，该判决系全体一致同意，这让他们尤为开心。

但最高法院判决在一个方面流露出大法官们在言词辩论时就表现出来的矛盾之情。最高法院并未打算宣布马丁公司或一般雇主**永远**不得考虑母亲照顾孩子的责任。公司可以提出充分的证据来满足第七章中的善意的职业资格限制这一漏洞。在菲利普斯案中，这意味着公司应当证明拒绝育有幼童的母亲“对于某一业务或某一公司的正常运作是合理必要的”。[74] 法院称：“这一冲突性的家庭责任的存在，如女性家庭责任与其工作表现的关联度确实高于男性，可作为善意的职业资格限制规则下区别对待的基础。”该案将发回扬法官重审，故而马丁公司被允许作出该等“证明”。[75]

瑟古德·马歇尔大法官同意这一判决意见，与此同时撰写了一
篇独立意见，谴责了大多数法官，因为他们竟然认为像马丁公司的 29
政策那样的规定也有可能符合善意的职业资格限制例外。该政策基于“关于女性恰当角色的过时谬传”，并且，允许善意的职业资格限制支持该等成见无异于鼓励雇主继续将女性首先视为母亲，而后才视为员工。[76] 马歇尔引用国会考虑该条款时的评论和平等就业机会委员会的《指南》，主张对善意的职业资格限制的引用应当谨慎，仅限于那些“要求特定的身体特征且该特征必然只为某一性别所拥有

[1] 公设辩护人（public defender），经法院指定或政府机构聘用的律师，其主要工作是为刑事案件中的贫穷被告人进行辩护。联邦和绝大多数州都设有公设辩护人。

的工作岗位”，如导演分配给一名演员某一特定角色，而该角色必须为某一特定性别。[77]

最高法院的内部讨论会促成了菲利普斯案的判决，后续研究证实了某些大法官（尤其是首席大法官伯格）非常不乐意给予马丁公司强烈谴责。在《最高法院的兄弟们》一书中，鲍勃·伍德沃德和斯科特·阿姆斯特朗记录了法院在数个重大案件中的幕后审议，展现了首席大法官伯格的个人偏见——他几乎不试图在言词辩论中掩饰这一点——是如何影响最高法院的审议的。据内部人爆料，伯格“强烈支持”马丁公司的政策。

> “我绝不会雇用女助理。”伯格对他的助理们说。女性会在下午6点结束工作，赶回家为丈夫做饭。伯格告诉助理们，1956年他在上诉法院雇用的第一个助理便是女性。她根本无法胜任工作。在伯格看来，雇主可以基于任何理由解雇任何一个他想要解雇的人。这是老板的特权。
>
> 当有人表示他的立场无异于宣称《民权法案》的部分规定违宪时，伯格愤怒地终止了谈话。他不想争论法律上的细节。个人经验告诉他：在同样一份工作中，一个拥有学龄前孩子的女性无法像男性一样胜任该工作。这在雇主的权限范围之内。[78]

后来，伯格告诉助理们，他的观点在大法官案件讨论会上被否决。他还告诉他们，为公司政策打开一扇通往善意的职业资格限制例外之门“已是尽力而为”。[79] 在判决马丁公司败诉前犹豫不决的不仅仅是伯格。塞雷娜·迈瑞在《从种族推理而来》一书中严谨地摘录了一系列有来源的历史事实，揭示出有关民权运动的法律理论如何启发了女权诉讼。她引用的最高法院内部的交流记录显示，大法官布莱克门认为“拒绝雇用一位拥有学龄前孩子的女性，这一歧视背后有一定的合理之处”。后来，首席大法官称，“我觉得我们对此 30
解释得越少越好”。[80]

事实证明，马丁公司无意进行诉讼。在最高法院作出判决后不久，马丁公司的律师便想再次谈谈案件的和解，这次是通过电话提出。菲利普斯的律师和他们一道计算，假如菲利普斯在 1966 年 9 月 6 日就被雇用，她本可获得多少收入，并且协商拖欠工资的合理数额（并为他们家的支出提供象征性的补偿）。

即使案件在司法领域的顶巅——联邦最高法院——获得胜利，在现实中也是草草收尾，这很难让获胜者满意。在这几年间，马丁公司已解雇多名流水线工人，其中便包括 1966 年 9 月雇用的那批工人。这意味着，即使菲利普斯从一开始就获得工作，她也无法干到现在。她绝不可能获得如此高薪的工资，以及她所期待的优渥福利。现实是她每周在“牧场之家”餐馆工作六天，其班次为早上 6 : 30 至下午 2 : 00。[81]（“我们只知道工作，亲爱的，”那时候她跟一位记者透露，“工作，然后回家，做更多的工作。”[82]）此外，菲利普斯在同期所获得的总收入也在和解金中扣除。马丁公司最终仅向菲利普斯支付了 13 507 美元。[83] 她用这笔钱为自己的大女儿佩姬支付了房子的首付，带小女儿格雷西去了迪士尼，还在家里安装了一台空调，这是她拥有的第一台空调。

艾达・菲利普斯以女服务员身份工作至 1985 年，那年她 51 岁，因卵巢癌去世。医保是她负担不起的奢侈品，因此癌症在扩散至肺部时才被诊断出来。不过，在她去世四年前，她确实享受到了人生中的一段快乐时光：她邂逅了泰德·罗伯茨并与其结婚，后来的事实证明罗伯茨非常体贴。幸运的是，在菲利普斯去世后，罗伯茨和艾达的第一任丈夫弗雷德·麦卡利斯特成为好友。他们喜欢称对方为“兄弟”[1]。麦卡利斯特那时候已成功戒酒，并和孩子们重归于好。

31 虽然菲利普斯意识到自己的案子有着广泛影响——她告诉记者，“我觉得我在帮助女性争取权利方面作出了自己的贡献”，[84] 虽然她的案件在各个法院流转，但她从未成为全职的社会活动家。她把里斯·马歇尔和自己的家人视为情感寄托，并对此感到十分满足。在 20 世纪 60 年代，在种族隔离的佛罗里达州，她和马歇尔成了一对很不寻常的搭档。在事情了结之后，他们愉快地回想起马丁公司那些典型的白人律师看到马歇尔出现在法院后“悄悄或公然嘲笑”的场景——马歇尔是个黑人，并且因幼时得过小儿麻痹症而跛脚行走。[85]

菲利普斯对自己被低估这一点似乎也津津乐道。“我想，”她说，“我用自己的方式让人们知道，我不仅仅是一个愚蠢的小服务员。”[86]

[1] 原文为 husband-in-law，系两人间的玩笑之语。

第 2 章

突破“细细的蓝线”

多萨德诉罗林森案

Dothard v.
Rawlinson，*1977*

亚拉巴马州公共安全部门的负责人 E. C. 多萨德上校从未打算 32
雇用女性担任州警。1975 年 11 月初一个阳光明媚的日子，当布伦达・米耶斯女士坐在多萨德上校豪华宽敞的办公室里时，他是这样说的。办公室的侧面悬挂着亚拉巴马州的州旗和美国国旗，他身后的墙上悬挂着巨大的州徽，多萨德解释称，在高速公路巡逻的工作过于危险，唯有男性才能胜任。米耶斯第一次听到这条仅限男性任职的规则；她邮箱里收到的拒绝信里只是提到她未能满足最低体重 160 磅的门槛。

体重 130 磅的米耶斯承认自己的体重没有达标。她希望面见多萨德以说服他雇用自己，凭借自己对这份工作的热情打动他，况且她也有足以胜任这份工作的资质。毕竟，亚拉巴马州规定，参加州警笔试，候选人必须在 21 岁至 36 岁之间，高中或同等学历，拥有合法驾照，无犯罪记录，身体健康，视力良好并且“牙齿坚固”。米耶斯的条件比这更好：她拥有商学院的学士学位，还在当地的特洛伊州立学院取得了刑事司法学和心理学专业的第二学位。

33 特洛伊州立学院经常会把她的课程安排在蒙哥马利警察学院，因此她与两名州警——唐·艾特维尔和吉姆·索索西——建立了深厚的友情，他们鼓励米耶斯去应聘州警岗位，尽管至今还没有女性加入州警队伍。事实上，米耶斯对学习的热情给艾特维尔留下了深刻的印象，因此艾特维尔连续几周允许米耶斯和他一起巡逻，有一次甚至允许她协助逮捕一名在公共场合醉酒的妇女。（可以想象，当被告在证人席上大声质疑亚拉巴马州的州警为何“不能都像那个女警察一样友好”时，主审法官非常困惑。）

红发碧眼，笑容灿烂，这使她曾有机会在《价格适合》[1] 的游戏节目上成为模特。但米耶斯对遵守这些规则总是感到很恼火。米耶斯出生于 20 世纪 50 年代弗吉尼亚州的马纳萨斯，是家里唯一的孩子，母亲是一名家庭主妇，父亲是里士满、弗雷德里克斯堡与波托马克铁路公司的检票员。她从小生活在一个随处可见区分“白人”与“有色人种”的标志的世界，对此感到深深困扰。“二战”期间，米耶斯的父亲驻军海外时与其他女人有了一个孩子，母亲也睁一只眼闭一只眼，想到母亲的生活，米耶斯下定决心，“我绝不这样过”。

然而，她的雄心壮志缺乏目标。高中时米耶斯放任自流，频频旷课，梦想成为乡村音乐明星。在当地商学院完成了一年学业后，19 岁的她结婚了，并在五角大楼找了一份秘书的工作。她最终离婚了，几年后嫁给了第二任丈夫艾凡·米耶斯，是她在工作中遇到的一名空军军官。

米耶斯在哥伦比亚特区附近的马里兰州开始了新婚生活，正是

[1] 《价格适合》（*The Price Is Right*），一个价格竞猜类节目。

在那里，她第一次设想自己从事警察工作。邻居中有一名联邦调查局特工，“会送给我所有的联邦调查局杂志，然后对我进行测试”，米耶斯回忆道。“他会说，‘好，我们看下这个是哪种类型的指纹？是弓形纹、箕形纹还是斗形纹？’”1973 年，米耶斯搬到了蒙哥马利，这样艾凡可以完成他在麦斯威尔空军基地空军战争学院的军官培训。在他的建议下，米耶斯决定认真对待她的新兴趣，开始在特洛伊州立学院上夜校。

米耶斯喜欢这些课程，也憧憬着从事州警这份职业，她觉得她终于找到了自己的天职。因此当州警艾特维尔和索索西告知她不要因为公共安全部门的拒绝信放弃梦想时，米耶斯决定预约面见多萨德。在约定日期当天，米耶斯特地把长发打理成法式盘发，穿上她 34
最职业的制服——象牙色的亚麻布套装和黑色高跟鞋——搭艾特维尔的车来到多萨德的办公室。

多萨德担任了近 20 年的州警，曾在州长乔治·华莱士的保安特遣队工作，1972 年州长遭遇暗杀时多萨德也负了伤（那次暗杀导致乔治·华莱士瘫痪）。[1] 在和米耶斯见面之初，他就已经打定了主意。“米耶斯女士，我理解你想要当州警的心情，”他拖长腔调慢吞吞地说道，笨重的身躯靠在闪着光泽、雕刻精致的木桌边。“为什么你认为女性不能够胜任这样一份工作呢？”米耶斯问，因为在她看来，女性和男性一样能干。

“但你并没有告诉我**为何**女性可以胜任这样一份工作。”他继续说道。多萨德的态度和肢体语言让米耶斯有点害怕，但她仍逼迫自己身体前倾。

“我认为女性在警察技能方面更胜一筹，例如与人沟通、谈话和说理，”她回答说，“并且我认为女性同样可以熟练地使用枪支保护自己。”

多萨德的身体又向前倾斜了一些，“那么格斗呢？”

“我已经学会了空手道，”米耶斯应对自如，“这应该有用。”

多萨德并未被打动，把话题转移到体重至少 160 磅、身高至少达到 5.9 英尺的入职要求上。米耶斯身高仅为 5.6 英尺，并不符合。“看见了吗，这些都是要求，我们不能因为你想当州警就去改变这些规则。”他开始说教。但米耶斯并不知道，多萨德也未告诉她的是，事实上，亚拉巴马州法律**确实**允许州长官对某些申请者豁免这些基本要求，但他们从未这样做过。

20 分钟后，多萨德起身。“我想我们就谈到这里吧。”

米耶斯有点受到了惊吓，但决定保持礼貌，她回答道：“好的，先生。”然后起身想要离开。

然而，多萨德没打算就此结束对话。他动作夸张地将一张证书交给米耶斯，上面称米耶斯为“荣誉州警”。“愿你今天过得愉快，米耶斯女士。”米耶斯向外走时，多萨德故意提高了音量。

米耶斯非常愤怒。她此行是希望说服亚拉巴马州最高级别的警官，自己能够胜任执法部门的工作，而离开时却仅仅得到了一个明
35 显是发给小孩子的纪念品。她几乎是跑着出了大楼，坐上了艾特维尔停在门口的车。

他们在附近的酒吧小酌了几杯，米耶斯讲述了多萨德对她的轻蔑态度。“你打算让他如此任意妄为吗？”艾特维尔生气地说道。“你应该去南方反贫穷法律中心[1]寻求帮助。”

---

[1] 南方反贫穷法律中心（Southern Poverty Law Center），一个非营利性的公民权益维护组织。该组织反对白人至上主义，且坚持为那些遭仇恨团体迫害的受害者做法律代理。

艾特维尔清晰地回忆道，就在几年前，南方反贫穷法律中心成功地对州警提起了一起种族歧视的集体诉讼。米耶斯知道有联邦法律禁止种族歧视，但是听到女性也能得到这样的保护，免于歧视性待遇，她感到很新鲜。在和丈夫彻夜长谈后，第二天，米耶斯给南方反贫穷法律中心打电话进行了预约。

多萨德把艾特维尔叫到办公室，称已得知他与申请做州警的“那个女人”有不少关联。艾特维尔予以否认，但很快便得知自己已被调职。新岗位在 100 英里之外自誉为“世界花生之都”的多森。[2]

在同一个镇上，另一名蒙哥马利的女士也因未能成功申请到亚拉巴马州执法部门的工作而大为光火。22 岁的黛安娜·罗林森最近刚从位于塔斯卡卢萨县的亚拉巴马大学毕业。在为 4 名教授担任矫治心理学研究助理的一年间，她对该领域产生兴趣。这个新领域研究囚犯和警卫之间以及两个群体内部在监狱的动态关系。罗林森——她的中间名字是金——特别喜欢和警官一起开着警车从塔斯卡卢萨县的少年法庭出发。一路上，她看着这个警官实施逮捕，搜查毒品，缉拿贩毒者，撰写调查报告。对她这样一个书卷气的年轻女孩来说，成为一名狱警似乎是个遥不可及的梦想，更别提她还十分内向，甚至连邻居都不知道她的两个姐妹还有个姊妹，但是接触执法部门后，她觉得“就像触发了身体里的另外一个我”，她说，“就是这么神奇——这正是我想做的事情”。

在大学就业服务办公室的帮助下，罗林森发现了惩教委员会的工作招聘，她不需要本科学位就可以申请“狱警”——或者说监狱看守——一职。但不久后，她就收到一封来自亚拉巴马州人事主管的信，拒绝了她的申请，因为仅有 115 磅体重的她并不满足这个职

36 位 120 磅的最低体重要求。(不过她达到了身高的要求；尽管州警要求身高要达到 5.9 英尺，但监狱看守的身高只要求 5.2 英尺，罗林森的身高是 5.3 英尺，勉强达标。) 随后，她来到惩教委员会提出抗议，但无济于事。和米耶斯一样，没有人告知罗林森，这样的限制其实是可以被豁免的。

"这让我很生气，"罗林森回忆说，她笑声沙哑，有着看穿一切的成熟态度，"太武断了。"罗林森在发生过具有历史意义的公共汽车抵制歧视事件的蒙哥马利长大成人，她知道《民权法案》第七章和美国平等就业机会委员会在执行该法中的重要作用。她驱车两个小时从塔斯卡卢萨县来到伯明翰，在那里的平等就业机会委员会办事处提交了歧视指控，这是进行诉讼的第一步。接待她的书记员告诉她，可能需要花上几年的时间才能等到该机构真正采取措施。果然，在罗林森提交指控后的一年内，没有得到任何回应。

她的生活有诸多不顺。1974 年 12 月从大学毕业后，罗林森和男朋友分手了，这给她带来了沉重的打击。她回到蒙哥马利，但家乡并没给她带来宽慰。她与父母、姐妹的关系并不融洽。在这个家中，其他人都随意地称呼非裔美国人为"黑鬼"，完全无视民权运动的影响，罗林森经常怀疑："谁让我生在这样一个家庭？"心碎、愤怒并对未来感到迷茫的罗林森在当地的美发沙龙库特找了一份洗发工作。

该沙龙是南方反贫穷法律中心工作人员理发的首选，在这些工作人员中，有一名年轻的律师叫帕姆·霍洛维茨。她是一个土生土长的明尼苏达人，在民权运动和反越战运动的浪潮下进入法学院。两年前，刚刚毕业的霍洛维茨搬到亚拉巴马州的普里查德。她是被一个为那座城市心怀理想主义的市长阿尔杰农·"杰伊"·库珀工作的机会吸引去的，阿尔杰农曾是一名民权律师，还曾任罗伯特·肯尼迪的助手。阿尔杰农于1972年为全国所瞩目，是第一个在亚拉巴马州取代白人在任者的非裔美国人。南方反贫穷法律中心的一名律师离职去做教授后，霍洛维茨被调任到蒙哥马利，作为第三名成员加入了创始人乔·莱文和莫里斯·蒂斯的法律团队。（南方反贫穷法律中心的第三名共同创始人、传奇的民权活动家朱利安·邦德是法律中心的主任，几年后，他与霍洛维茨结为夫妇。）

霍洛维茨在南方反贫穷法律中心工作一年左右时，她去修剪头 37
发，和为她洗发的女士金·罗林森聊了起来。“你是律师，对吗？”罗林森问道。霍洛维茨担心不得不聆听一个陌生人的悲哀故事，但还是回答说“是的”。当罗林森解释她的处境时，霍洛维茨“吃惊到合不拢嘴”，罗林森回忆道。非常让人难以置信的是，霍洛维茨就在那周刚见过布伦达·米耶斯并同意代理她的案子。霍洛维茨告诉罗林森，时间紧迫，南方反贫穷法律中心过几天就将为米耶斯提起诉讼。如果她是认真的，那她应该到法律中心的办公室签署一些必要的文件，加入诉讼。那个周末，罗林森也成了南方反贫穷法律中心的客户。

当南方反贫穷法律中心于1975年12月提起诉讼时，几乎没有女性在执法部门工作。全国范围内，女警官只占2.7%，[3] 女狱警（也被称为矫正官）的比例大概是6%。[4] 只有9个州的州警察局有女警察。[5] 即便女性成功应聘，她们通常也会被分配到低层级、低收入的岗位。她们要么从事文案工作，要么处理执法中“更加柔性”的方面，在少年特警队或缉捕队扮演社会工作者的角色。女狱警也是如此，她们通常在女子监狱、少年犯关押场所或者安保级别最低的机构从事安保工作。执法部门中的这些女性通常被称为“女看守”，以体现她们的看管角色。

亚拉巴马州也不例外。1975 年，659 名州警悉数为男性。尽管在监狱工作的女性数量略高于全国平均值，约占 435 名州狱警的 13%，但大多数人都在仅限女性的岗位，或安保级别最低的青少年和监外就业中心任职。

最低身高标准使得执法部门成员主要为男性。大多数执法部门都有最低身高的要求，有些也制定了最低体重标准，尽管不如身高标准普遍。1974 年，美国 49 个州警察机构中的 47 个要求申请人达到 5.8 英尺以上，大多数的大型城市警察局也是如此要求。[6] 美国联邦调查局要求成员身高至少为 5.7 英尺。[7] 虽然这些标准与那些明确
38 禁止雇用女性的标准不同，因为它们属于“性别中立”的要求，但效果别无二致。无须人口统计学家解释也能理解，只考虑录取身高更高的申请人将使不具备入职资格的女性数量远远大于男性。

女性被排除在执法部门之外，也反映出一个多世纪以来，职业领域依旧存在“男性的工作”和“女性的工作”之分。19 世纪末到 20 世纪中期，州议会已经颁布了多种“保护性”劳动法，限制女性的日工作时间，禁止她们从事某些被认为过于危险的工作或者任务，或赋予她们一些特权，例如工间休息。[8]

最终，人们达成共识，通过多种法律将对女性员工的一些保护扩展适用于全体工人，其中最著名的是 1938 年《公平劳动标准法案》(Fair Labor Standards Act)。然而，州法依旧有效，它们只适用于某个性别，固定了女性在工作中的次等地位。除了不承认女性享有的有形权益，例如不能享有加班所带来的较高薪水和与之相关的监督权，不得从事夜班工作和危险工作，保护性法律还加剧了性

别之间固有的文化差异。白人女性首先被视为家庭主妇，是身体、能力都无法适应大多数工作的全职母亲。（与白人女性相比，有色人种女性可从未被给予这么高的地位；事实上，从奴隶制开始到随后的几代人时间，她们的劳动使得白人女性能够成为家庭主妇。）[9]

最高法院已数次对保护性的劳动法予以认可，每次都或多或少重申照顾家庭是女性的主要使命。例如，1872 年，最高法院对伊利诺伊州一部禁止女性执业的法律予以支持，因为“家庭的……和谐与女性从事一份完全独立于其丈夫的工作的理念相矛盾”。[10] 在 1908 年的穆勒诉俄勒冈州案（*Muller v. Oregon*）中，一部规定在洗衣店和工厂工作的女职工日工作时长不得超过 10 小时的州法律获得最高法院的支持。尽管最高法院几年前推翻了一项对男性烘焙师设定工作时间限制的类似规定，但法院在穆勒案中推理称，俄勒冈州具有保护女性免于苦力的合法权益，因为女性肩负更大的责任——“保持种族的力量和活力”。[11] 在 1948 年，距《民权法案》第七章颁布还有 16 年时，最高法院支持了一部密歇根法律，该法禁止女性从事酒吧接待的职业，除非她们的丈夫或父亲是酒吧的所有者。[12] “由女性担任酒吧招待可能会……引发道德和社会问题，立法者需要制 39
定预防措施予以遏制，”最高法院解释道，“密歇根州显然认为，如果酒吧的所有权属于该女招待的丈夫或父亲，能够最大程度地减少女招待在没有此类保护性监管下可能面临的危险。本院不能推翻密歇根议会所坚信的此类理由。”[13]

在这样的法律氛围下，国会于 1964 年通过了《民权法案》第七章。尽管最终废除了各州的保护性法律，《民权法案》第七章一开始并不能使对警察或者监狱工作感兴趣的女性获得此类工作机会。颁布伊始，《民权法案》第七章并不适用于联邦、州和地方政府，它们掌管着执法机构。一些部门主动改变了他们的歧视性政策，[14]但是直到 1972 年国会修改法律，要求政府雇主也必须适用该法时，[15]女性才得以通过诉讼的方式来获得这些工作。

因此，在 1975 年，法院很少有机会审查这些将女性排除在执法部门外的规则。仍有待观察的是，面对像多萨德上校这样思想顽固僵化的人，国会制定的给予女性平等就业机会的法令将会有何遭遇。事实上，许多联邦法官对（**任何**身形的）女性是否有能力制止街头斗殴或维持监狱秩序这一点存有疑虑，更不要说广大的执法人员和公众。

缺乏先例意味着，像霍洛维茨这样的维权律师和南方反贫穷法律中心如果想挑战现状，就要留意寻找有这种遭遇的女性。霍洛维茨称，为女性打开男性主导的职业领域的大门，打破了女性能够和应该从事何种职业的刻板印象，“推进了全国性妇女运动的目标”。而且，霍洛维茨称，此类工作的收入和福利都很高，而且不需要大学学历这一维持个人经济水平的保障，接受这样的委托也“符合中心的使命”。霍洛维茨知道自己极其幸运，能遇到布伦达·米耶斯和金·罗林森这两名非常符合条件的应聘者，她们正好在同一时间希望从事蒙哥马利执法部门的不同工作。遇到她们时，她已代表其他三名女性对蒙哥马利警察部门提起诉讼，指控其拒绝分配给她的当事人以巡逻任务。1976 年，她获得了三名女性胜诉的裁决。[16]

约翰·卡罗尔是南方反贫穷法律中心新来的律师，也是霍洛维茨在本案中的协理律师，他和霍洛维茨在最初的起诉状中运用了两
40 种法学理论。布伦达·米耶斯对州警的起诉，仅以亚拉巴马州违反了第十四修正案的平等保护权为基础。（不知道为什么，她一开始没

有先向平等就业机会委员会提出指控，而这正是提起《民权法案》第七章诉讼的先决条件。）

金·罗林森的案件是推翻惩教委员会制定的最低体重和身高入职要求，但并没有证据表明设立这些限制是为了阻碍女性就业。这些限制只会造成不成比例地将女性排除在外的**效果**。基于最高法院最近的一个判例，霍洛维茨和卡罗尔坚信歧视性效果本身就已经违反了《民权法案》第七章。

在格里格斯诉杜克电力公司案（*Griggs v. Duke Power Company*）[17]中，一群来自北卡罗来纳州公用事业电站的非裔雇员指控该公司，称其要求所有申请入职以及部门间换岗的人员必须拥有高中学历且通过一般能力倾向测试[18]——这些规则将大多数黑人申请者拒之门外。[19]

在一个扩大《民权法案》第七章适用范围的判决中，最高法院认为具有排除性**效果**的雇用政策与那些**旨在**排除的政策同样违法。最高法院解释称，如果一种制度对一个受保护群体具有“差别性影响”，即“形式上公平，但在实际操作中具有歧视性”，《民权法案》第七章要求证明其有“业务必要性”（business necessity）[20]。

最高法院解释道，为了证明“业务必要性”，雇主必须证明通过所谓考试的候选人比没有通过考试的候选人更能胜任该工作。[21]然而，在格里格斯案中，杜克电力公司并不能提供这样的证明。大多数没有学位证书或者通过考试却不受新规限制的白人雇员，在杜克电力公司公布该政策时工作表现良好，能够顺利完成工作任务，甚至得到晋升。[22]在法院看来，这意味着学历和考试要求并不能准确预测一个员工是否能胜任杜克电力公司的工作，而只能揭示出当时北卡罗来纳州大多数非裔美国人在接受低于平均水准的教育。[23]

因此，这些要求不构成“业务必要性”，是不合法的。

为了依据《民权法案》第七章取得胜利，霍洛维茨和卡罗尔需要证明惩教委员会的身高和体重要求如同杜克电力公司的学历和考试要求一样：它们把女性排除在监狱工作的大门之外，但事实上又没有塑造一个标准更高的工作环境。当然，格里格斯案是一起种族
41 歧视案件，而这是一起性别歧视案件。此外，最高法院并未指出，一个对**女性**具有差别性影响的中立政策是否违法。对霍洛维茨和卡罗尔来说，有个好消息：至少加利福尼亚州的一个联邦法院已经对该问题作出判决。法院援引格里格斯案，认为旧金山警察局 5.6 英尺的最低身高要求对女性具有差别性影响，且不符合“业务必要性”的要求。[24] 警察局不能提供充足的证据证明警官的身高和更好的工作表现之间存在直接联系。[25]

霍洛维茨和卡罗尔确定了将适用的两种法学理论——米耶斯涉及的平等保护以及罗林森涉及的《民权法案》第七章的差别性影响——后不久，案件变得愈加复杂。1976 年 2 月，亚拉巴马惩教委员会颁布了一项新规定：即使一个女性达到了狱警的身高体重门槛，她也不能在州内任何一个最高安保级别的监狱从事必须与男性囚犯有近距离肢体接触的工作。自此之后，这些所谓的接触性职位——包含巡逻淋浴房、洗手间和寝室，或对犯罪嫌疑人进行光身搜查等职责——仅对男性开放。

新规定被称作第 204 条，它实际上禁止女性从事亚拉巴马州所有的监狱看管工作。尽管 15 个州惩教机构中只有 4 个是最高安保级别且仅关押男性囚犯的监狱，但这 4 个监狱却雇用了全州四分之三的狱警，并且那里的大多数工作属于接触性岗位。[26]

这样的变化给罗林森案带来了一个全新的法律问题。第 204 条以明示和默示的方式将女性排除在许多职业的门槛外。显然，它违反了《民权法案》第七章。有什么比仅限男性从事某些工作的规则更符合“基于性别”的歧视？此外，霍洛维茨和卡罗尔确信，正如多萨德上校规定州警仅限男性的规则一样，该禁令违反了平等保护条款。

亚拉巴马州的对策是主张第 204 条符合《民权法案》第七章的
例外情况：善意的职业资格限制。如果亚拉巴马州能够证明，接触
性职位仅限男性是最高安保级别机构正常运行的必然合理要求，那 42
么第 204 条就是合法的。

在 20 世纪 70 年代中期，亚拉巴马州最高安保级别的监狱毋庸置疑是非常危险的工作场所，对男性、女性来说都是如此。监狱被布置成开放式寝室，甚至最暴力的罪犯也没有单独牢房。监狱看守身穿便装而非制服，不携带武器，唯恐他们携带的武器会被用在自己身上。惩教委员会部长贾德·洛克证实，自 1973 年以来，已发生 40 起针对狱警的袭击，其中两起是致命的。（罗林森面对这种情况坦然自若。她宣誓作证时，有关两名死亡的监狱官的一系列照片展示在她面前。他们都是在霍尔曼监狱——亚拉巴马州的死囚区——被刺死的。“好的，罗林森小姐，”州检察官指着这些恐怖的图片问道，“你是个女性，身形要小很多，你想去**这样的**环境中工作。难道你认为这不是一个安全性问题吗？”对罗林森来说，答案显而易见。她指着其中一幅照片说：“先生，这是个高大强壮的男人，但是**他死了**。我不知道你想表达什么。”）

对于在亚拉巴马州安保级别最高的监狱工作的看守来说，他们所面临的风险主要源于该州在监狱管理上的明显缺陷。1976 年 1

月，在另一起由南方反贫穷法律中心提起的诉讼中，小弗兰克·约翰逊法官作出判决，认定亚拉巴马州的监狱环境非常不人道，违反了宪法第八修正案禁止处以残酷且不寻常的刑罚的规定。[27]（监狱长期过度拥挤[28]，行政人员对囚犯医疗需求的严重疏忽[29]，这些早已成为其他联邦诉讼的指控对象，同时也导致了法院作出惩教委员会败诉的判决。）除了监狱的设施条件“完全不适合人类居住”[30]之外，约翰逊法官认为，亚拉巴马没有对囚犯进行分类，从而带来诸多问题。暴力犯罪分子和精神病犯人混杂在普通的囚犯之中，未作区分和治疗。[31]

监狱人员配备的严重不足加剧了这种混乱情况，尽管这四个安保级别最高的监狱需要近 700 名狱警，但亚拉巴马州仅雇用了 383 名。因此，正如约翰逊法官所称，“暴力猖獗”，形成了“混乱的氛围”。[32]

法官下令采取措施来改善这种情况，其中一项措施就是雇用必要数量的监狱看守，约为现有狱警人数的两倍。然而，亚拉巴马州
43 争分夺秒地出台规定，确保女性不会在法院命令导致的这波雇用热潮中受益。就在约翰逊法官判决一个月后，亚拉巴马州颁布了第 204 条，试图以本州监狱系统“暴力猖獗”和“氛围混乱”为由阻止女性从事其中的大部分工作。

《民权法案》第七章颁布仅仅十年，罕有法院有机会考量哪些性别歧视属于国会规定的违法情形，更别提哪些性别区分符合国会**允许**的善意的职业资格限制例外。联邦平等就业机会委员会制定规章，敦促对例外情形进行“严格”解释。它尤为反对以性别刻板印象为由证明例外的合理性。尽管最高法院几年前在菲利普斯诉马丁

公司案中似乎已经开创了一个比较宽松的标准，但瑟古德·马歇尔大法官撰写了一篇指责多数派的独立意见，对于最高法院今后将如何判决发出了矛盾的信息。[33]

把善意的职业资格限制作为例外情形的下级法院寥寥无几，他们普遍适用严格的解释方法。从20世纪60年代末开始，联邦上诉法院已拒绝使用善意的职业资格限制例外来解释因刻板印象——男女能力有别——而造成的职业差异。其中包括：高露洁棕榄规则——禁止女性在工厂从事需要搬重物的工作；[34] 南方贝尔电话电信公司的政策——维修工作也由于搬举重物的工作内容，仅限男性；[35] 泛美航空公司空乘人员仅限女性的雇用政策——基于女性天然地“使飞行尽可能愉快”[36] 的刻板印象；南太平洋铁路公司拒绝雇用女性从事一系列工作时间过长且任务过于困难的工作。[37]

任何就业歧视案件中的一个重要环节是“证据开示”，[1] 即一方要求对方提供证明自己主张和抗辩所需要的信息的环节。交换材料，证人宣誓作证，肯定或否认事实。汇总的所有证据成为案件“记
录”。在米耶斯和罗林森诉多萨德等案的证据开示中，霍洛维茨和卡 44
罗尔很快了解到亚拉巴马州并没有任何确切的证据来说明政策的合法性。

例如，该州从未调查过身材更高大的官员是否能更好地胜任工作。多萨德上校在法庭作证时说，他也不明白州警的身高和体重要

[1] 证据开示，在民事诉讼中，法院在开庭审理之前，双方当事人在法院的监督指导下相互展示、提供各自所掌握的证据资料的制度。对当事人来说，证据开示包含了要求对方提供证据的权利和主动向对方出示证据的义务。

求从何而来。他只能陈述自己的个人观点，即只有一定体型的人才有力量胜任工作职能，例如“抓捕不配合的人员，拯救被困于汽车下的人或者挪走阻挡在高速公路中的重物”。[38] 惩教委员会的主要证人主任洛克先生也无法解释委员会为何要求狱警必须达到一定的身高、体重，他也不能回答为何允许狱警的最低身高比州警的矮足足7英寸，最低体重轻40磅。[39]

此外，亚拉巴马州确保申请人达到足够的身高和体重，却忽略了他们的实际体力。他们强壮吗？跑得快吗？身手敏捷吗？他们有自我防身技能吗？以上这些并没有测试依据。亚拉巴马州也没有在警官入职后对他们的体能进行持续评估。正如约翰·卡罗尔后来大笑着指出的：“有的州警体重高达300磅，却几乎不能避开险些就要从他们身上碾过去的拖拉机车，可他们现在还在工作。”

谈到第204条中的“接触性职位”规则，亚拉巴马州也没有确凿的事实能够说明。霍洛维茨仍然不赞同该州以“因为我说了算”作为抗辩理由。从亚拉巴马州官员的证言来看，显然，这些规则主要是出于他们自己对女性的看法或对囚犯态度的猜测，而非基于经验证据。“有一个基本的差别，”洛克部长在宣誓作证时指出，“存在于女性与男性之间，这导致了她在……保护自己或制服囚犯时体力逊于男性。”[40]

洛克继续假设，看见女狱警会“刺激一直困在男性环境中、见不到异性的囚犯们……她只要出现，在我看来……就会引起麻烦，性欲的联想是不言而喻的。她就是一个性对象”。[41] 他援引了两名女性在安保级别最高的监狱中遇袭的事件作为证据。[42] 但是那两名女性都不是训练有素的警官：一个是办公室文员，另一个是随学校旅行团来参观的大学生。[43]

自1974年以来，已经有女性在亚拉巴马州安保级别最低的监 45
狱里工作了，霍洛维茨和卡罗尔试图查明她们在那个环境中工作表现如何。比尔·吉尔摩是惩教23岁以下青年的弗兰克·李青年中心的主任，他证明在该机构的16个接触性职位上有6名女性，但并未发生意外。尽管如此，他陈述了自己的观点——女狱警的“表现总体上没有男狱警那么有效率”，并且表达了“对女狱警的监视技术以及男囚犯不愿执行她们下达的命令的顾虑”。[44]（事实上，吉尔摩没有引证任何事件来证明女狱警没有男狱警的效率高，或者男囚犯“更倾向于拒绝”她们的指挥。）他进一步指出，“就如同你面对父母时的情况”，“我们经常同母亲争论，有时会摆脱母亲的管教。但是一旦父亲也加入进来，你更倾向于听从命令，步入正轨”。[45]

为了推翻这些假设，霍洛维茨和卡罗尔将目光投向少数几位顶尖研究者和学者，截至1976年，他们已正式研究了胜任执法部门官员所需要的资质。这些专家以越来越多的研究成果表明：即使在发生暴力冲突的状况下，良好的判断力和人际交往技能也比体型更重要；与男性相比，女性在工作中并不会更易于受到攻击；在警官可能需要使用体力时，技术也比单纯的力量更重要。[46]

其中一位专家是城市研究所的彼得·布洛赫，霍洛维茨以前就援引彼得的研究成果赢得了针对蒙哥马利警察局提起的性别歧视案。1974年，布洛赫与其他专家开展了一项具有里程碑意义的研究，研究对象为女警官在哥伦比亚特区警察局的表现，该警察局两年前就开始为女警官分派巡逻任务。[47]根据该项研究，女警官在诸多方面与其男性同事的工作表现一样优秀，包括“应对愤怒或者暴力的市民”，而且，公众对男女警察有着“相似的尊重程度”。[48]女性不像男性那样容易采取“严重不合适的行为”和“激进的”策略。[49]如果说女性加入巡警的行列会造成混乱，那么这一研究表明，应该受到责备的是“男性警官和警察局局长的消极态度”。[50]

在另外一项研究中，布洛赫研究了身高对纽约纳苏县和得克萨
46 斯州达拉斯市警官的工作表现的影响，得出结论：警察的身高与其工作中的表现并没有显著联系。[51] 实际上，成败主要归因于他们在试用期内接受的训练，以及是否从长官那里获得有意义的反馈。[52]

霍洛维茨和卡罗尔也选择了阿肯色大学社会工作研究院的教授 C. 罗伯特·萨尔夫。他先后在西弗吉尼亚和阿肯色两个州的惩教署担任署长。他在最近关于亚拉巴马州监狱状况的诉讼中担任南方反贫穷法律中心的专家证人。他也认为，身形大小并不影响狱警的履职。

南方反贫穷法律中心还有另一名监狱管理方面的专家——芝加哥大都会惩教中心的监狱长雷·纳尔逊。该机构制定了雇用女性监管男性监犯的政策：在申请工作时并无身高和体重限制，只要求受雇者身高和体重符合“比例”。纳尔逊作证时说，芝加哥大都会惩教中心雇用女性监管的政策，没有对安全性造成危害。他也赞同萨尔夫的观点，认为女性在全是男性的机构中工作，发挥了重要的改善作用：使环境“正常化”，监犯能更好地为刑满获释后重归社会做准备。[53]

当南方反贫穷法律中心的律师想方设法制定该案的诉讼策略时，布伦达·米耶斯和金·罗林森则试图继续她们的生活。但是，亚拉巴马州蒙哥马利市在 1976 年时很难容忍不遵从传统模式的女性。法院立案后不久，米耶斯就发现她家草坪上有一个燃烧的十字架。她在城中开车时，车不止一次地被人用石头砸。尽管米耶斯的

丈夫和最亲密的朋友都非常支持她，但社交圈中的其他人——主要是她丈夫在军队的男同事和他们的妻子——引人注目地保持了缄默。[54]

罗林森更乐意公开地接纳她民权诉讼者的新身份。她接受各位记者的采访，同意南方反贫穷法律中心在宣传该案的新闻稿中使用她的照片。《亚拉巴马新闻报》的社论版用一幅卡通画讥讽她，铁栏后的一个囚犯调戏女看守，“宝贝，你正好是我的菜”。她写了一封理性的信作为回应：“不应对一个人有多高大或多强悍予以过多关 47
注，我们应该看的是他或她的身心是否能够胜任这项工作，各位，这和身高、体重、性别都没有关系！”[55]

更令她难以接受的是父母的反应。罗林森知道父母不会理解她想要成为狱警的梦想，因此她没有和父母说过她申请了这份工作，更不要说她还提起了一场平等就业机会委员会也参与其中的诉讼，甚至还雇用了律师。但该案立案后，媒体的广泛报道让她不得不向父母坦白。和她预想的一样，“他们完全无法理解”，罗林森后来讲述说。

如果说罗林森的父母对自己的女儿热爱监狱工作感到费解，当他们发现她起诉的决定后更是感到相当震惊。首先，罗林森的爸爸拉迈拥有一家房地产公司，他和妻子弗吉妮娅担心这个案子会影响生意。此外，还有一个更严重的禁忌：身为一个挑战权威的女性，罗林森违反了她称之为“南方文化”的氛围。“他们说‘我不懂你为什么要给每个人造成困扰，你这是在让我们蒙羞’，”罗林森回忆说，“他们认为规则和法律这么规定一定有它的道理。”最终，罗林森“只好不再提这事”。

1976年春天，布伦达·米耶斯和金·罗林森的案子被合并提交到亚拉巴马州中区联邦地区法院。因为在1991年《民权法案》第七章修改前，案件不交由陪审团审理，本案由法院“书面裁决”，也就是说，仅根据律师辩护意见书中的观点进行判决。并且，因为该案涉及宪法性权利，联邦法律规定由三名法官合议审判，而非通常的独任审判。

米耶斯和罗林森很幸运，因为审判该案的三位法官中有两位都是进步主义民权法律思想的巨擘。第一位是理查德·里夫斯，杜鲁门任命他为联邦第五巡回上诉法院法官，自布朗诉教育委员会案[56]以来他一直对民权诉讼者大开绿灯。里夫斯和他的同事——首席法官埃尔伯特·塔特尔、法官约翰·米诺尔·威兹德姆、法官约翰·布朗[57]——一道作出了很多消除南方种族歧视的判决，有位同僚曾犀利地将他们称为“末日四骑士”。[58]

48 里夫斯作出的具有里程碑意义的判决是布劳德诉盖尔案（*Browder v. Gayle*），[59]他判决城市公交系统中的种族隔离制度违宪，结束了具有重要历史意义的蒙哥马利巴士抵制运动。和他一起在20年前作出判决的法官小弗兰克·约翰逊也是米耶斯与罗林森案的合议法官。约翰逊不仅撰写了其时广受关注的亚拉巴马监狱状况判决，而且在他主审的案件中支持了南方反贫穷法律中心废除亚拉巴马州州警中的种族隔离现象的诉求，并承认女性可以担任蒙哥马利警官。在马丁·路德·金看来，约翰逊的很多民权判决赋予了“‘正义’一词真正的意义”。[60]（乔治·华莱士州长的评价同样有力地说明了这些判决的分量，他把约翰逊称为“投机政客、无赖、恶棍、骗子”。[61]）

米耶斯与罗林森不必等待太久就能知晓结果。1976年6月28日，地区法院宣布判决。这是一个一致通过的判决，女性大获全胜。“女权运动给我们上了一课，”法院认为，“许多存在已久的性别观念，在实证数据和客观主义的验证下被证明是错误的。”[62]

法官们率先解决了米耶斯对州警限制的违宪性的质疑。法院引用了彼得·布洛赫的证言和研究，得出结论：对身高和体重的限制性要求与提高执法能力的目标并无“合理关联”。“多萨德上校主张将女性排除在该工作之外，称旨在保护她们和公众，”法院认为，“然而，这些主张都站不住脚。首先，女性不需要保护，她们有能力判断平淡还是危险的工作最符合自己的利益。至于担忧公众不能得到充分保护，并无证据显示女性不能履行巡警的职责。”[63]

法院根据《民权法案》第七章，采用相似的理路拒绝对狱警施加身高体重的限制。法官们注意到，几乎 100% 的男性都符合要求，而仅有 60% 的女性可以达到，[64] 亚拉巴马州不能为这种“差异性影响”给出“业务必要性”的理由，如格里格斯案要求的那样。法院认为：“如果体力是一个狱警的重要资质，惩教委员会应当给申请人进行一个能反映出其体力的测试。”“单凭对身高、体重的经验会排除那些有资质的申请人，而不给他们机会展示其优势。”[65]

最终，法院讨论了第 204 条，认为亚拉巴马州没能证明性别为 49
男是接触性岗位的善意的职业资格限制。“给一项工作打上‘重体力’的标签，然后套用‘女性无法胜任’的刻板印象作出判断，这不符合善意的职业资格限制的要求。”“必须有客观、明确的证据证明女性无法胜任工作的相关职责。”[66] 法院注意到，亚拉巴马州提供的证据恰恰证明了与之相反的内容，因为该州在安保级别最低的机构雇用女性担任接触性职位，但并无负面影响。男性看守能做的，她们也可以。她们的存在并没有引起男犯人的袭击。在犯人享有隐私权的时候，可能需要一个同性狱警，如光身搜查的情形，但这并不意味着将女性完全排除在狱警队伍之外。可以将这些为数不多的任务分配给男性狱警。

法院在决定支持米耶斯和罗林森的所有诉讼请求后，开始讨论救济的问题。法院判决亚拉巴马州在录用州警和狱警时，停止使用身高、体重要求，停止执行第204条。法院还判决公共安全部门和惩教委员会在30天内举行招聘活动，旨在鼓励女性申请州警和守卫岗位。但也不全是好消息，坏消息是法院没有如南方反贫穷法律中心提请的那样，要求米耶斯和罗林森获得雇用。亚拉巴马州已经建立了任命负责公共安全的工作人员的录用制度，法院也不想进行干涉，要求优先录取某些人。如果米耶斯和罗林森还是想要得到她们曾申请的岗位，就需要重新走一遍流程。

“你上《纽约时报》了。”约翰·卡罗尔打电话告知布伦达·米耶斯胜诉的喜讯时，也一并告诉了她这个消息。

米耶斯回忆起自己当时的欣喜之情，“我欢呼雀跃，打电话给正在上班的丈夫”。“他也很激动，所以当晚我们出去好好庆祝了一番。”

尽管如此，米耶斯在得知胜诉并不意味着能自动获得在蒙哥马利的工作后，备感失望。数月以来，她都致力于在执法部门找寻工作，最初是在亚拉巴马州的莫比亚，和丈夫回到哥伦比亚特区后，又去了马里兰州和弗吉尼亚州。法院判决公布时，她在当地一所社
50 区大学通过学习刑事司法制度来打发时间，还帮一家服装店做侦探，寻找偷盗衣物的人。而且，米耶斯怀上了她的第一个孩子。

米耶斯和她丈夫已经盘算，在法院判决让米耶斯受聘为州警后，他们该如何应对。他们决定接受这个职位，“我说，‘经过这些事，我不可能不接受这份工作’”，他们也会处理好自己的家庭生活，

丈夫要么尝试找一份亚拉巴马州的空军工作，要么从军队退役。“他真的很支持我的诉讼。”米耶斯感叹道。

生完女儿几个月后，她回到蒙哥马利参加州警入职考试，她说，“我觉得不难，我认为‘我对这场考试胸有成竹’”。然而，成绩公布后，米耶斯被告知，她的分数没有达到入选要求。她感到难以接受，打电话给公共安全部门，得知该州实行了给光荣退伍的军人加五分，给在服役时身负残疾的老兵加十分的优惠政策，[67]这两项政策造成了她在所有申请者中排名靠后的局面。[68]

这时，米耶斯已经疲于抗争。她的孩子刚出生，丈夫在军队服役，她还要承担很多家庭重担。“我决定了，就随它去吧，”她说，“我从一个争取女性权利的倡导者变成典型的美国妈妈。”米耶斯挑战了多萨德上校和亚拉巴马州的制度，并获得了胜利。因为她，该州没有其他女性因为自己的性别而被挡在州警队伍之外。对布伦达·米耶斯来说，这就足够了。

亚拉巴马州终于在几年后的 1979 年雇用了首位女性州警：非裔美国女性克拉拉·齐格勒。[69]但是，并没有很多女性选择追随她的步履，直至今日，814 名州警中仅有 22 名女性，不到总数的 3%。

金·罗林森没有因法院未判决惩教委员会雇用她而感到困扰。“我知道进展缓慢，好事多磨。如果有人愿意帮助我，我打算继续坚持，”她说，“我也的确是这么做的，我真的感到很幸运。”地区法院
作出判决时，她已经在蒙哥马利郊外的梅格斯山青少年惩教机构做 51
了几个月的助手。帕姆·霍洛维茨通过该部门的熟人帮她找到了这份工作，罗林森对她的心理学学位终于能派上用处感到非常高兴。她不愿去新的地方从头再来。

地区法院作出罗林森胜诉的判决仅仅几个月后，事情有了新的进展，可能会导致有利于罗林森的判决被推翻：亚拉巴马州向联邦最高法院申请调卷令。出于南方反贫穷法律中心方面无从知晓的一些原因，该州仅请求最高法院复查针对惩教委员会的判决而没有涉及米耶斯对公共安全部门的胜诉结果。

除了《民权法案》第七章外，罗林森案件还涉及宪法性问题，当时的联邦法律允许州绕开中级上诉法院，直接向联邦最高法院寻求司法审查。一周又一周过去了，霍洛维茨回忆说，州的请求“停滞”在华盛顿，她忙于其他案子。直到“有一天电话响了，是《华尔街日报》的记者打过来想采访我对最高法院受理该案的感想，我才得知此事。我的回答是”——此时，她不禁激动地高喊了一声——“啊！”

这是南方反贫穷法律中心成立五年来第二次有案件呈至联邦最高法院。第一次是在1973年，南方反贫穷法律中心代表另一位反对刻板印象的女性莎伦·弗朗蒂罗。弗朗蒂罗是一位空军中尉，她质疑军队的如下规定：申请补贴资助其“无收入”配偶的已婚女军人，必须证明丈夫在经济上依靠她们；男性军人则不需要此类证明就能获得补贴（包括房贴、医疗保险），他们的妻子就直接被推定为是“无收入”者。在这个标志女权胜利的里程碑案件——弗朗蒂罗诉理查德逊案（*Frontiero v. Richardson*）[70]——中，法院宣布军队的规定违宪而归于无效。大法官们虽然承认很多家庭模式仍然是男性养家糊口而女性配偶无收入，但他们认为这种模式不应当成为法律上的模板。[71]

乔·莱文是南方反贫穷法律中心的联合创办人之一，同时也是弗朗蒂罗案的首席律师，他根据自己在最高法院的诉讼经验，意识到在大法官批准调卷令时，一场大战蓄势待发。联邦最高法院判决的影响范围之广、程度之深，会促使全国各地那些密切关注案件结果的律师纷纷提出意见，当案件涉及某些法律不完备的领域时，论争将变得格外激烈。20 世纪 70 年代初，仅有少数权益倡导者致力 52
于推翻一个多世纪以来将女性置于次等地位的法律判决。在这些为数不多的组织中，最突出的是美国公民自由联盟的女性权利项目，现任大法官鲁思·巴德·金斯伯格当时就是该组织的联合创办人和领导者。几年前，在联邦最高法院第一起认定性别歧视违反平等保护条款的案件中，金斯伯格就是胜诉方辩论意见书的主要作者。[72]（该案源于爱达荷州一项自动赋予男性遗产管理人优先权的法律；一个名叫萨莉·里德的单身母亲质疑该法，因为她未成年的儿子在父亲监护下自杀了，即使如此，已分居的丈夫仍然成为她儿子的遗产管理人。）

尽管南方反贫穷法律中心现在已是全国最重要的民权组织之一，但在当时仅有三位律师，且刚成立两年。一开始，莱文和他的同事对于独自承担联邦最高法院的案子感到力不从心，于是向美国公民自由联盟女性权利项目寻求帮助。但是，不久后就发生了对案件控制权的争夺。美国公民自由联盟的女性权利项目担心南方反贫穷法律中心的法律策略过于保守：金斯伯格和她的同事想要推动一个新的、更高的审查标准，依据宪法将性别歧视和种族歧视视为同等的侵害，但是莱文和南方反贫穷法律中心认为沿用既有的标准才能确保为客户赢得诉讼，换言之，只需证明军队对现役男性和女性区别对待的规定缺乏“合理基础”。而且，他们也为由谁进行言词辩论而争执不休，尤其是金斯伯格和她的工作人员认为，由女性出面在言词辩论环节发言具有重要的象征意义。最终，还是由南方反贫穷法律中心主导提交辩论意见书和言词辩论环节。美国公民自由联盟女性权利项目以法庭之友身份提交了意见书，莱文把言词辩论时间中的十分钟留给了金斯伯格。[73]

弗朗蒂罗案的胜诉判决可能缓和了双方的关系，但帕姆·霍洛维茨闯进莱文的办公室告诉他多萨德诉罗林森案将上诉到华盛顿时，莱文对弗朗蒂罗案的争议仍旧记忆犹新。（该案的标题保留了多萨德上校的名字，尽管该案中的州警并没有被上诉。）霍洛维茨、莱文、蒂斯认为仍然应该由南方反贫穷法律中心代理该案，由霍洛维茨来辩论。正如在弗朗蒂罗案中一样，各方同意美国公民自由联盟女性权利项目的专家意见将在金斯伯格及其同事提交的法庭之友意见书中体现出来。[74] 只是这次的争论要少得多。

53 对从法学院毕业还不满四年的霍洛维茨来说，在联邦最高法院进行言词辩论一事让她感到既紧张又激动。她对此并非毫无幽默感。“我总是爱讲这个事实，自己是从美发沙龙前往联邦最高法院的”，她大笑。在为期五个月的准备中，霍洛维茨咨询了她最熟悉和信任的律师，包括南方反贫穷法律中心的莱文、蒂斯、约翰·卡罗尔以及蒙哥马利最著名的民权律师霍华德·曼德尔，致力于成为“本案专家”，“反反复复”熟悉案件事实和法律先例。霍洛维茨说：“我准备了简短的开场白，希望他们会提足够多的问题，我就不用再继续说下去了。”

霍洛维茨也向在最高法院辩论过或观摩过辩论的人寻求建议。她很惊讶地发现有这么多的注意力放在她的穿着上。她直截了当地指出：“我从来就不是一个穿着保守的人。”她大笑：“哦！我是否会穿胸衣竟然成了个**大**问题！”她的朋友提醒她，谨慎着装也许是正确的选择。出现在最高法院的女性会被人从头到脚打量个遍。在受理多萨德案的四年前，哈里·布莱克门大法官就曾在笔记中注明了对一位参加言词辩论的律师的观察，“穿白色裙子，年轻、漂亮的女孩子”，[75] 大约就在这个时期，他还评论了鲁思·巴德·金斯伯格的裙子和发饰：“今天穿了一身红衣，佩戴红色发带。”[76] 就在 20 世纪 90 年代晚期，一位代理联邦政府进行诉讼的女律师还因穿棕色短裙套装而非黑色衣服，受到了首席大法官伦奎斯特的批评。[77] 旁听席和记者中的女性甚至也会因为穿粉色套头衫或未穿套装中的上衣而受到指责。[78]

霍洛维茨最终决定穿保守的裙子和外套，未穿胸衣。

多萨德诉罗林森案的言词辩论于 1977 年 4 月 19 日举行。霍洛维茨在莫里斯·蒂斯、约翰·卡罗尔和几名朋友的陪同下来到法院。因为她代理被上诉人——在下级法院中胜诉的一方，“回应”上诉到
联邦最高法院的案件，所以她将是第二个发言的律师。上午第一个 54
发言的是亚拉巴马州助理检察官丹尼·伊文斯。霍洛维茨可能资历尚浅，但伊文斯仅仅从法学院毕业两年，可谓乳臭未干。

大法官们从厚重的天鹅绒幕帘后走出来，在审判席就坐。首席大法官沃伦·伯格居中而坐，最左边坐着新任命的大法官约翰·保罗·史蒂文斯。伊文斯上前开始了他的辩论。

伊文斯说话带着亚拉巴马人的拖腔，他陈述了州的主要论点。地区法院关于狱警身高和体重要求构成区别影响的判决具有致命的错误，因为它未能注意到很多女性申请者达到了州的要求，并且脱颖而出。恰恰相反，它仅仅看到全美范围内有很多女性因没有达标而被排除在外。伊文斯说，这实际上人为夸大了受该州政策损害的女性数量。虽然伊文斯没有具体明说，但他暗示，由于很少有女性

申请监狱看守工作，身高和体重要求的影响微不足道，不能构成主张歧视的基础。[79]

然后，他谈到第 204 条。伊文斯说："如果说善意的职业资格限制比想象中更有存在的必要性，那么本案的事实足以说明。"伊文斯曾委婉地表示，这些事实包括亚拉巴马州监狱的"某些特点"。伊文斯没有直接承认该州被联邦法院下令改善其违宪的监狱环境的事实，而着力向大法官们描绘一个可怕的情形：开放式寝室，允许看守直视赤裸囚犯（反之亦然）的公共卫生间，身犯数罪的犯人（估计有 20% 的犯人是性犯罪者），"女性对这些犯有各种罪名而被长期关押的犯人来说，有一种特有的吸引力"。他还反驳了罗伯特·萨尔夫和雷·纳尔逊提交给下级法院的专家证言，称它并不适用。毕竟，他们进行研究的机构缺乏亚拉巴马州的"特殊性"。[80]

伊文斯的发言时间结束，轮到霍洛维茨了。正如她希望的那样，她只需在提问开始前稍做开庭陈述即可。大法官们想知道她对伊文斯关于数据的论点有何回应。伯格大法官问道："为什么没有（把身高体重最低要求对实际申请者有何影响的证据）呈上？""这样的证据当然在某处能够找到。"霍洛维茨无疑在此之前经过多次排
55 练，现在得以用一种很自信、平缓的语调掩饰她的明尼苏达口音，她回应了所有相关的提问：

> 法官大人，我承认这证据不易获得，根据《民权法案》第七章，这也并非原告的举证责任。因为身高和体重要求是一种自行界定的限定……它的可恶之处不仅在于它歧视了任何申请入职，但由于未达到最低要求而被拒绝的人，也歧视了所有知道这些最低要求，但因为未达标而没有提出申请的人。[81]

接下来，马歇尔大法官将事态引往一个新方向。他想知道，如果不是 5.2 英尺和 120 磅，霍洛维茨会把申请者的资格线划在何处。“难道你不认为他们能对身高体重有所限制吗？”他问道，“他们能规定不会雇用体重超过 400 磅的人吗？……他们能不能规定，‘我们不会雇用超过 55 岁的人’？”伯格大法官也插话问。“如果他们规定的是 100 磅，4.8 英尺？那就好了，对不对？”但霍洛维茨拒绝在这个问题上被纠缠。本案不在于界定成为监狱看守的身体标准。在格里格斯案中，真正的法律焦点在于雇主能否以职位相关性为由证明其**选定的**挑选机制的正当性，而亚拉巴马州并不能做到这点。[82]

这也是霍洛维茨对第 204 条的态度。“我们没有不允许亚拉巴马州打造安全高效的监狱看守队伍，”她强调，“问题是第 204 条对于实现这一目标是否有必要……州有义务举证，提供女性不能在此类监狱履职的实际客观数据……然而，卷宗里显然没有这一证据。”她提醒法官们，外部专家的证言显示“女性在（本国）其他地方有令人满意的履职能力”。此外，地区法院的约翰逊法官驳回了亚拉巴马州的善意的职业资格限制的观点。霍洛维茨说，约翰逊法官对早前监狱诉讼作出过判决，他“非常熟悉亚拉巴马州监狱条件的特殊性”，如果他认为妇女可以在这样的环境中从事此类工作，最高法院应该尊重他的判断，而不是完全遵照州内规定。[83]

1977 年 6 月 27 日，金·罗林森接到电话，是帕姆·霍洛维茨 56
和约翰·卡罗尔打来的，他们带来的消息有好有坏。好消息是，联邦最高法院同意地区法院对所有惩教委员会员工都须符合身高 5.2 英尺与体重 120 磅的要求的判决：格里格斯案中的“形式上公正，但操作中存在歧视”的标准，同样也适用于性别歧视案件，亚拉巴马州“没有提供任何证据”来支持其对身高和体重的要求，更不用说证明它们符合“业务必要性”。[84] 最高法院并不关心南方反贫穷法律中心是否能够出示证据证明身高和体重门槛实际上阻挡了多少申请人。最高法院认为：“申请过程本身可能并没有充分反映出实际的潜在申请人群……（一个）潜在的申请人可以很容易地确定其身高和体重并得出结论：其提出申请将是徒劳的。”[85] 尽管亚拉巴马州如其陈述中所言，希望雇用能够展示出体力的狱警，这一点具有合理性，但如果不成比例地将女性申请人排除在外，它需要制定更准确的衡量标准，才能满足合法性的要求。[86] 因此，罗林森本应有资格胜任惩教委员会的监狱工作。

但是，她有资格获得**何种**工作？这是个坏消息。根据波特·斯图尔特大法官撰写的判决意见，法院认为亚拉巴马州只是假定了与身高、体重相匹配的力量标准，认可了该州关于女性容易受到囚犯袭击的假设，并基于下列理由同意第 204 条：

> 囚犯可能会因为一个人是女性而攻击她，这不仅会对被攻击的受害者构成真正威胁，而且不利于监狱的基本管理，危及对囚犯的保护和其他看守的安全。因此，女性雇员会直接影响她提供安保的能力，而这正是狱警职责的本质所在。[87]

瑟古德·马歇尔大法官对这部分判决提出了强烈的异议，威廉·布伦南大法官予以联署，批评多数派法官的分析“听起来让人
57 非常不安，就像说负负为正一样”。[88] 他写道，“一个公然违反第八修正案的监狱系统”不应成为“违反一项旨在纠正由来已久的歧视

行为的法律的正当理由”。[89] 正如他在菲利普斯案中所抱怨的那样，马歇尔法官哀叹那些利用性别刻板印象将雇用男性作为善意的职业资格限制的做法。最高法院愿意认同“对女性最恶毒的一种古老的迷思——女性，无论是否有意，都是诱人的性对象”，[90] 他激烈批评了这一点。马歇尔法官认为，对女性看守基于性动机的攻击，在囚犯对男女看守进行的攻击中只占一小部分，这是一种没有性别区分的风险，并不是将女性完全排除在外的理由。“女性和男性看守都不可避免会遭到攻击，正确的处理方法是对违法的囚犯采取及时、有效的惩罚性措施，而非限制那些希望为社会做贡献的守法女性的就业机会。”[91]

尽管霍洛维茨和卡罗尔同马歇尔大法官一样对多数意见中关于第 204 条的判决感到愤怒，但他们也看到了一线希望，法院千方百计地强调，他们对这一点的判决，是出于对亚拉巴马州监狱当时非同寻常的野蛮环境的考虑，不应被解读为认可将女性普遍排除在监狱看守行列之外，或禁止女性从事其他危险工作；今后所有涉及《民权法案》第七章的案件中，对善意的职业资格限制的例外情形都应该从狭义方面理解。法院解释说：“在通常情况下，某项特定工作对女性而言过于危险的观点会被驳回，因为允许每个女性为自己作出选择正是《民权法案》第七章的目的。”[92]

对罗林森来说，法院的判决意味着她可以在亚拉巴马州安保级别最低的机构之一担任狱警工作，还意味着她有权获得自 1974 年秋天至今因被惩教委员会拒绝录用而遭受的工资损失。

罗林森对第 204 条将维持效力感到失望，但对她来说，这部分是次要的。她对自己成功地推翻了身高和体重最低要求感到非常激动。“这就是我一直想做的”，她说，这不仅仅是为了她自己，而且也为“所有其他因身材娇小而被拒之门外的女性”。

58 罗林森最终仅在惩教机构工作了五年。这非她所愿，但情况就是这样。她先是在州青少年拘押机构弗兰克·李青年中心担任狱警。尽管罗林森身材娇小，但她说她从未感到害怕。毕竟，环顾四周，她看见的看守都“十分老朽，肥胖”，她大笑着回忆。她还把信心归因于囚犯的反应。她说：“你能看出，他们觉得有女性在那里是如此美好，因为有女性在，那里的环境更正常。”“他们会来（找我倾吐心声）。一直如此。我觉得自己完全处于保护之下。”

不欢迎她到来的是其他看守，他们都是男性。许多人出身行伍或有警察背景，以前从未和女性一起共事。他们知道她的案子，对她的到来并不高兴，举例来说，监狱长给罗林森的排班时间非常折磨人，上午 6 : 00 至下午 2 : 00，次日下午 2 : 00 到晚上 10 : 00，第三天晚上则为 10 : 00 至早上 6 : 00。

两年后，罗林森调到蒙哥马利的基尔比监狱。因为这是一个安保级别最高的监狱，罗林森不能担任“接触性”岗位。她只能做分类员，协助执行小弗兰克·约翰逊法官 1976 年签发的命令——州应将最暴力的囚犯分离出来。罗林森与心理学家合作，访谈并评估囚犯，决定他们的关押位置，并判断他们需要什么样的支持性服务。对于大学时就痴迷心理学的她来说，这是一个完美的安排。“我真的很喜欢这份工作，”她说，“我可以听到很多故事。”她白天在基尔比监狱工作，晚上到奥本大学读书，获得了奖学金，还取得了刑事司法学硕士学位。

虽然罗林森梦想着凭借学位向更高的职位前进，但在 1980 年初，她的事业偏离了轨道。出于一些从未向她解释的原因（即使在她聘请了一名代理律师后），惩教委员会对她进行了调查。该调查没有形成任何指控，但她的职业生涯却因此停滞不前。她不能升职，无法加薪，也不能调岗。罗林森历经千辛万苦才得到这份工作，非常不愿离开狱警的岗位，但还是不得不辞去工作，嫁给了一位看守同事。艰难的岁月随之而来，她经历了被诊断出癌症，药物滥用，离婚，再婚，第二次离婚。她在所从事的工作中都表现出色，在销售玫琳凯时赚得了一辆著名的粉红色凯迪拉克，后来做过总经理秘书，但她总是生活在遗憾中，因为她没能从事自己想要的执法工作。

1998 年，罗林森回到了家乡蒙哥马利。在重新信仰宗教后，她 59
回归了正常的生活，并找到了某种保持内心平静的方法。而且，也正是通过教会，罗林森看到了该案从 1975 年她在洗头发时将自己的故事告诉给帕姆·霍洛维茨那天起所产生的影响。多年以来，罗林森和所在教会的其他成员定期前往亚拉巴马州的监狱会见囚犯。每次访问，罗林森都能看到越来越多的女性看守，包括比她身材更娇小的女性。（1985 年，亚拉巴马州停止执行第 204 条，她成功地推动了任何身形的申请人都可以申请开放式监狱看守的工作，胜利成果进一步扩大。）现在，在仅关押男性囚犯的最高安保级别的州监狱狱警中，女性占到 21%，有些地方甚至已经有了女监狱长。[93]“我很为自己见到的这些女性激动，”她说，“我真的觉得大家都赢了。”

每当遇到一位女看守，罗林森都会和她聊天。“这是不是你一直希望从事的工作？”罗林森问，她的家人始终不理解她对这份工作的看法，“她们中的大多数人都说是的，这真是太棒了。”她爽朗地大笑，“所以我不是唯一的疯女人！”

第 3 章

长命百岁

洛杉矶水电局诉曼哈特案

City of Los Angeles Department of Water and Power v. Manhart, 1978

60 1973 年初，一个名叫露丝·布兰科的工会组织者注意到了洛杉矶水电局（以下简称水电局）。水电局拥有 1.2 万名雇员，是全市最大的雇主之一，肩负着为洛杉矶这座炎热干旱的城市的约 300 万人供水供电的重任。由于加州最近修改了法律，水电局的雇员们首次获批成立工会。经过媒体的疯狂报道之后，大大小小的工会接连入驻洛杉矶水电局总部——一幢位于洛杉矶邦克山地区的、高达 17 层的钢筋水泥地标性建筑。这些工会致力于赢得必要的选票，以便争取成为水电局雇员们的独家权益代表。

在近一个世纪的时间里，水电局的工程师和技术工人都拥有他们自己的行业工会，即地方 18 国际电工兄弟会（Local 18 of the International Brotherhood of Electrical Workers），该工会期待招募吸收新成员。布兰科受地方 18 国际电工兄弟会委派到洛杉矶，去争取让水电局里 2 000 名文员和行政人员（多为女性）加入该工会。布兰科最大的竞争对手是美国州、县、市联合工会（American Federation of

State, County, and Municipal Employees），该工会是一个以女性为主的工会，其大部分成员是教师、护士、图书馆管理员、人力资源专家
和行政专员。为了说服水电局的女性雇员宣誓效忠于一个名字中带有 61
“兄弟会”的工会，布兰科知道她需要要一点手段，一些“让她们眼花缭乱的花招”，地方 18 国际电工兄弟会的律师罗伯特·多尔曼后来这样解释道。

布兰科结识了玛丽·伯恩，她是水电局五名监事的秘书。伯恩告诉她，水电局的养老金政策长期以来让女性员工们愤愤不平。该计划承诺，退休者可按月领取占其平均收入一定比例的补助（benefits），所需资金来源于水电局和员工自身的强制供款，以扣除月薪的方式进行。

然而，同 20 世纪 70 年代初的许多养老金计划一样，水电局的计划把女性员工归为二等身份。生命表[1]的数据显示，女性平均比男性多活五年，所以水电局要求女性员工从薪水中缴纳更多的供款到养老金计划中——准确地说，要多付 15%。但更多的供款并没有变为更多的养老金补助，女性退休者每月仍和男性退休者得到同等数额的养老金。但是，因为女性群体领取补助的时间更长，按此逻辑，女性被要求在职时从薪水中抽取更多供款以弥补差额。

令布兰科感到震惊的是，地方 18 国际电工兄弟会一直以来竟允许水电局维持这样的政策。在洛杉矶如此庞大的市政府中，没有其他任何部门有类似这样的养老政策。纠正这一不平等的做法不仅是出于公平的需要，而且在公共关系方面有助于地方 18 国际电工兄弟会争

[1] 生命表（Life Table / Mortality Table），又称“死亡表”，是反映一个国家或一个区域人口生存死亡规律的调查统计表。

取水电局的女工选票。定下这个战略后，布兰科请来了多尔曼律师，他的律所多年来都是工会的代理人。“她对我大喊大叫，”多尔曼笑着回忆道，“我那时觉得她是世界上最讨厌的女人。”但他也承认自己从来没有想过男女之间的供款差额。没多久，布兰科就以其标志性的疾风骤雨般的方式，使他对此有了新的认识。多尔曼在谈及水电局的女工时称：“我不会责怪她们的怒火。在每一份工资单中，她们都看得到侮辱。”

按照水电局的养老金计划，所有影响职工寿命长短的其他因素——吸烟、饮酒、体重、既往医疗史等——都被合并在了一起，影响职工寿命的风险也因此被平分。种族因素被归入其中，尽管非裔美国人已被证明比白人的预期寿命更短。[1]性别是唯一被单独考量的因素。基于所有这些其他因素，无论水电局中的女性或男性员工
62 有多长的预期寿命，女性每周拿回家的薪水依然比在她身边工作的男性少。这意味着她们用来支付房屋抵押贷款、食物和账单的钱更少了，在职业生涯中，女性有可能比男性少获得几千美元。多尔曼同意必须对此做些什么。

“紧接着，我知道的是，”他惊叹道，“我参与了这一进程。”

推动水电局改变的“进程”启动了，玛丽·伯恩集结了一些女性雇员，建立了保护妇女退休补助委员会。

委员会指定的发言人之一是爱丽丝·穆勒。她是几年前水电局中第一位晋升为办公室主任的女性。爱丽丝·穆勒时年 51 岁，她大半辈子都在水电局工作，并且，依照多尔曼的描述，她是一个“奋斗者”。她在加州大学洛杉矶分校获得会计学位后，在公共图书馆工作了几年，1942 年被水电局聘用为商业部文员。在 6 个月时间内，她就

晋升为高级文员。从20世纪40年代末开始，穆勒每年都参加考试，争取晋升为会计部的首席文员，她的分数每年都是最高的，但每年她都得不到面试机会。相反，她眼睁睁看着成绩单上落在她后面的那些男性获得提拔。“那个时候，就算是有这样的程序设置，大多数女人也不会想到去投诉，”穆勒后来写道，“就连那些不如我们的男人在我们之前被提拔时，也是如此，因为行业双重标准已被采纳为惯例。”[2]

穆勒最终在1958年被任命为首席文员，她是水电局第一个获此头衔的女性，并在十年后成功晋升为办公室主任。[3]那时她进了电力工程与施工部门，在水电局日益壮大的“领地”上负责协调建设项目的物流工作。“我一直梦想着参与一个电力建设项目，”她在晋升期间写道，“而我几乎不可能被派去做这种工作。”穆勒原本被选为水电局退休计划委员会的职工代表（她也是第一个得到那个职位的女性），但新的职责使其辞去了该职位。[4]

在委员会的经验让她对养老金计划的细枝末节有详尽的了解， 63
后来她将这一计划称为“维多利亚时代中期现象”。[5]女性供款不平等的问题一直存在，这只是她参与其中的最新一役。比如，根据固有的刻板印象，男人养家糊口，不需要他们已故配偶的工资，而女性却需要她们已故配偶的工资，因此多年来女性的遗属得到的救济金总是少于男性的遗属。同样，几十年来这一计划规定女性到55周岁即可退休，而男性直到60周岁方可退休。养老金计划也规定了强制退休年龄，女性比男性早5年：女性为60周岁，男性为65周岁。洛杉矶水电局认为这些规定都是“仁慈的”，该委员会假定女性实际上不想工作，并且由于丈夫负责养家糊口，她们甚至可能不必工作。然而，几乎没有女性申请提前退休，或愿意接受在60周岁时被强制退休。与继续工作能得到的薪水相比，每月的退休金根本不值一提。然而，水电局多年来要求女性雇员以高出男性同僚近 50 个百分点的供款数额，弥补提前退休这份“礼物”所带来的差额。即使这些规定被最终废除，那些多付或少付的款项也不了了之。

爱丽丝·穆勒退出退休计划委员会后，在保护妇女退休津贴委员会中同样起到了积极的作用。到 1973 年初，她已经在养老金计划中缴纳了近 1.8 万美元，而她的男性同僚仅缴纳了 1.25 万美元。与露丝·布兰科于 1973 年 5 月第一次见面后的第二天，穆勒写信给布兰科说道：“非常高兴遇到你，并且被你那份难以磨灭的热情感染。我很羡慕这种热情，希望你在各个方面幸运圆满。”穆勒不仅提醒布兰科水电局中管辖养老金争议的各项规定，还向她提供了退休计划委员会管理者和监事会的会议日程。“也许在你的国际电工兄弟会小报上写一个小小的专栏，谈谈这两个会议，会引起信息提供者的兴趣。”穆勒提议说，“如果人们在传播小道消息时，琢磨一下你们揭开的事情真相，将事半功倍。”[6]

尽管穆勒对改革充满热情，尽管水电局的做法“令人心碎”[7]，她写道，“我感觉我已经奉献出了自己的全部，我的思想、我的心、我的精力，就像部门里的男性员工一样”[8]，但她认为委员会应该谨
64 慎地把自己的运作与水电局剥离，以避免任何不合适的行为。她花钱为大家租了一个邮政信箱用来处理信函，并劝说成员们雇用一个外部印刷商，而不是用水电局的工作打印机来印刷委员会的宣传资料。穆勒也很关注细节，避免将委员会想要吸纳的一部分女性拒之门外。她还就首次印刷的 7 500 份传单向同事写信询问：“我们印刷用的纸张选择桃红色这种女性化的颜色，还是丑陋的男女通用的颜色？”并且在上面签名，“爱与‘钱途’，爱丽丝”。[9]

委员会的最初方案中有一项计划是写信给水电局监事会。那些

有 30 年工作经验的女性在信中表达了她们的愤怒，因为她们缴纳的款项比男性同事要多得多，却不知道自己是否能活到领取补助的时候。她们还指出，由于有遗属补助，事实上，男性同事的支出费用并不会低于养老金计划。的确，截至 1974 年底，约有 400 名水电局男性员工的遗孀根据养老金计划领取补助，而女性员工的鳏夫只有三名。[10]“对，我们是活得久一些，”玛格丽特·戴维斯写道，“但并没有那么久，而男性员工可能有一位活得更久的遗孀根据养老金计划领取钱款。那么，谁才是赢家呢？”[11]

“我不是为了支持女性解放运动，”卡罗尔·拉斯多尔对监事会这么说道，“但我的确感觉到我们女性员工受到了歧视……我们不应该为女性的长寿缴纳额外款额，因为男性员工的配偶寿命也大概这么长。”[12]

从 1972 年秋到 1973 年初，委员会还直接致信监事会，要求对该养老金政策进行彻底审查。这些请求的确推动了一些会议的召开，但在更多的时候，水电局的女性员工得到的只有沉默。

大约在这个时候，组织者露丝·布兰科聘用了多尔曼，以国际电工兄弟会的力量来支持委员会的运动。《民权法案》第七章将成为主要的工具。1972 年的法律修正案明令禁止包括水电局在内的政府雇主有性别歧视行为。1973 年 6 月，多尔曼向平等就业机会委员会递交了一份关于性别歧视的指控。

地方 18 国际电工兄弟会的商业管理人瓦尔特·“红”·里泽召
开新闻发布会，宣布这一指控。里泽肯定了布兰科组织的一系列运 65
动，申明即使不是工会成员，国际电工兄弟会也会予以支持：“我们已经代表地方 18 国际电工兄弟会的所有女性成员提交了对水电局的指控。不仅如此，指控还代表了水电局的所有女性雇员。”几个月后，平等就业机会委员会发出“有权起诉”的信函，[1] 同意其将案件提交到联邦法院。

多尔曼着手起草起诉状，他的搭档是凯瑟琳·斯托尔·伯恩斯律师，由玛丽·伯恩招募来为委员会向水电局提供建议、协调组织工作。伯恩斯于 1937 年毕业于密歇根大学法学院，当时女律师仍是凤毛麟角。实际上，她曾艰难地寻找愿意雇用她的律所，最终选择个人执业，处理人身伤害诉讼和工人赔偿案件。但是，伯恩斯也热衷于维护女性的权利，她起初与伯恩一起工作，后来和布兰科一起协调委员会对水电局的诉求。

在布兰科的引介下，伯恩斯和多尔曼确定了可以在诉讼中作为“显名原告”的水电局女性员工——她们的名字会出现在法庭卷宗上，代表其他 2 500 名诉讼中涉及的在职雇员和退休人员。他们希望原告具有代表性，来自不同种族、部门或职级，在水电局的任期、养老金计划和家庭地位上也希望多样化。他们同时非常希望已经退休或者即将退休的妇女也能参与进来，以便在水电局报复原告时缓解经济上的冲击。正如多尔曼所指出的，“当你要求雇员们挺身而

[1] 1964 年《民权法案》第七章规定了对于遭受种族、肤色、宗教、性别或国籍歧视的受害人的救济。美国反就业歧视的救济程序反映了国会的意图，即处理雇用歧视纠纷不应完全像处理普通的民事纠纷那样，在雇用歧视纠纷中，原告必须先竭尽州和联邦的行政救济程序之后，才可以向法院提起诉讼。在州和联邦的行政程序中，负有调查义务的州和联邦机构将尽力调解，使双方的争议在诉讼前得到解决。如果双方的争议在行政程序中未能得到解决，联邦的机构将以自己的名义提起诉讼或者向主张权利者发出“有权起诉”（right-to-sue）的信函。国会设计的这种程序主要是为了促进雇用歧视纠纷的调解，避免当事人之间的诉讼。依照《民权法案》第七章的规定，原告必须在遭受歧视的 180 天内向联邦平等就业机会委员会提出申诉。如果原告所在的州也有禁止雇用歧视的法律以及相应的执行机构，原告必须先向州的执行机构提出申诉。

出，被人注意，成为焦点，真正处于不利境遇时……”要决定谁能更好地应对雇主可能出现的负面回应。这个决定在很大程度上留给布兰科去判断，因为她是最了解水电局女员工的人之一。

爱丽丝·穆勒的名字肯定会出现在起诉状中。除了致力于这一事业以外，她还在电力工程与施工部门获得了高级职位，并在水电局工作了 30 年。穆勒是白人未婚女性，这意味着没有人在她死后获得她多付的养老金款项。非裔美国人埃塞尔·雷曼在会计部工作，她和穆勒一样，接近退休，已经为养老基金缴款了 29 年。另一位非裔美国人卡洛琳·梅塞克在商业部工作，入职 17 年，是有两个孩子 66
的单亲母亲，也是整个群体中的最低收入者之一，梅塞克的情况明确地体现了妇女收入减少所带来的经济困难。玛格丽·斯多普是在人事部门任职的一位白人女性，她是所有原告中任职期间最长的，1938 年就进入了水电局。她的丈夫也是水电局的职员。虽然他们的工作年限相近，玛格丽的收入还比丈夫少很多，但至今她在养老金计划中的供款却比丈夫要多。玛丽·曼哈特同样是白人，作为一个单身退休职员，她已经为养老金计划供款了将近 25 年。她退休时，已经比职务相当的男性职员多缴纳了 6 000 美元的养老金。[13]

1973 年 9 月 26 日，伯恩斯和多尔曼就曼哈特诉美国洛杉矶水电局案向加利福尼亚州中区联邦地区法院提起诉讼。这份诉状载明，它希望法官判决水电局的不平等的养老金供款计划非法，并向 2 500 名任职和退休的女性退还自 1972 年 3 月 24 日——《民权法案》第七章开始适用于水电局之日——多收取的款项。

就在曼哈特案在下级法院进行审理时，男女之间退休福利政策的差异仍然被视为理所当然。事实上，根据平等就业机会委员会

1966 年发布的《民权法案》第七章实施行动的首个年度报告，在女性职工的投诉中，有 30% 与不平等的员工福利政策有关。[14]

长期以来，退休政策中性别因素导致的差别对待更是加深了性别收入的鸿沟。比如，在水电局实行了很多年的强制退休政策，要求女性在比男性同事更年轻的时候退休——虽然女性预期寿命要比男性长，女性职员的遗属在她们去世后收到的钱也要比男性遗属少。[15] 养老金计划中通常还有对育龄女性的处罚标准，甚至要求员工被允许怀孕前大幅增加工作时间，同时对请孕产假（不包括其他任何疾病）的女性不予休养许可。

截至 1973 年，退休人员平等化还是取得了一定的成果。在
67 1968 年国会金融联合委员会就性别问题举行了一系列听证会之后，平等就业机会委员会修改了《反性别歧视指南》，禁止男女强制退休年龄有差别。(《反就业年龄歧视法案》颁行于 1967 年，但 1986 年以前并没有禁止对大部分工人实行强制退休。) 1972 年，平等就业机会委员会在该指南中增加了一条更宽泛的指令："雇主以雇员的性别为基准而给予雇员不同数量的养老金或退休方案是非法的雇用行为。"[16] 值得注意的是，该机构表明"一种性别的福利成本高于另一种，并不构成第七章下基于性别的福利歧视指控的辩护理由"。

但是，迄今为止，并没有法院考量过，雇主在制订养老金计划时将女性更长寿的因素考虑进来，是否违反第七章的规定。根据这样的养老金计划，不同性别所需缴纳的供款差异贯穿始终，无论雇员们是在工作期间还是在退休之后。

正如水电局所做的，一些雇主要求女性在工作时为养老金计划缴纳更多供款，但退休后给予男性和女性同样多的福利。这些养老金固定收益计划（Defined Benefit Plan）通常基于雇员平均工资的

百分比。更普遍的做法是，雇主提供养老金固定供款计划，向在职男性和女性员工（或其雇主，或雇用双方）收取相同的供款作为退休补助来源，但是，退休后每月付给女性的补助少于男性，因为女性的平均寿命更长。

能够被分配到这位法官来审理案件，水电局的女性可以说是幸运之至。由总统约翰逊任命的法官哈里·普雷格森是一名从乌克兰移民到南加州的邮政工人的儿子。在曼哈特案被提交时，普雷格森正因为阻止一项由洛杉矶向东南方直到诺瓦克长达 17 英里的世纪高速工程而登上头条，这条高速公路的建造带来了环境危害并扰乱了当地低收入居民的生活。“当我们计划动土施工的时候，”他说，“我们必须考虑到那些生活受此影响的人们。”[17] 双方当事人后来在普雷格森的协调下达成和解，该项目得以继续开展，而普雷格森的要求 68
是其必须培训、雇用女性和有色人种工人来参与建筑工作，并建造经济适用房。（几年后，在联邦第九巡回上诉法院席位的确认提名听证会上，普雷格森的表现非常成功，在被问及如何在忠于良知和遵守法律之间作出选择时，他告诉参议院司法委员会：“我的良知源于十诫、《权利法案》、童子军誓言和《海军陆战队赞歌》。如果必须在良知和法律中有所选择，我选择追随良知。”[18]）

接下来的一年，水电局寻找各种各样的理由要求法院驳回起诉，普雷格森对案件起到了积极的推动作用。在一次案件讨论会中，他直截了当地告诉多尔曼，一些原告的诉求——让水电局监事个人承担责任——不利于让人们关注本案真正的意图，即以第七章为依据展开诉讼，这样的诉求理应被抛弃。伯恩斯和多尔曼很快就修改了诉状，并根据他的建议修改了其他一些内容。1974 年夏天，正当多尔曼在准备提起新的起诉时，他接到了一通不寻常的电话，是普雷格森的书记员打来的，提醒他注意《拉斯维加斯太阳报》的一篇社论，法官不仅有所关注，也希望多尔曼能看一下。这篇社论报道了平等就业机会委员会近期作出的支持一位女性城市工人的判决。这位女性控诉道，因为精算数据按性别区分，她每个月收到的退休金要少于男同事。

《拉斯维加斯太阳报》用一种开玩笑的语气说："地狱烈焰也不及女人对退休金不平等问题之愤怒。"[19] 但是，该判决的新闻对多尔曼和伯恩斯来说是一个意外收获。除了平等就业机会委员会的《指南》，他们几乎没有能依靠的法律渊源，《民权法案》第七章太新了。"我们需要形成一个之前从没有人放在心上的论点，"多尔曼解释道，"女性活得比男性久。你怎么看？这是一个统计学的事实。"

尽管平等就业机会委员会的第 74-118 号决议关涉不平等的退休**福利**，但其推理正好适用于曼哈特案中的不平等**供款**问题。女性普遍更长寿的事实不能成为起草养老金计划条款的根据。"这个论点的逻辑通常被用来支持歧视：借助于在某些特定的性别、种族或者其他受《民权法案》第七章保护的群体的平均特征。"平等就业机会委员会这样认为。[20]

几个月后，伯恩斯和多尔曼引用平等就业机会委员会第 74-118 号决议，请求普雷格森法官颁布针对水电局的预防性禁制令。[1]

---

[1] 美国法律将禁令视为一种"不寻常的法律救济"，即一种必须严格依据法律才能给予当事人的救济。在美国，禁令一般包括临时限制令（temporary restraining order）、预防性禁制令（preliminary injunction）和永久性禁令（permanent injunction）。《美国民事诉讼法》第 65 条规定了前两种中间禁令。临时限制令一般在单方程序中作出并且仅在一个非常有限的时间内有效，如十天左右，直到双方到场进行全面审查听证。临时限制令可以仅凭单方申请而作出。预防性禁制令的持续有效时间较长，但仍然不是终局性的。

顾名思义，预防性禁制令是在获得和评估所有证据前取得先期救济的 69
一种方式。依据案件的实际情况，预防性禁制令可以在诉讼过程中要求对方作为或不作为。法官签发预防性禁制令时非常谨慎，签发与否在很大程度上取决于法官是否认为申请禁令的一方最终能够胜诉。并且，签发预防性禁制令还取决于是否存在“难以弥补的损害”。在这起案件中，伯恩斯和多尔曼要求普雷格森法官命令洛杉矶水电局立刻停止扣除女性员工更多的薪水数额。他们坚称，损失的收入会对数百个洛杉矶水电局的员工及家庭造成无法弥补的经济损失。

洛杉矶水电局则回应称，依据《民权法案》第七章，基于性别缴纳不同数量的供款是完全合法的。女性从未受到不平等的对待，因为她们活得更久。普雷格森法官在最终判决中总结了洛杉矶水电局的立场，即“女性必须付出更多，这样才能取得更多”。[21] 洛杉矶水电局所依据的是《民权法案》第七章中被称为班尼特修正案（Bennett Amendment）的条款。班尼特修正案1964年经参议员提议，被加入了第七章。这一修正案起源于《薪酬平等法案》（Equal Pay Act）。《薪酬平等法案》早于《民权法案》第七章一年制定。与《民权法案》第七章相比，《薪酬平等法案》的适用范围更有限，因为它只处理从事同样工作的男女职员工资不同的问题，而《民权法案》第七章则不需要这种对等性。但是《薪酬平等法案》的确允许职工之间存在工资差别，只要这种差别是能够合理解释的且与性别因素无关，比如说资历、业绩或激励计划，以及“性别之外的”所有因素。

《民权法案》第七章的班尼特修正案吸收了这些例外因素。这就意味着，当一个雇主被控违反《民权法案》第七章，在薪酬上存在歧视时，可以通过声称所争议的薪酬差别完全是由于“其他任何与性别无关的原因造成”来为自己辩护。洛杉矶水电局辩护说，长寿正是如此，是一个使其供款计划符合第七章的中立性因素。另外，洛杉矶水电局还引用了参议员们就班尼特修正案的讨论。这场谈话发生在西弗吉尼亚的参议员简宁·朗道夫和《民权法案》的监察人、明尼苏达州参议员休伯特·汉弗莱之间。在《民权法案》第七章制定后，朗道夫和汉弗莱之间的一段对话被记录下来，朗道夫要求汉弗莱解释：《民权法案》第七章是否在保护雇主的特权，使他们有权区分对待男人和女人的退休计划，比如给鳏夫们的福利少于其他人，女人必须提早退休？没错，汉弗莱回答说。班尼特修正案“毋庸置疑地澄清”了这一点。[22]

洛杉矶水电局也反对平等就业机会委员会的第 74-118 号决议，
70 认为那会造成对男人的歧视，因为他们的平均寿命比女人短，工作时缴纳的供款无法在退休后得到应有的回报。相比男性而言，女性能享受福利的时间平均多出五年。洛杉矶水电局如实指出，平等就业机会委员会的意见对法院没有法律约束力，仅具建议性质。最后，水电局提出，有权对《薪酬平等法案》进行解释的劳工部已经发布决议，允许在养老金计划中存在性别差异。水电局指出，这种法律渊源的冲突意味着平等就业机会委员会对该问题没有最终解释权。

在 1975 年新年过后不久，普雷格森法官作出判决，签发预防性禁制令。普雷格森总结道，一旦所有证据被呈交，原告很有可能依靠这些优势打赢官司，所以原告应该**现在**就开始得到救济。他所依据的主要法律渊源是平等就业机会委员会第 74-118 号决议。（普雷格森说道，如果劳工部的决策与平等就业机会委员会的决策有所冲突，考虑到平等就业机会委员会是负责执行《民权法案》第七章内容规定的部门，在这种情况下，解释权应该归平等就业机会委员会所有。）即使决策涉及的是男女不同的**补助**而非不同的**供款**，普雷格森总结道，“无论在哪种情况下，根据性别区别对待的原因在于女性长寿这一事实。但实际上，对一个群体来说或许准确的特点，如果适用于这些群体中的个人，则并非总是准确的”。[23]

普雷格森法官认为，这种将群体特征置于个体特征之上的做法是不合法的。“在通过《民权法案》第七章的时候，国会确立了一项政策，每个人都必须被视为一个个体对待，而不能由于其总体上具有某些特征，被不当地归入种族、宗教或者性别群体，”他写道，“特别是，在有关性别歧视的案件中，国会全面反对因性别刻板印象而对两性区别对待的行为。”[24]

而且，普雷格森法官也不认同班尼特修正案使水电局的规定有所豁免，嘲笑了以女性总体上更长寿为前提的政策是“性别以外的其他因素”的说法。[25] 至于朗道夫和汉弗莱关于该修正案的交谈，根本不值一提。普雷格森很快找寻到能申请预防性禁制令的其他因素。他说，原告会由于不得不继续为缴纳更多的养老金供款而承受“不可弥补的伤害”，不仅是金钱上的损失，还有“（公民权利）被侵犯所导致的人性尊严的伤害”。[26] 所有这些因素以及受水电局政策影响的女性数量之多都表明：只有暂停这一政策，公共利益（给予预防性禁制令时的最终因素），才能得到最好保护。

但是，如果说普雷格森法官的判决对于水电局的女性和国际电 71
工兄弟会来说是个令人满意的胜利，那么迄今为止，这更多是象征
性的胜利。几个星期前，水电局采取了一项改革，彻底修改了养老
金计划，同时终止了女性的高供款率，以符合加利福尼亚州新通过
的一部法案的要求，即大城市的养老金计划需以无性别之分的精算
表为基础。从 1975 年 1 月 1 日起，水电局的女性员工工资中扣除

的供款会和男性员工一样多。此后，水电局会每年支付大约 15.5 万美元来弥补供款缺口。

尽管水电局已经改变了它的政策，但普雷格森法官的判决对这个领域来说，依然是非常不利的发展。它为原告们打开了索取过往赔偿的大门，即取回先前超额支付的退休金供款。的确，6 个月后，普雷格森走过了这扇敞开的大门。在将他的预防性禁制令变为最终判决后，他要求水电局把女性员工多缴纳的供款全额返还，此外，还包括 7% 的利息。因为在 1972 年初之前，《民权法案》第七章还不适用于政府机构，且保险金政策在 1974 年 12 月 31 日已经发生了变化，所以这笔债务相对来说并不庞大，约为 33 个月额外多支出的工资。

露丝·布兰科在对水电局女性员工的一次讲话中庆祝了这个胜利："对于你们中的大多数人来说，普雷格森法官判决给你们的退款是数额很大的。对你们所有人来说，这是一次道德上的巨大胜利，当然，这也意味着只要你们继续为水电局工作，你们每个月就会拿到更多的钱。这就是真正的平权行动！"[27] 对于布兰科和国际电工兄弟会来说，这只是最新的一个好消息。几个月前，水电局工会的投票终于举行了。地方 18 国际电工兄弟会以压倒性的优势击败了其他所有竞争者，包括美国州、县、市联合工会。布兰科的策略大获全胜，包括前一年频繁地向水电局员工更新国际电工兄弟会为曼哈特诉讼提供资金的情况。事实证明，为女性争取平等成功地壮大了工会的力量。

露丝·布兰科在完成水电局的工作后，便转向国际电工兄弟会组织的下一个运动，逐渐和多尔曼失去了联系。但多尔曼还是能听
72 到小道消息，据说布兰科把她说服他人的本领用在了另一方面，用

来调解工会成员和管理层之间的纠纷。布兰科于2009年逝世。

尽管水电局对女性员工的补偿费用并不高，但足以推动该公司继续进行诉讼。1975年7月，水电局向在加利福尼亚州拥有管辖权的联邦第九巡回上诉法院提起上诉，要求暂停执行普雷格森法官的判决，换言之，上诉法院受理案件期间，可不予执行。第九巡回上诉法院同意了这一要求，判决于是暂停执行。水电局的女性员工胜利了，但她们的银行账户近期内不会有任何改变。

这时，曼哈特案已经有些为全国瞩目了。如果其他法院接受普雷格森法官的理路，那么这不仅会使无数雇主的养老金计划作废，而且可以说也会引发对人身保险、汽车保险和健康保险等领域中的性别差别对待的质疑。当各方向第九巡回上诉法院提交他们的意见书后，一些强有力的同盟开始支持水电局的女性员工：平等就业机会委员会和劳工部提交了法庭之友意见书，主张水电局的政策违反了《民权法案》第七章的规定，不符合班尼特修正案中“性别因素以外的其他原因”的要求。

1976年11月，第九巡回上诉法院一个由三名法官组成的审判庭维持了普雷格森法官的判决。该法庭与普雷格森法官的理据大致相同，进而总结道：“仅凭借性别因素来设定退休供款率，没有把每一个雇员当作单独的个体，而是把雇员划分为某一性别中的一员。”[28]法院还当即回应，水电局的养老金计划不能以班尼特修正案为依据：“要说这个以性别为依据区分供款率的做法是‘性别之外的其他因素’，那是完全不合理的。性别正是它的依据所在。”[29]

法院还进一步确认了普雷格森法官要求水电局返还女性员工额外供款费用的判决。它解释说，这样做符合《民权法案》第七章意在防止歧视“所有”受害者的目的，而且退款不会给养老金计划造成不可承受的负担。比如，水电局可以提高所有员工的供款率，或者提高自身的缴款比例，或者直接用一次性付款来弥补差额。[30]

73 正如《洛杉矶时报》所报道的，为水电局辩护的市检察官戴维·奥立芬德把这起案件描述成“一桩独一无二的案件，其意义不仅及于水电局，还辐射到更远的范围，让人不禁思考上诉是可能的”。[31] 然而，在作出这个决定之前，最高法院却出其不意地给双方都制造了不小的麻烦。在第九巡回上诉法院作出曼哈特案的判决两周后，最高法院宣布了通用电气诉吉尔伯特案（*General Electric Co. v. Gilbert*）的判决，该判决按今日标准来看声名狼藉。[32] 通用电气的短期残疾计划给那些因为生病或受伤占用工作时间疗养而薪金缩水的员工提供补助，却不给那些请孕产假的员工。最高法院判决，这项例外并不构成“基于性别”的歧视，因为女性员工在通用电气的这项计划中和男性员工面临同等健康条件的限制，如癌症、骨折和其他。最后，最高法院认定，把怀孕作为例外只是一种旨在节约成本的温和措施。

尽管水电局的计划和怀孕毫无关系，但水电局的律师们仍然在曼哈特案和吉尔伯特案中找到了共通之处。如果雇主可以拒绝补贴女性员工因怀孕请假而产生的费用，那么为什么不能拒绝补贴因女性退休后领取养老金的时间更长而出现的费用呢？在吉尔伯特案宣判的第二天，水电局宣布将会申请第九巡回上诉法院全体 13 名法官共同重新审理曼哈特案。鉴于吉尔伯特案的判决，副检察长戴维·奥立芬德对于巡回上诉法院全体法官重审此前 3 名法官判决的可能性“表示出一定程度的乐观”。[33]

然而，第九巡回上诉法院却拒绝重审该案。但这一次，该决定并不是全票通过。一名法官确实感到吉尔伯特案改变了大局，应该重审曼哈特案。另外两名法官则仍未被说服，他们认为通用电气拒绝支付因怀孕请假而产生的费用只是伤及了**一些**女性的利益，而水电局要求女性缴纳更多供款的养老金计划影响的却是**所有**女性。

现在留给水电局的最后一条路径就是联邦最高法院了。1977 年夏天，它向联邦最高法院申请签发调卷令，10 月获得批准。一个最初不过旨在一座城市的政府部门中为工会组织运动“增加些砝码”的努力最终呈至美国最高审级的法院——联邦最高法院。

就在最高法院签发调卷令后不久，鲍勃·多尔曼接到了美国公
民自由联盟女性权利项目的电话。据他回忆，对方表扬了多尔曼和 74
伯恩斯对本案的尽心尽责，提出想要代理本案，在最高法院出庭。考虑到本案和最近的多萨德案一样关系重大，这个组织的急迫心情（或者说焦虑）是可以理解的。曼哈特案涉及女性平等薪酬权的核心问题，如果水电局胜诉，就可能会使全国的雇主继续在福利计划中维持各种不同形式的性别区别对待，甚至可能会鼓励那些已经实现性别平等的养老金计划回到以费用考量为名，行差别对待之实的老路上来。尽管多尔曼的律所并非没有任何在最高法院诉讼的经验，但在美国公民自由联盟女性权利项目面前就略逊一筹了。多尔曼之前也从未在大法官面前辩论过。

多尔曼自己并不想冒犯美国公民自由联盟女性权利项目这种“重量级大佬”，但也不想放弃代理该案。“我们当时说，谢谢，如果你们愿意出具一份法庭之友意见书，我们会很感谢，但这是我们代理的案件，我们的客户希望我们继续跟进，我们也有此意愿。”让多尔曼宽慰的是，这场谈话在诚恳友善的氛围中结束了。

美国公民自由联盟女性权利项目的确提交了法庭之友意见书，[34] 其他一些利益团体也纷纷提交了意见书。据多尔曼所言，法庭之友的支持“源源不断”涌来。平等就业机会委员会再一次发挥了重要作用，就像之前在第九巡回上诉法院一样，重申《民权法案》第七章禁止以群体性特征来损害个人权利。[35] 美国联合汽车工会（The United Auto Workers）和美国劳工联合会–产业工会联合会（the AFL-CIO）提交了一份意见书，告知法院典型的固定收益计划不再要求女性缴纳更高额的养老金供款，也不在她们退休后给其比男性低的补助，并且此类方案也运作得很好。而还在执行这类补助方案的雇主们大多是教育机构和政府。[36] 女性权益行动联盟（Women's Equity Action League）和女数学家协会（主要代表女性数据员、工程师和会计）在联合提交的意见书中解释道，水电局夸大女性更长的寿命预期在统计学上的影响。[37] 事实上，65 岁以上的人中，84% 的男性女性在同一年死亡。但是水电局的所有女性员工都被要求支付一笔只能使 16% 的女性受益的费用。[38]

一些法庭之友纷纷出来表示支持，以便更直接地从对原告有利的判决中受益。美国大学教授协会也与美国公民自由联盟女性权利项目一并提交其意见书，许多协会成员的养老金计划都由美国教师退休基金会 [1] 制订运转。美国教师退休基金会为 85% 的私立学校和
75 45% 的公立学校人员提供养老金、人寿保险和其他福利。养老金和人寿保险计划都是根据不同性别的死亡表制订的。尽管雇主代表参

[1] 美国教师退休基金会（TIAA-CREF），一个为全美教师设立的退休养老基金体系，成立于 1918 年，总部位于纽约，主要服务于教育事业和非营利性的组织，核心业务包括退休基金、养老基金和个人保险等。

与那些方案的男性和女性们缴纳了同等的供款，美国教师退休基金会以妇女们的预期寿命较长为由，削减了每月给予她们的养老金。该基金会提交意见书时，美国公民自由联盟女性权利项目正与该基金会就其他案件积极展开诉讼。[39] 另一个法庭之友，美国护士协会，也因一起集团诉讼案件即将与该基金会对簿公堂。[40]

不足为奇，美国教师退休基金会呈交了一份支持水电局的法庭之友意见书。[41] 值得注意的是，该基金会当时正在进行中的官司就有六起，如果根据第七章的规定，必须采用不作性别区分的精算表，那么该基金会可能会面临更多诉讼。该公司警告说，这样的做法会对年金保险行业造成严重后果：方案资金不足（如果不得不给予妇女平等的款项），增加雇主的成本（雇主必须自己出钱弥补所有亏空）以及方案参与者的供款率可能会更高。美国人寿保险委员会（American Council of Life Insurance）提交的意见书也表达了同样的担忧，警告称“法院的判决将对美国人寿保险行业的基本结构造成影响”，将使美国商业界“每年花费**数十亿**美元”，除此之外，不仅提高了男性的供款率（购买养老年金），也会使女性缴纳的费用增加（购买人寿保险，因女性长寿，保险费率**低于**男性）。[42] 一些政府和机构，例如俄勒冈州、纽约市和纽约州教师退休系统（the New York State Teachers Retirement System）也提交了意见书，悉数对为员工设立的划分性别的年金方案表示担忧。[43]

1978 年 1 月 18 日早晨，华府天气晴冷，洛杉矶市水电局诉曼哈特案进入言词辩论环节。这已经是多尔曼和他的妻子以及其他一些相关人士两天内第二次来到法庭。辩论原本被安排在 1 月 17 日，但排在前面的案件的审理时间延长了，因此辩论被延迟到第二天。

多尔曼并不介意，他胸有成竹，之前已经参加了在哥伦比亚特区一家法律事务所举行的模拟辩论，在一些劳动法专家面前唇枪舌剑地演练，因此他可以享有连续两天见证国内最高水准的法律辩护的奢侈体验。

76 终于轮到多尔曼了，大法官们纷纷就座，首席大法官沃伦·伯格坐在中间。去年审理多萨德诉罗林森案的也是他们，其中只有一人例外：威廉·布伦南大法官，他的缺席导致沃伦·伯格右侧无人就座，其中的原因无人解释。

戴维·奥立芬德代表水电局首先发言。多尔曼对洛杉矶市推选出一个如此普通的检察官感到惊讶，多尔曼认为这本是一个不切实际的选择，奥立芬德可能无力应付最高法院的问询。奥立芬德的辩论遵循两大主题。第一个很老套，是自普雷格森法官立案以来水电局就主张的论点：水电局的计划完全不具歧视性，因为班尼特修正案允许把寿命考虑进来作为“性别以外的其他因素”。奥立芬德指出，法院最近在吉尔伯特案中作出的判决只是最新的证据，它表明，根据寿命所支出的补贴费用说明了缴纳不同数额的养老金是有效且公正的。奥立芬德提出的第二个主题较为新颖，他提醒大法官们注意判决意见可能导致的实际后果：“判决将波及男性雇员、他们的配偶以及全国各种退休制度，许多已提交的法庭之友意见书已然说明了可能的影响。”他后来又补充道：“我认为这是法院将要面对的戈尔迪之结，难题的一边是男性，一边是女性。”[44]

大法官们试图梳理出影响寿命的性别因素与其他因素为何能够区分，为什么不将这些因素一概而论。不同种族的人不是拥有不同的预期寿命吗？奥立芬德回答说，班尼特修正案允许将性别与种族相区分。大法官问道，寿命较短的男性不是没有补贴那些寿命较长的男性吗？奥立芬德回答说，是的，但是当他们参加养老金计划时有大致相同的预期寿命，男女之间却并非如此。计划不是没有要求吸烟者补贴不吸烟者吗？奥立芬德承认，的确，但吸烟与否是保险公司未必会知晓的一个风险因素，因为这种行为由个人掌控，而参与者的性别则显而易见。[45]

接下来轮到鲍勃·多尔曼发言。在模拟言词辩论时，来自平等就业机会委员会的一个不易对付的女律师提出了一些令他难忘的建议。“给他们画一幅漫画！”女律师说，“他们可没你想象的那么聪明！”所以多尔曼尽量使自己所要传递的讯息简单易懂：这个选择 77
不是不公正地对待男性或女性任何一方，而是把性别问题视为“数据，而非雇员个体”。他不否认死亡表上所显示的现象：作为一个群体，女性寿命比男性长。问题在于，这些表格“被用来作为衡量一种性别群体所需缴纳养老金费用的唯一标准，即使它与寿命长短仅具有某种联系，并非完全关联”。多尔曼同时也提到，水电局夸大了性别对寿命长短的意义。事实上，正如妇女权益行动联盟和女数学家协会在意见书中提到的，绝大多数男性和女性的寿命长度相当。他说更好、更公平的处理方式是依据所有相关因素——吸烟、喝酒、体重以及性别，诸如此类——去评估寿命。[46]

此时，威廉·伦奎斯特大法官问了一个问题。分析这些其他因素需要“填写很多表格”，还要看养老金计划申请人是否诚实。以性别作为区分标准就此了事不是更简单吗？多尔曼很吃惊，在他看来，优先考虑管理上的便利而非女性的薪酬平等，实在是太不重视这件事了。“性别的确很容易辨别，但是为什么要这么区分，为什么仅仅因为她是一名女性就要受到不公平的待遇？”多尔曼情绪激动地回答，“她拿到的薪水比男人少 15%，然而她的租金、医药费、在超市买东西的账单……都是和男人一样的，这时候为什么不风险共担了？伦奎斯特大法官先生，即便是现在，这个养老金方案和美国大部分方案一样，把其他各种风险因素都汇总在一起。我们为什么不能汇总所有风险？为什么要用性别进行区分？”

首席大法官伯格插话说：“这只是一种选择。”

“是，没错，”多尔曼说，“我们……认为这种选择是违法的。”[47]

大法官们也想知道多尔曼对班尼特修正案的看法，为什么长寿不是“性别之外”的一个中性因素？因为所依据的长寿是**基于性别**的，多尔曼说。这显然不属于国会旨在根据《民权法案》第七章所允许的薪酬差别待遇的中性因素。他解释道，这些因素包括奖励机制、晋升要求、资历体制。[48]

多尔曼在接下来的辩论中着力于剖析平等就业机会委员会在退休补助问题上的作用的演变。然后，在奥立芬德简短的反驳之后（在反驳过程中，法官主要询问了他养老金计划的运作方式[49]），言
78 词辩论环节结束了。多尔曼对于法官们会偏向他的论点持谨慎乐观的态度，他与妻子登上了返回洛杉矶的航班。

3 个月后，判决下达。“仅仅因为 2 000 名员工是女性而要求她们比其他 10 000 名员工向养老基金中缴纳更多供款的做法直接违反了《民权法案》的用语和政策”，约翰·保罗·史蒂文斯在投票结果为 6∶2 的多数意见中如此写道。[50]（由于布伦南缺席言词辩论，仅有八名大法官对此进行投票。）“该法的基本方针要求我们着重于个体公平而非不同群体的公平性。”[51] 史蒂文斯解释道。虽然女性作为一个群体，的确比男性长寿，但同样真实的是，许多男性与女性并不符合这一刻板印象。“当保险的风险被群体化，较高风险总是补偿

较低风险……把体弱多病者和健康者看作风险相当的群体来投保或许比同等对待男性和女性更为普遍；不过是习惯使一种‘补贴’看上去不如另一个公平。”[52]

多数意见并不认可水电局基于班尼特修正案的论点。最高法院援引第九巡回上诉法院的意见——“性别正是其所依据的”——不承认《薪酬平等法案》可作为养老金计划中性别差异表达的依据。[53]

多数意见同时驳回了洛杉矶市政府将近期的吉尔伯特案判决作为批准该计划依据的请求。吉尔伯特案判决意见所依靠的结论是：通用电气公司计划的条款不是基于男性和女性的区别，而是区分怀孕和未怀孕人士。相比之下，洛杉矶的政策明确表现出对于男性和女性的区分。[54]

首席大法官伯格和伦奎斯特大法官表示反对。伯格写道，国会在制定《民权法案》第七章时从未打算“对养老金计划产生如此革命性和歧视性的影响——这次是以牺牲男性利益换取对女性的权益”。伯格重申法官伦奎斯特和多尔曼在言词辩论时说的话，认为修改养老金计划以将所有个体变量都囊括进来的困难，不应导致对男性、女性死亡率的“可靠统计”被排除在外。[55]

但是读到围绕赔偿问题的多数意见时，多尔曼的心沉到了谷底。联邦最高法院以 7∶1 的投票结果推翻了第九巡回上诉法院的判 79
决（只有马歇尔大法官投了反对票），拒绝作出要求返还水电局女员工们的超额供款的判决。法院认为，如果判定水电局或其他任何由于本判决而被认定违反《民权法案》第七章的基金需返还款项，将使危及基金财政健康的风险过高，数以千计收取补助的退休人员寄托在基金上的期望所受的风险也太过巨大。“溯及既往的责任对一个养老基金来说将是毁灭性的，”法院解释说，“必须给养老基金的管理者以时间来逐步调整，以最终符合《民权法案》第七章的要求。”

曼哈特案判决后的五年内，24 个州相继响应，加入 1978 年前就已经这样规定的 13 个州的行列，对州工作人员基础性养老金方案采用了性别中立的精算表，不管它们是被称为补助还是定额供款计划。[56]

最终，最高法院于 1983 年作出了一个在曼哈特案影响下的判决，在亚利桑那州管理委员会税收递延年金和递延薪酬计划诉诺里斯案（*Arizona Governing Committee for Tax Deferred Annuity and Deferred Compensation Plans v. Norris*）[57] 中，最高法院推翻了一项以女性预期寿命更长为由而支付其较低年金的公共退休金计划。娜塔莉·诺里斯是亚利桑那州经济安全部门一名 53 岁的雇员，她发现，尽管自己和同职位的男同事在工作期间的供款完全相同，但自己每个月少得 34 美元的退休金，之后她提起诉讼。“即使是精准的群体划分，也不能为基于群体划分的区别对待正名，”瑟古德·马歇尔法官写道，“以性别区分雇员不仅在供款期间不合理，领款阶段也是如此。”[58] 最高法院认为，诺里斯并不是在与亚利桑那州签约提供养老金补助的私人保险公司工作，但这并没有关系；她的雇主采用的性别区分方案，即使是假第三方之手而行，也依然是歧视。

然而，与曼哈特案中的判决一样，最高法院还是推翻了下级法院要求向那些被这一争议性政策不公正对待的女性退还款项的判决，判决只适用于该计划未来的执行。

曼哈特案与诺里斯案具有革命性的意义，它们使雇主提供的退休计划和人寿保险政策平等化，但对私人保险市场完全不起作用。
80 颁布联邦法规消除性别不平等的努力一次次被保险行业遏制。一位学者称："在 20 世纪 80 年代中期到 90 年代间，女权组织将注意力从帮助性别平等的联邦保险非歧视立法通过转向以立法倡议和诉讼的方式在关键州确立更多的性别平等实践。"[59] 州平权修正案是一个途径，保险相关立法是另一种方式。[60]

虽然曼哈特案的结果喜忧参半，但爱丽丝·穆勒在 1995 年去世之前和多尔曼一直保持紧密联系。在这一案件未决期间，她进入加州大学北岭市分校攻读新闻学学位。在读完法律与大众传媒这门课要求读的《吉迪恩的号角》后，她将自己写满笔记的书寄给了多尔曼并推荐他阅读，她在信笺上写道："成功与你同在。"

第 4 章

恶意工作环境

美驰联邦储蓄银行诉文森案

Meritor Savings Bank, FSB v. Vinson, 1986

81 繁华的乔治城十字路口处，一家五金店楼上的小律所内，朱迪丝·路德维克的新客户哭个不停。那是 1978 年 9 月，路德维克第二次会见米歇尔·文森。她是一位娇小的非裔美国女性，20 岁出头，想要离婚。就像拉帕波特律师事务所在报纸广告上承诺的一样，她们的第一次会面是一次 15 分钟的免费咨询。（律所名字显示有“多名”律师，未免有虚张声势之嫌。路德维克是所内唯一一个律师，擅长处理小额离婚和遗嘱案件。）现在文森重新回来并签署了委托代理合同，向路德维克支付了 275 美元的固定费用。路德维克在文森的收据上盖上律所印章时，不知为何，文森开始流泪。她告诉路德维克，她对自己的工作感到很痛苦，并且“再也难以忍受下去”。路德维克很是疑惑：“你要忍受什么？”

路德维克回忆说：“她开始向我讲述。那太可怕了。我目瞪口呆。”[1]

文森后来证实，三年多来，她在首都联邦储蓄银行（以下简称

“首都银行”）的管理者[1]悉尼·泰勒一直对她进行性虐待，不是强
迫她性交或口交，就是摸文森的胸部和臀部，或是尾随她进厕所，
暴露自己直挺的阴茎。他粗俗地形容口交为“舔鸡巴”，会把文森逼 82
到角落里警告她，“今晚你要和我做爱”。[2]

1974年秋，19岁的文森入职后不久，这一切便开始了。文森在哥伦比亚特区东北部长大，首都银行的罗德岛大道支行就在她家附近。她在这家支行拥有储蓄账户。银行规模很小，文森与两个出纳员和经理泰勒都相处得很好。自15岁从高中辍学之后，她从事过一些工资很低的兼职工作，但一直希望能在专业的环境中工作。一天，她在停车场走向泰勒，询问银行是否有招聘计划。[3]第二天，泰勒给了她一份实习出纳员的工作。接下来的四年，文森表现出色，获得了高度评价，时常取得绩效奖励，最终晋升为副经理。

文森刚开始在支行工作的时候，泰勒待她“如父”。泰勒已婚，是七个孩子的父亲，还是所属教会的执事，他似乎很符合自己的角色定位。他从银行门卫一职开始打拼，成为当地黑人社区的成功典范。泰勒在文森面前就像一个导师，鼓励她就专业和私人问题向他吐露心声。他借给文森银行业方面的书籍，即使她并未加班也向她支付加班费，并称之为努力工作的奖金。当文森告诉泰勒她正与丈夫分居，新公寓的保证金还差120美元时，泰勒给了她这笔钱。“他假装自己很体贴，”数年后，文森告诉记者，“仿佛非常乐于帮助你。”[4]

---

[1] 管理者（supervisor），从广义上泛指有权对他人进行监督和管理的人。依据美国《全国劳资关系法案》（National Labor Relations Act）特指为了雇主的利益，具有如下权力者：雇用、调职、中止、解雇、罢免、提升、开除、指派、奖赏或惩戒其他雇员；或者负有下列责任者：管理雇员或调节他们的不满，或能有效地对这些活动提出建议。

文森确实需要这份帮助。在成长过程中，她和当环卫工的父亲一直关系紧张，并曾多次离家出走，以至于她的母亲曾试图将她送进领养中心。为了逃离糟糕的家庭，15 岁的时候，她接受了家族的一个年长朋友的求婚，先是怀孕，以便使未达婚龄的她可以合法成婚。但在和新婚丈夫的一次争吵中，她流产了。[5]

在首都银行工作近六个月后，文森和泰勒去一家中式餐厅共进晚餐。他们在一些其他场合也曾共进晚餐。据文森所言，正是在那儿，泰勒首次向她提出了非分的要求。文森拒绝了，但向泰勒保证她会感激泰勒为自己所做的一切。“我不要你感激，”他告诉她，“我想和你上床……我能给你工作，也能炒你鱿鱼，我能成就你，也能毁掉你，如果你不按我说的去做，我会杀了你。”[6]

83 餐馆旁边就是一家汽车旅馆，泰勒开了一间房。“我不知如何是好，”文森后来告诉记者，“这是个让我信任的男人……他一直在跟我说我现在是个大女孩了，说他不会伤害我，并脱下我的衣服。我就站在那儿，什么也没做。我像块木板那样僵在那儿，就好像一具死尸。眼泪顺着我的脸流下来。他什么也没有说。他只是在做他想做的事。他脱下我的衣服，让我躺在床上。事情就是这样。”[7]

文森曾希望泰勒一旦得手就会放过她。但虐待逐步升级。（不出所料，记录显示文森那年请了 23 天病假。[8]）文森后来证实，自第一次之后，他们曾发生 40 到 50 多次性关系，通常是在银行里——在地下室甚至银行金库的地板上。[9] 文森觉得自己无力逃脱。她需要这份工作。这是她维持生活的唯一来源。此外，她担心自己的人身安全。自汽车旅馆的第一晚后，泰勒就一直威胁说，如果她不好好配合，就杀了她。当文森抵抗他的侵犯时，泰勒使用更暴力的手段来强奸她。在经历了不止一次这样的虐待后，文森因阴道撕裂而求医。[10]

文森后来解释说：“我眼前一片漆黑。我找不到一条出路。我没有参加互助小组[1]，也没有任何可以商量我所经历的这些事的人。这就是我一直忍受这么久的原因。因为害怕。”[11] 不出所料，在被生活中出现的这个男人虐待了数年之后，文森开始怀疑是否还有其他的生活方式。“你开始接受在你身上发生的这些事，”她反思，“即使你打心底知道这是不正确的。”[12] 文森的身体明确地告诉她，自己正承受着极端的压力。她开始掉发，不能进食，并患有慢性失眠。[13]

朱迪丝·路德维克对文森所说的没有丝毫怀疑。她可能是个仅有一年法律执业经验的新手，但她已经 29 岁了，而且，和文森一样，她在 15 岁时便开始独立。从高中开始打拼，然后是韦恩州立学院，最终是底特律梅西大学法学院。多年来她做过保姆、服务员，在零售店工作，在办公室打零工，也教过一些调皮捣蛋的孩子，她曾多次见到并亲历过一些不当的性行为。路德维克自我谋生的经历使得她可以用锐利的目光审视人性，但文森却不然。路德维克发现文森“不是一 84
个难以相处的精明人”，而是有点“天真幼稚”[14]——一种总是将他人想象成“好人”的品质。“一切都很奇怪，她是一个非常、非常可信的人，”路德维克说。“很显然，这并不是故事。这是**生活**。”

路德维克知道自己并没有处理文森案的专业知识，需要将她交给其他律师。她告诉文森，目前“**不要**回去工作。我们会想办法处理的”。

路德维克从未听过“性骚扰”（sexual harassment）一词，但她确信文森描述的这种性虐待行为违反了《民权法案》第七章。回想

[1] 面临同样问题或患同一疾病的人成立的相互援助的团体。

起自己的理想主义，她哑然失笑。“我从未想过，”她说，“法律对此不予保护。”

自女性走出家门开始工作，今天我们所称的性骚扰行为便存在了。但 20 世纪 70 年代末时，这一术语才刚进入大众话语体系和法律视野。正如弗雷德·施特雷贝在其翔实的法史著作——《平等：女性重塑美国法律》里所描述的那样，“性骚扰”一词由康奈尔大学人类事务项目的三位教授于 1975 年初首创。该项目提供了一系列社会正义课程，其中包括一节由琳·法莉教授的有关女性和工作的课程。某个大学物理实验室的秘书卡尔米塔·伍德曾找到法莉寻求帮助。在忍受了其上司——该实验室的负责人——三年来的窥视、抚摸和其他性侵犯行为之后，伍德辞职了。伍德的辞职请求曾被拒绝，因为负责听证会的工作人员认为她离职仅仅是“出于个人原因，而非具有说服力的理由”。[15]

法莉和她的同事苏珊·美耶及卡伦·索维涅都希望帮助伍德。她们知道伍德的煎熬并非个例，她们从自己的女学生口中听过这些骇人听闻的故事，在此前的工作中也曾亲身经历，但她们不知道该做些什么来应对。法莉、美耶和索维涅向全国约百名律师发出呼吁，为伍德提供立案的指引性意见，并请求开展运动来声援和伍德有相同经历的女性，但她们苦恼于如何简洁地表述伍德的遭遇。在经过深思熟虑并否决了一些词语（包括“性强迫”“性恐吓”“性敲诈”）后，她们找到了一个合适的词语——“性骚扰”。[16]

85 法莉、美耶和索维涅代表伍德所做的努力获得了理想的效果。时任纽约市人权委员会会长的埃莉诺·霍姆斯·诺顿在 1975 年 4 月就女性在工作场所的权利举行了听证会，法莉在会上直接讨论性骚扰问题。“大多数男性管理者将这视为一个玩笑，最多认为这‘并不是什么严重的大事'，"法莉在作证时说，"更可怕的是，公然反对骚扰者的女性有可能突然被视为一个疯狂、古怪甚至放荡的女人。"[17] 一个月后，康奈尔大学人类事务项目在纽约州伊萨卡市就性骚扰组织了一场"畅谈会"。近 20 位女性向一小群人详细讲述了自己的经历。畅谈会被合并至一个新的组织——职业女性联合会（后更名为职业女性协会，并迁至纽约市）。

这两起事件引起了《纽约时报》记者伊妮德·内米的注意。于是，1975 年 8 月，她发表了《女性开始公开反对工作中的性骚扰》一文。这是"性骚扰"一词首次出现在全国性出版物中。[18]（并不是所有的女性都欢迎这个带有贬义的新标签：一位女编辑在《哈泼斯杂志》上发表了一篇语带讥讽的反驳文章。她写道，骚扰，"或者，有些人称之为调情，""给女性早上精心涂抹口红提供了一个理由，还有可能是下午 4 : 30 女洗手间中的一个话题。"[19]）不久后，《华尔街日报》发表了其与此问题相关的第一篇文章，[20] 同月，《红书》杂志开展了一项调查，请读者记录下自己所遭遇的性骚扰。[21]1976 年 11 月，一篇分析该调查结果的文章称这是一场遍布于"行政套房、速记室和……流水线"的"瘟疫"[22]：在超过 9 000 份的调查结果中，有 90% 以上的人称曾遭遇一种或多种形式的性骚扰。[23]"无论男性还是女性，来工作时都背负着一生的情感包袱——他们幼时被教导什么是男子汉气概，什么是女性特质。文化迷思和社会本能决定了男性和女性对待异性的方式，"该文总结道，"我们才开始解开这一包袱，开始仔细审查它，努力置换其中的老旧过时之处。"[24]

女性通过诉讼来"解开包袱"的努力带来了复杂的结果。种族骚扰早在 1971 年就已被视为非法的种族歧视的变体，性骚扰却很难取得进展。法官们不愿把"性别歧视"的标签贴在他们看来只是

不太理智的挑逗行为之上。因此，在整个20世纪70年代，许多法
86 官对指控上司虐待的起诉状都不加理会，他们认为："你不能因为一个男人尝试挑逗就指责他。"

这些早期的案例十分俗套：男性管理者向女性下属提出非分之求，女性下属拒绝，男性管理者解雇女性下属。一位名为保莉特·巴恩斯的女士是哥伦比亚特区环境保护署的一名秘书，在拒绝上司的求爱后失去了工作。法官驳回了巴恩斯基于第七章提起的诉讼，称这只是"对不和谐的人际关系过于敏感而导致的冲突"。[25] 在亚利桑那州，眼部护理巨头博士伦公司的文职工作人员简·科恩和热纳瓦·德韦恩选择了离职，不愿继续忍受管理者无休止的语言和肢体骚扰。法官驳回了她们的反歧视诉讼，认为管理者的不当行为"似乎只不过是一种个人的癖好、倾向或是习性"。[26]

一位加利福尼亚法官驳回了玛格丽特·米勒基于第七章提起的诉讼。玛格丽特因为拒绝"迎合"上司的性要求而被辞退。法官判决，这样的要求不可能是"基于性别"的歧视，因为它们太过于普遍，难以规制。"女性对于男性的吸引力以及男性对于女性的吸引力是一种自然的性别现象，这种吸引力在大多数的个人抉择中至少都发挥了微妙的作用。"[27] 在新泽西，阿德里安娜·汤姆金斯也因拒绝管理者的非分要求而被辞退。法官对她基于第七章提起的诉讼置之不理，因为该法并非旨在"对发生在公司走廊而不是小巷之中的、被性欲激发的人身侵犯提供联邦层面的（人身伤害）救济"。[28]

正如这些判决所显示的，男性视女性为性对象（当她们表示不情愿时就将之抛弃），这被认为不受第七章的保护。其他形式的歧视是对某一特定群体明确憎恶，与之相反，性骚扰则被许多人视为由吸引力所致——这是一种赞赏，而非侮辱。此外，将管理者的性侵

犯行为视为一种纯粹的“个人”行为，与其被赋予的工作职责无涉，这也意味着该管理者的雇主不会因此承担责任。

正如女权主义法学家凯瑟琳·麦金农在其1979年的里程碑式著作《对职业女性的性骚扰》[29]中所详细描述的那样，最初，涉及特定骚扰者和骚扰目标的性骚扰法律还是一片真空。与种族骚扰不
同，法律未能将性骚扰视为更宽泛的社会结构下发生的事件。在这 87
一结构下，男性群体仍旧操纵着世界，女性群体仍旧是次等公民。正如麦金农所解释的那样：

> 男女关系的确被认为是私人关系，但这一事实无法掩盖它巩固了女性在工作场所和整个社会中居于附属地位的事实……一旦这种“私人性”被置于等级化的社会结构内，那么，对每个人来说，这种关系将无异于种族关系。[30]

麦金农解释称，要改变法律对性骚扰的处理方式，需要说服法院接受两大意义深远的原则：其一，骚扰行为并不仅仅是某个男性受到某个女性的吸引，这是“基于性别”而产生的，因为受害者的女性身份是其受到骚扰的缘由；其二，工作环境中不受欢迎的性行为并不仅具私人性质，它直接且负面地影响女性受雇的“条款、条件或特别待遇”，这是大多数男性从未体会过的。[31]

1976年，联邦法院首次承认性骚扰属于性别歧视，认定性骚扰“为女性的就业制造了人为的障碍，而另一性别却不受影响”，[32]趋势开始扭转。在接下来的几年中，其他一些法院也作出了有利于原告的类似判决。[33]更为鼓舞人心的是，保莉特·巴恩斯、简·科恩、热纳瓦·德韦恩、玛格丽特·米勒以及阿德里安娜·汤姆金斯最终

在各自的上诉中都得到了推翻原判决的结果。[34]

这些成功案例的共同点在于，提起诉讼的女性均拒绝了上司的性要求。毫无疑问，这种示好是不受欢迎的，并且这些女性均得以证明自己"品性"良好。此外，她们都曾因自己道德正直而受到处罚：都曾被解雇或被迫离职，并因此遭受有形的经济损失。[35] 凯瑟琳·麦金农将此种骚扰命名为"交换条件"（quid pro quo，拉丁语意为"以此换彼"），将被求欢描述为拟定交易中的一部分：屈服于我，你继续保留工作。[36]

但麦金农还界定了第二种骚扰，它曾经，并且至今仍旧更为普遍："工作环境"骚扰，即现在广为人知的"恶意工作环境"。她如此描述符合此类行为的典型特征：

> 88 女性遭遇令人讨厌的求欢，可能仅仅因为她有着女性的躯体，这种遭遇可能成为她日常职业生活的一部分。在工作中，她可能经常被抚摸或揉捏，被色眯眯的眼神打量，视奸，被突袭偷吻，被肆意评论，被刻意孤立，在工作上被欺负，但这些从不会明确地和她的工作相关……作为一种工作环境，性骚扰通常不需要女性明确回答同意与否，便可作出进一步行动。丢失工作的威胁在交换条件型性骚扰中显得更为直白，在此类性骚扰中则较为含蓄，但其胁迫性却不弱于前者……这涉及"虚与委蛇"，绷紧神经，保持警惕，有技巧地示好并能暗示双方关系中的性尺度或性可能，同时避免直接向她询问"这样如何"，以免招致她的公开拒绝。[37]

米歇尔·文森的遭遇并不完全符合其中任何一种形式的骚扰。尽管文森称悉尼·泰勒曾将自己的性要求和解雇她的威胁相联系，这是交换条件型性骚扰的典型特征。但与那些成功的交换条件型性骚扰诉讼的被告不同，作为管理者，泰勒从未继续实施这些威胁。他无须如此，因为文森妥协了。并且，与那些胜诉的当事人不同，文森从未蒙受任何可量化的经济损失。反之，她获得了最高的评价、绩效奖励和职位晋升（在最终的诉讼中，银行承认这些都是文森应得的）。

文森所描述的泰勒的胁迫性性行为——抚摸、窥视、暴露自己——在很多方面符合“工作环境”性骚扰的特点。在工作日期间，泰勒会前往街上的脱衣舞酒吧，回来后，他会在文森以及其他女性银行职员面前仔细阅读色情杂志。[38] 在文森没有被强奸、抚摸或窥视期间，她的工作环境也被“性欲化”了。

从未有法院梳理过这些一团乱麻似的事实。事实上，在朱迪丝·路德维克困惑于该如何处理米歇尔·文森案时，凯瑟琳·麦金农的书尚未出版。

路德维克认识华盛顿的一位律师，他叫小约翰·马歇尔·迈斯堡，对处理就业歧视方面的案子颇有经验。路德维克邀请迈斯堡一
同与文森见面。在路德维克的亲切鼓励下，文森花了两个小时详细 89
复述了自己的遭遇。“我绝不会忘记那一天，因为她是如此引人瞩目的一个人，”迈斯堡说，“她非常善于表达，很漂亮也很聪明。”她的故事是“我曾听说过的最糟糕的事情。”[39] 迈斯堡总结道，“如果这都不是性骚扰，那没什么是了。”

但是，不论文森表现得如何可信，迈斯堡知道，只有在该案的证据不局限于“他说，她说”各执一词时，案件的胜算才会更大。“我说，‘如果你可以给我银行中另外两位女性的宣誓书，证明此事

发生，我将在联邦法院提起诉讼’，” 数年后，他回忆道，“‘我们一言为定。’”

文森告诉迈斯堡，泰勒在银行还骚扰过其他数位女性。其中一位名叫克里斯蒂娜·马隆，是 1974 年文森入职时的另一位出纳员。在文森来到支行的早期，她曾见到泰勒在多个场合举止不当地抚摸马隆，甚至在办公室尾随她。还有一次，她们在洗手间时，泰勒突然冲进来，用色情的方式恐吓马隆，用他的胯部不停地摩擦她。[40] 那时文森从未向马隆询问此事，而是将之想象为一段破裂的恋爱关系，并认为自己没有理由去询问此事。[41] 马隆最终被辞退。后来，马隆告诉文森，泰勒一直纠缠她要和她发生性关系，并曾有一次打了她耳光。[42]

还有一位前出纳员玛丽·勒万里蒂，她作证说，泰勒在雇用她的那一天说，他希望“有所回报”，并“让她帮帮他”，在勒万里蒂任职期间，他反复提出这样的要求。她还证实，泰勒曾抚摸过她，并曾想偷窥她的裙底。勒万里蒂最终被辞退，她认为这是因为她拒绝陪泰勒睡觉。[43]

文森努力完成了她的承诺：她告诉迈斯堡，马隆和勒万里蒂已同意签署宣誓书，作证证明泰勒的不当行为。1978 年 9 月 22 日，迈斯堡向哥伦比亚特区联邦地区法院提交了一份起诉状。三周后 [1]，1978 年 11 月 1 日，首都银行辞退了文森，称她请了过多病假。[44]

1979 年夏，迈斯堡接受了平等就业机会委员会在迈阿密地区的
90 职位，这意味着他不得不将文森案转托给他人。冬天就要听审该案了，迈斯堡对该案以及米歇尔·文森都格外关心。那时，他已取得

---

[1] 实际上，9 月 22 日与 11 月 1 日之间相隔近六周，但原文为三周后。

悉尼·泰勒的书面证词。迈斯堡回忆道，取证仅用了30分钟，泰勒若无其事地否认一切指控，辩称自己与文森不存在职业关系以外的任何关系。迈斯堡称，取证过程中最令人印象深刻的地方在于泰勒“衣冠楚楚”的外表：他身材修长，英俊潇洒，身着白色西装和白色皮鞋，迈斯堡称，他看起来“简直像个电影明星”。

迈斯堡已决定将案件交予可靠之人。他联系了帕特里夏·巴里，一位单独执业律师，以代理联邦雇员进行就业歧视诉讼而闻名。当迈斯堡告知巴里有关文森案的细节时，她欣然答应，认为会“稳操胜券”。正如她后来向记者说的那样，她认为文森的故事是“发生在华盛顿中心地区的《紫色姐妹花》”。[45][1] 巴里此前从未接手过性骚扰案件，但听闻泰勒罪大恶极的虐待行为，看到文森可信的行为举止以及从其他两位职员处取得的证据（迈斯堡已将她们列为证人），她感到胸有成竹。巴里拿着麦金农刚出版的书——《对职业女性的性骚扰》——的复印本，称这是“我的圣经”。“工作环境”理论，又称“恶意工作环境”，将成为巴里的诉讼战略基础，尽管在那时还未有法院接受这一理论。

随着庭审日期的临近，巴里准备展示从克里斯蒂娜·马隆和玛丽·勒万里蒂处取得的证据，以证明泰勒对文森的所作所为已经属于一种广泛存在的行为模式，是惯常骚扰行为中的一部分。[46] 巴里还准备传唤证人万达·布朗——一名兼职雇员和大学生，泰勒曾对她身形的变化予以挑逗性的评价（“亲爱的，你的屁股一定变大了”），她还曾看到泰勒在办公室阅读色情杂志。[47] 这些来自其他女

---

[1] 《紫色姐妹花》（*Color Purple*），美国作家爱丽丝·沃克的书信体小说，故事主要发生在佐治亚州的乡村地区，讲述的是20世纪30年代南方黑人女性的生活。

性的声音有益于使文森案从“他说，她说”转变为“他说，她——和她，她，她——说”。

文森诉泰勒案的开庭日期为1980年1月22日，主审法官是约翰·加勒特·佩恩。前一年，卡特总统任命佩恩为联邦法官。布朗诉教育委员会案[48]宣判的那年，佩恩进入法学院，宣称自己追求法
91 律职业是受到民权运动的影响。他是一位非裔美国人[49]，但他的经历丝毫没有体现出他对歧视案件受害者给予任何特别关照。近十年来，他任职于哥伦比亚特区高等法院，该院主要受理的是刑事案件。在此之前，他是司法部税务司一般诉讼处的一名律师。

在接下来11天内，巴里的诉讼策略流产了。用她自己的话来说，这既是一个“闹剧”，又是一场“噩梦”和“灾难”。佩恩法官一次又一次地拒绝其他女性作证证明泰勒曾骚扰她们的方式。“泰勒先生对证人之所为与其对文森女士之所为没有关系。”银行律师的多条反对意见得到了佩恩的支持，这也是其中之一。此外，佩恩还不允许马隆描述泰勒对其“施暴”的情形。“即使他粗暴地对待（女性），我也无法确定这是性别歧视。”佩恩称。[50]（他还拒绝巴里传唤一名证人。1976年5月，在泰勒极度粗暴地强奸了文森后，文森因阴道撕裂而就医，该名证人可予以证明。）巴里手中就剩下米歇尔·文森关于泰勒不当性行为的证言了。本案最终又成了“他说，她说”类型的案件。

当轮到银行举证时，悉尼·泰勒站上证人席，否认文森对他的所有指控。他说，事实上，虽然他无法举出特定的例子，但确实是**文森**有意接近**他**。[51]他称文森的衣服很暴露，有一次他不得不要求她回家更衣。[52]他还称，文森的起诉意在对他开展报复，因为就在

她停止工作不久前，泰勒驳回了她升职出任新出纳主任的要求。[53]

银行还传唤两名女性银行职员作为己方证人。第一位是出纳员多罗西娅·麦卡勒姆。虽然文森在向法院提交的起诉状中将麦卡勒姆称为好友，后者常常因泰勒的骚扰行为向文森透露自己的不快，[54] 但麦卡勒姆否认自己有任何不快。相反，她披露了骇人听闻的细节，称文森“吹嘘自己掌握巫术的力量，她还告诉其他职员有关性和暴力的幻想，其中有一段是她和一位已故的祖父发生性关系的幻想”。[55] 第二位证人是出纳员伊薇特·彼得森，文森曾作证称此人与泰勒轻佻调情，[56] 彼得森也称文森“有谈论她的性生活和性行为的癖好”，包括“喜欢和男人在床上干什么，喜欢男人怎么与她发生性行为”。[57]

麦卡勒姆和彼得森还详细列举了文森的衣着情况。麦卡勒姆 92
称，文森的“衣着十分暴露”，“绝大部分时间，她都会穿着露出一半或三分之一胸脯的衣服来上班；有时身着短裙；如果她穿那种开衩的裙子，那衩高得像要被撕开了”。[58] 彼得森补充道，文森的裤子特别紧身，甚至以 20 世纪 70 年代末的标准 [1] 来看也显得过于紧身。[59]

巴里强烈反对这些证言。然而，虽然佩恩法官拒绝采纳任何与悉尼·泰勒相关的证据，并认为这些对于认定他和米歇尔·文森的关系没有直接关联，但却允许那些有关文森的衣着、言谈举止的宽泛讨论。没人说文森的这些言行是当着泰勒的面发生的，所谓文森的幻想也与泰勒无关。（民事案件的证明规则于 1994 年被修改，限制有关性犯罪受害人的性历史或性行为的证言，正如刑事案件中适用所谓的“强奸受害者保护法”。但在审理文森案时，并不存在此等

[1] 20 世纪 70 年代的时尚以“展露个性”著称，早期时便流行短装、迷你裙、热裤、紧身 T 恤等。

规则。[60])

巴里觉得，佩恩认为文森是一个"荡妇"，才会如此审判。巴里认为，银行的证人针对文森的诽谤性证言在佩恩看来却是"你都已经承认做爱了，所以——你还想让我怎么做呢？"巴里以一种挑衅式行为来表达对自己客户的支持。她购买了一套新衣，并在陈述终结辩论时穿上它。她还确保裙子上有一道开衩。

一个多月后，佩恩作出了判决。考虑到庭审的情况，结果已经在意料之中了。"仔细考虑各方呈交的证据后，本院判决：原告并非性骚扰或性别歧视的受害者。"佩恩写道。[61] 为了支撑自己的判决理由，佩恩列举了一系列"对争议事实的裁决"。其中有一条为"无论是为了保住工作还是为了晋升，（文森）都不需要对泰勒或首都银行的其他职员进行性贿赂"，此外，"如果在（文森）就职于首都银行期间，（文森）和泰勒间确实存在私密关系或性关系，该关系系原告的自愿行为，与其在首都银行继续就职或晋升无关"。[62]

93 所以，佩恩从两方面驳回了文森的起诉：对于究竟是否存在性关系，他怀疑文森所言非实——"**是否**"存在性关系——如果存在，那么她声称"该关系属非自愿"则是说谎。他完全没有考虑到，一位女性可能默许其管理者的行为，即便她并不想要这一行为。（显然，他也没考虑到双方的可信度。悉尼·泰勒曾否认自己和文森存在性关系。佩恩的判决中称**可能**发生过性关系，这也意味着泰勒**可能**作了伪证。但佩恩对此未作事实裁定。）

即使佩恩法官愿意相信文森和泰勒之间的性行为属**非**自愿，他对她的诉讼请求还有另一个疑问：她从未将该骚扰行为告知过银行里的任何人。佩恩称，泰勒在银行的职位是支行经理，这不足以让首都银行为他的行为负责。该公司并未协助或宽恕泰勒的行为。毕竟，该公司制定了禁止性别歧视的就业机会平等政策（但是对性骚扰问题则默不作声）。

佩恩的言下之意再清楚不过。这只是另一起由“个人癖好、倾向或是怪异行为”所引发的“人际关系冲突”，是一种“自然的性现象”，只不过碰巧“发生在公司走廊而不是小巷之中”。

巴里十分气愤，并立即着手准备上诉。她向纽约市职业女性协会寻求帮助，反而引起了旧金山的平等权利促进会和总部在芝加哥的职业女性协会的兴趣。这些机构都向法院提交了法庭之友意见书来补充巴里的辩论意见书。这些机构还雇用了律师罗恩·谢克特，代表它们参加言词辩论。[63]

1980 年 3 月，幸运再次来临，平等就业机会委员会更新了《反性别歧视指南》。这是平等就业机会委员会首次宣布性骚扰违反第七章。这次更新是在平等就业机会委员会主席埃莉诺·霍姆斯·诺顿的任职期间，这绝非偶然。20 世纪 70 年代，诺顿领导纽约市人权委员会期间，曾为康奈尔大学的琳·法莉提供了首个可以描述并公开谴责性骚扰的公共平台。

新的《指南》在多个方面有利于文森案。《指南》认为，对骚扰行为表示默许的职员并不丧失其索赔权。当骚扰者为管理者时，《指南》规定了自动性雇主责任，而不论雇员是否报告了该骚扰情 94
况。[64]《指南》对于何种行为属于违法的界定十分宽泛，包括制造“恶意工作环境”的骚扰行为：

> 性骚扰是指不受欢迎的求欢行为、性施惠要求以及其他带有性色彩的语言或肢体行为，有如下情形：（1）明示或默示

地屈服于该行为成为一个人的就业条款或条件之一；（2）某人屈服或拒绝这种性骚扰行为成为影响针对此人的雇用决策之依据；或者（3）**此类行为旨在不合理地干扰一个人的工作表现或制造一个威胁、恶意或冒犯的工作环境；或此类行为导致了上述后果。**[65]

1981年初，又传来了更多好消息。哥伦比亚特区巡回上诉法院——将要审理文森上诉案的高等法院——成为首家将恶意工作环境视为第七章项下规定的性别歧视的联邦法院。在邦迪诉杰克逊案（*Bundy v. Jackson*）[66]中，该院判决：（身处）持续进行的骚扰以及该骚扰（本身）是在“就业条款、条件或特别待遇”方面的歧视。该院依据的是平等就业机会委员会的新《指南》、麦金农的《对职业女性的性骚扰》以及那时著名的种族、宗教和出生国恶意环境案件：

> 那些尽管是有意的、针对个人的种族歧视可能还只是构成口头上的侮辱，但侮辱者也可能会承担第七章规定的责任。性骚扰在日常工作环境中引入最具侮辱性的性别偏见，且通常代表着对他人最私密隐私的有意攻击，那么，性骚扰又怎么可能不违法呢？[67]

邦迪案巩固了哥伦比亚特区巡回上诉法院的声誉，外界认为，该法院“近年来在解释性别歧视相关法律方面走在全国前列”。[68]即便是在一个如此开明的法院，审理米歇尔·文森上诉案件的合议庭也堪称“梦之队”。三位法官中的两位是民权领域的传奇人物，通晓性骚扰争议。第一位是斯波茨伍德·W. 鲁宾逊三世，在被任命为法官前，他曾在联邦最高法院出庭，为四个合并审理案件[1]的其中之一进行言词辩论。该案宣判时被称为布朗诉教育委员会案。[69]这是他的众多成就之一。作为法官，他撰写了哥伦比亚特区巡回上 95
诉法院的判决意见书，驳回了下级法院对保莉特·巴恩斯的判决，称交换条件型骚扰构成了“基于性别”的歧视。[70]

审理文森案的另一位民权巨擘为詹姆斯·斯凯利·怀特。在1962年升职到哥伦比亚特区巡回上诉法院之前，怀特一直在家乡路易斯安那州担任地区法官。任职期间，他因颁布多项废除种族隔离的法庭命令而获得“犹大怀特”的绰号。[71]有人在他的草坪上焚烧十字架，他和家人屡次受到威胁，此后，联邦法警为其提供全天候的保护。[72]（鲁思·巴德·金斯伯格曾透露一桩趣闻，展现了怀特法官一家已经习惯于在憎恶的阴影下生活：一天晚上，法官和他的夫人外出，他13岁的儿子接到一通匿名电话。“‘让我跟那个肮脏的、支持黑鬼的共产主义者讲话，’那边的声音要求道。他的儿子詹姆斯回答：‘他不在家，需要我帮忙传话吗？’”[73]）但对米歇尔·文森来说，最重要的一点是：怀特法官最近还执笔撰写了邦迪案的判决书。

尽管有这些有利条件，但文森案的言词辩论于1982年2月结束后，法院方面却迟迟没有动静。巴里听到有传言说鲁宾逊法官生病了。（事实证明该消息是准确的。1982年春季时，他被确诊患有

[1] 布朗诉教育委员会案包括五大案件：布朗自己的案件、布里格斯诉埃利奥特案（*Briggs v. Elliott*）、戴维斯诉爱德华王子县县学校委员会案（*Davis v. County School Board of Prince Edward County*）、格布哈特诉贝尔顿案（*Gebhart v. Belton*）以及博林诉夏普案（*Bolling v. Sharpe*）。

结肠癌，并开始了一段长期的疗程。[74]）她私下里开始担心，拖延可能意味着法院反感此案，要将它搁置在旁。“（文森）曾谈到强奸，她还谈到自己不得不做爱，我认为，这太具有争议性了。”巴里回忆道。

不管出于什么原因，上诉法院拖延了近三年，这对巴里和文森来说都十分艰难。巴里近乎破产，自 1979 年以来，她大部分时间都花在本案上，却还未收到任何律师费。1982 年秋天，她决定回到加利福尼亚州，准备试试运气，在那里执业。至于文森，自 1978 年从首都银行离职之后，她已无法在银行业找到工作，因此她又开始像以往一样做起兼职，如在一家工厂轮班，销售报刊。[75] 她尝试就读护理学校，但因负担不起费用，不得不中途退学。最终，她搬回家和父母一起居住。[76]

96 1985 年 1 月，判决结果终于出来了：佩恩法官的判决被彻底推翻。在由鲁宾逊法官撰写的一致判决意见中，法院称根据其最近对邦迪案的判决，以及平等就业机会委员会所更新的《指南》，一个新的判决迫在眉睫。佩恩认为，由于文森的事业未受影响，因此她没有遭遇非法的骚扰，法官们对此表示反对。法院称，关键之处在于，悉尼·泰勒是否“制造或是容许了一个实质上具有歧视性的工作环境，而不论原告（雇员）是否因此歧视损失任何有形的工作利益”。[77] 对工作环境的关注也意味着，不让克里斯蒂娜·马隆、玛丽·勒万里蒂和万达·布朗出庭作证是不对的。[78]

佩恩在判决中总结道，文森对性关系的屈服（“如果”确实存在性关系）系“自愿”：“受害者‘自愿’服从于这种类型的非法歧视与下述问题无关，即泰勒是否将文森对性骚扰的忍耐作为其就业的条件。”[79] 哥伦比亚特区巡回上诉法院对这一观点尤为谴责。据此，法院严厉批评了佩恩在判决中将文森的衣着和所谓的性幻想作为考虑因素。“既然……女性不因其衣着习惯或古怪的习惯而丧失她根据第七章享有的权利……该证言不应出现于这一诉讼之中。”[80]

最后，法院谈到银行对泰勒的不当行为负责的问题，尽管文森从未向泰勒的上司反映这一事件。法院称，银行任命泰勒为其现场代表，赋予他雇用、辞退员工和控制员工日常生活之权威。这一权威“随之产生压迫、威胁和骚扰的权力。有鉴于此，我们认为，雇主应对其管理者针对下属的性骚扰行为负责”。[81]

四个月后，哥伦比亚特区巡回上诉法院拒绝了首都银行所提出的全体法官重新审理案件的申请。但是，有三位法官持异议，他们都是里根总统任命的，在日后成为家喻户晓的人物：少数意见的主笔者罗伯特·博克，还有安东宁·斯卡利亚和肯尼思·斯塔尔。一年后，斯卡利亚升任至最高法院。又过了一年，博克出任最高法院大法官的提名未被通过，部分原因是女性团体激烈反对。他在文森案中的异议意见被反对者们引用，以证明他不适合大法官一职。[82]斯塔尔后来在老布什政府担任司法部副部长，随后作为独立法律顾 97
问调查比尔·克林顿与莫妮卡·莱温斯基的风流韵事，并因此而臭名远扬。[83]

文森案的反对者主要考虑到，管理者就性骚扰指控为自己辩护的困难程度将大大增加。“（法庭的判决）剥夺了被告的所有辩护机会，这意味着，即便是自愿的调情也会成为骚扰行为，只要雇员在此之后认为该行为可以用‘骚扰’来形容。”[84]博克写道，他同样担心的是，雇主会因管理者的行为而对无法意识到的骚扰行为负责。“虽然雇主无法预先阻止性关系的发生，但若该关系发生且被确定为骚扰行为，雇主将无力抗辩而只能对此负责。”[85]

巴里担心，博克、斯卡利亚、斯塔尔联署的异议会成为银行申请最高法院听审该案的依据。（确实，博克一针见血地写道：“最高法院从未关注第七章下雇主的替代责任问题。”[86]）1985 年 10 月，巴里的担心应验了。最高法院同意受理银行的上诉，辩论将于 1986 年 3 月进行。

最高法院就米歇尔·文森案签发调卷令时，距离琳·法莉、苏珊·美耶和卡伦·索维涅发明“性骚扰”一词已过去十年之久。此时，这一术语和它所表达的概念都已广为人知。虽然平等就业机会委员会并未保存 1991 年前起诉的确切数据，但 1986 年《费城调查者报》报道称：1985 年，向平等就业机会委员会提起性骚扰指控的案件数量约为 6 500 件。[87]

平等就业机会委员会公布了新的《反性别歧视指南》，获得支持性判决的案件数量不断增多，这些判例对于雇主和雇员都有着深远的教育意义。1980 年，就在平等就业机会委员会颁布试行版《指南》六个月后，《纽约时报》报道称，贝尔电话公司（Bell Telephone）、万国商业机器公司（IBM）以及时代股份有限公司（Time, Inc.）都发布了其政策声明，详细描述了不再被容忍的几类行为，并就职员如何避免和报告骚扰行为进行培训。[88]流行文化也帮助提升了人们的意识：1980 年，经典的女性赋权和复仇幻想电影《朝九晚五》票房大
98 卖，并成为有史以来创最高票房纪录的喜剧之一。[89]“朝九晚五”是一家波士顿职业女性协会，影片部分取材于协会成员的真实故事，引发了女性观众的共鸣。[90]一个歧视女性、狂妄自大、谎话连篇、虚情假意、心胸狭隘的上司，经常抚摸自己的秘书，与她们传出桃色绯闻，并将铅笔丢在地板上，让秘书不得不弯腰捡拾，这些场景对女性

观众来说再熟悉不过。

米歇尔·文森案（现称美驰联邦储蓄银行诉文森案，因为首都银行已被一家更大的银行兼并）的关注度提高，随之而来的是激烈的利益冲突。正如一篇文章所言，“支持（文森）和支持银行的各方团体对该案中将要审理的主要争议点均表示紧张不安。法律界的多位观察者形容本案的事实是‘不完整的’‘被扭曲的’‘不明朗的’‘特别的’”。[91] 工作**环境**可以用来被审理的理念使许多观察者非常不安。“文森案……这样的案件不乏批评者，他们认为性骚扰问题不属于法院的审理范围，”《华盛顿邮报》称，“他们幻想着成千上万的‘文森案’会出现，而提起者将是被抛弃的恋人、失望的情妇、图谋报复的副总裁和一群寻求报复和补偿的粉领马基雅维利主义者。”[92]

平等就业机会委员会是不希望文森案在最高法院受审的机构之一。虽然该机构在 1980 年的《指南》是哥伦比亚特区巡回上诉法院作出有利于文森的判决的依据，但在那之后，里根政府就在该机构任命了不同的领导人。主席克拉伦斯·托马斯——后来的最高法院大法官——强烈反对《指南》支持“恶意工作环境”诉讼，也反对因管理者的骚扰行为而产生的自动性雇主责任。[93]

当决定是否就文森案提交法庭之友意见书时，托马斯和平等就业机会委员会五位委员中的大多数都希望站在银行这边。[94] 但是，通过法庭之友意见书来完全否认《指南》有点政治投机的意味，并且会损害平等就业机会委员会作为第七章解释者的权威。所以该机构一分为二：其意见书支持哥伦比亚特区巡回上诉法院有关恶意工作环境构成违法的判决，但不认为米歇尔·文森经历了恶意工作环境。

正如弗雷德·施特雷贝所述，平等就业机会委员会中部分激进的反对者认为，该机构应当坚定地站在《指南》和米歇尔·文森这边。其中一位是克拉伦斯·托马斯的首席助理——一位名叫安妮塔·希尔的年轻律师。[95]六年后，希尔坦言，她从自身的经历中体
99 会到何为由管理者制造的恶意工作环境，举国为之震惊。

帕特里夏·巴里在美驰联邦储蓄银行诉文森案的言词辩论开始前就遭遇了很多戏剧性事件。全国最重要的进步主义法学拥护者们纷纷对她施压，希望她能让其他人为此案辩护。

她最先回绝的是劳伦斯·却伯，他是哈佛大学的法学教授，也是美国宪法领域的巨擘，在最高法院颁布调卷令后不久，他便打电话给巴里，提议接手此案。巴里拒绝了，不过她后来决定请凯瑟琳·麦金农撰写意见书。（麦金农答应了。）据巴里自己坦白，言词辩论三周之前的一场模拟法庭中，她的表现“糟糕透顶”。

在巴里的模拟法庭上，专家云集，其中包括：卡琳·克劳斯，法学教授，前劳工部律师；玛莎·贝尔宗，一家在劳动和雇用方面全国顶尖的律师事务所的联合创始人；温迪·威廉斯，乔治城大学法学院教授，性别与法律方面的顶尖专家；萨莉·伯恩斯，乔治城法学院反性别歧视法律诊所的副主任（同时也是整合所有持支持态度的法庭之友意见书的关键人物）；以及凯瑟琳·麦金农。

巴里参加这场模拟法庭时毫无准备。她坦言，自己误解了会议的意图，认为这是一场头脑风暴会议，“是作为一个团队，讨论如何以最佳方式应对言词辩论的场合”。[96]大家“严厉指责我”，巴里回忆道，因为面对一个接一个的提问，她未能组织起前后连贯的回答。“他们说，天哪，我们要输掉案子了。”她糟糕的表现导致越来越多

人打电话给她，要求她将辩论机会交给克劳斯或贝尔宗，[97] 据巴里所言，麦金农支持的是却伯。

人们的批评肯定会给巴里造成困扰，但她非常希望能在最高法院出庭。“我真的希望能参与辩论。我觉得这是我应得的，”她说，“我在（本案）背后付出了血汗和眼泪。”况且，她曾于五年前在最高法院为一个案件进行过辩护，代表一位联邦雇员提起年龄歧视的诉讼，并且“那次没有人说我表现糟糕”。（最高法院最终以 5:4 的 100
投票结果判决支持她的客户。[98]）巴里请求一位律师朋友为她组织第二场模拟法庭。她没吃晚饭，之后，召集来的律师团队轮番拷问她。这次，她做好了准备。

1986 年 3 月 25 日上午，在言词辩论即将开始前几分钟，巴里和她的母亲还坐在出租车上，于华盛顿的高峰时段缓慢前行。“我的天，我觉得我要死了，”巴里回忆道，“我们乞求出租车司机‘求您了，我们一定要准时赶到。我要在最高法院出庭辩论！’”她们最终准时到达，她很惊喜，“我险之又险地赶到了”。

凯瑟琳·麦金农、萨莉·伯恩斯和帕特里夏·巴里一起坐在律师席上。米歇尔·文森和约翰·迈斯堡律师也从佛罗里达州飞过来，坐在拥挤的旁听席中。上午 10:00，大法官们陆续入场。首席大法官沃伦·伯格就座于大法官席的中间，这是他在最高法院任职的最后一年。值得一提的是，这是最高法院首次审理性骚扰案件，一位女性参与其中，她就是新晋大法官桑德拉·戴·奥康纳。

银行一方的律师罗伯特·特罗首先上台。他开口的第一句话就是，他将援引博克–斯卡利亚–斯塔尔的异议进行抗辩，即雇主不应在不知情的情况下对性骚扰行为负责。“本案最大的问题在于，公司雇主是否应就管理者对下属的性侵犯行为自动承担第七章规定的责任，即使该雇主并不知道这一侵犯行为，也未能有机会阻止该行为。”[99]

最高法院的两名自由派大法官和新晋大法官对他的话持怀疑态度。大法官马歇尔想要了解，雇员应该如何通知雇主，是用书面方式还是口头方式？（通知方式无关紧要，特罗称，只要通知到那些有足够权限处理此事的人。）但史蒂文斯和奥康纳大法官感到疑惑：为何该通知必不可少？如果交换条件型性骚扰不需要向雇主发出此等通知，为何恶意工作环境型性骚扰会有此不同？特罗称，在交换条件的情形下，管理者使用自身的权力来报复，如解雇该职员。史蒂文斯发问：但是，与管理者使用自身权力来使雇员的工作环境变得糟糕相比，这又有何不同呢？奥康纳补充道：“（管理者）是分管此事之人，
101 他负责保护雇员的工作环境。这是他的职责的一部分。”[100]

奥康纳大法官也催促特罗表态文森是否有资格接受重审。既然平等就业机会委员会和哥伦比亚特区巡回上诉法院都已将恶意工作环境视为非法的歧视，难道文森不应该有机会提交此案重审吗？她还向特罗施压，让他解释为何性骚扰案件的原告必须证明她们除因恶劣环境而遭受“折磨”，还产生了有形的损害。适用于种族骚扰诉讼的标准难道不能适用于性骚扰诉讼吗？特罗试图抵挡，但难以招架。奥康纳又把同一个问题重复了两次，她的声音有点冷冰冰的，语调不高，特罗屈服了。是的，他承认，这两个标准应当一致。毕竟，量化的经济损失不是提起性骚扰诉讼的前提条件。[101]

特罗 30 分钟的辩论时间即将结束，所以他回到自己的论点上，即便悉尼·泰勒对文森制造了恶意工作环境，银行对此也不承担责任：

> 要求雇员在意识到管理者骚扰自己时就大胆说出来，并无任何不公之处。毕竟，如果想要依据第七章获得救济，她早晚都得向他人控诉。但是，我们认为，因为雇主毫不知情的问题或者本可自动纠正的问题而将无辜的雇主拖上法庭，是非常不公平的。[102]

接下来轮到帕特里夏·巴里发言。她的开场白呼应了奥康纳对特罗的提问：文森案并未根据新的“恶意工作环境”框架进行审理，但确实应该如此审理。提问转向佩恩法官作出的争议性判决：米歇尔·文森对所有性关系的参与均系“自愿”。巴里解释道，“自愿性”并没有考虑到受害者走投无路的默许，它可能是在强迫下作出的。行为是否“不受欢迎”才应该成为检验标准。[103]

伦奎斯特大法官首次发言。为何雇员的衣着、举止与性侵犯的“受欢迎”与否无关？随着疑问的增加，他步步紧逼。“所以，你是说，在判断行为是否受欢迎的问题上，关于作为原告的雇员在工作场所的衣着和自愿性行为的证据不应被采纳？”巴里结巴了一会儿，伦奎斯特打断道，“是或不是？”巴里以退为进，把本案与强奸案相 102
比较，受害者的行为在强奸案件中不具相关性，除非她的行为系针对袭击者而作出的，在本案中，没有任何证据证明文森向泰勒示好或者与泰勒讨论任何她（所谓的）性幻想。[104]

在解释佩恩法官重审案件——正如大法官奥康纳所提议的——为何如此重要时，巴里的辩论尤具说服力。她详细回顾了佩恩法官因为不关心是否存在“恶劣的环境，包含不受欢迎的性暗示、侮辱、不受欢迎的侵犯性行为”而排除的所有证据。[105]

巴里激情澎湃地结束了辩论。她指出银行一方应该承担雇主责任：既然已经赋予管理者控制下属的权力，那么“雇主”，而非被骚扰的雇员，“最该去控制管理者的行为”。并且，“无意冒犯，但是在首都银行……东北部支行，为了建立雇主–雇员关系，泰勒先生**就是**银行”。

这时，讲台上的红灯亮起。她的时间到了。帕特里夏·巴里终于完成了这个已经接手七年之久的案件，并且她的表现一点也不糟糕。一位曾出席那场糟糕的模拟法庭辩论的人，将巴里判若两人的转变比作伊莉莎·杜利特尔[1]。106

1986 年 6 月 19 日，伦奎斯特大法官代表全体大法官发布判决意见：“毫无疑问，若管理者因为下属的性别而对其进行性骚扰，该管理者的行为构成基于性别的‘歧视’。”107 他写道，造成情感或心理伤害的骚扰行为，与造成有形经济损失的骚扰行为一样，均属违法。为了回应大法官奥康纳在言词辩论中的提问，伦奎斯特将之与种族骚扰相类比：

> 对某一性别的成员制造恶意的或冒犯的环境的性骚扰，给工作场所的性别平等随意设立障碍，这好比种族骚扰之于种族平等的恶劣影响。显然，要求男性或女性忍受性虐待的折磨，以此才能换取被允许工作或谋生的权利，这和最刺耳的种族蔑称一样贬低人格，令人不安。108

103 至于何种骚扰行为才会明确达到非法的程度，伦奎斯特设立了一个新标准：侵犯行为或其他性行为必须“足够严重或普遍，以至

---

[1] 奥黛丽·赫本在电影《窈窕淑女》（*My Fair Lady*）中所扮演的卖花女，被语言学教授希金斯改造成优雅贵妇。

于改变（受害者的）就业条件，制造了恶劣的工作环境”。[109]

因为米歇尔·文森的指控“明显足够”达到这一门槛，[110]最高法院同意哥伦比亚特区巡回上诉法院将案件发还佩恩法官重审。最高法院还同意，佩恩错误地考量了文森的行为是否系“自愿”这一问题，而没有考虑泰勒的行为是否“不受欢迎”。[111]

但判决中存在两处特别说明。首先，正如伦奎斯特在言词辩论中的激进立场所预示的那样，最高法院认为，文森“撩拨人心的着装和公开表达的性幻想”与泰勒的行为是否“不受欢迎”“明显相关”。[112]其次，多数大法官拒绝认定银行仅仅因为泰勒是管理者而要对他的行为负责。（但是，最高法院最倾向自由派的几位大法官表示反对，另外撰写意见，称雇主应对管理者的骚扰行为负自动性的责任）不过，多数大法官也驳回了银行一方的如下主张：除非雇员正式投诉管理者的骚扰行为，否则她将丧失在随后提起诉讼的权利。

所以，在雇主责任问题上，伦奎斯特、伯格、怀特、鲍威尔、史蒂文斯以及奥康纳选择了经久不衰的踢皮球策略：“我们……拒绝各方所提出的‘就雇主责任设立确切规则’的要求。”[113]相反，最高法院认为，雇主责任取决于个案的情形，例如作出骚扰行为的管理者对雇员日常工作生活的控制程度，以及是否存在有效的投诉机制。（最高法院指出，首都银行的反歧视政策并未达到此标准，该政策既未提及骚扰行为，也未告知支行职员可以找泰勒之外的其他员工投诉。[114]）

最高法院将案件发还佩恩法官，指示说案件回到起点，并要求他结束这个八年前开始于朱迪丝·路德维克办公室的案件。

尽管判决书上有几处令人不满的特别说明，但最高法院的判决

受到女性权利倡导者的热烈欢迎，并且，正如一位记者所述，“得到
104 许多人的热烈支持，这些被勒索、求爱或以性欲、贪婪和权力为名被非礼的女性将此判决视为胜利”。[115] 职业女性协会的卡伦·索维涅惊叹，在她和同事为性骚扰命名之后，最近十年来性骚扰法律的发展如此迅速。她认为，尤为鼓舞人心的是，在最高法院作出的这个里程碑式的判决中，当事人对骚扰行为曾“至少一度默许”。“在这些事实下，我们获得胜诉，意义非凡，因为我们面对的是最不受支持的上诉人。”[116]（对悉尼·泰勒而言，他毫无悔意。在判决后不久，他告诉一位记者，“现在我不知道文森小姐到底是男是女了。我不曾也从不想和她做爱”。[117]）

至于文森，她对判决感到“惊喜万分”。[118] 同一街区内很多她甚至不认识的人纷纷向她祝贺。“有很多女性找到我，说她们曾被骚扰，但就是没有勇气站出来，”文森告诉《华盛顿邮报》，“一个 20 岁的女孩上前亲吻了我。她说她曾遭受虐待，但不知道该怎么办。”[119]

然而，文森案虽然改变了法律，但却未能改变文化。该案判决 5 年后，安妮塔·希尔指控克拉伦斯·托马斯曾骚扰她，参议院在完全不调查这一指控的情况下，就准备对被提名人托马斯出任最高法院大法官进行投票表决。（他被指控在负责执行第七章的时候——文森案前后——作出此事[1]，这让该指控更具争议性。）120 位女法学家们为此向司法委员会的每一成员联名致信，7 名众议院女议员在

---

[1] 1982—1990 年，托马斯就任平等就业机会委员会主席。受害者希尔在托马斯就职于教育部时就为其工作，后随托马斯来到平等就业机会委员会，骚扰行为就发生在这段时间内。

大步迈向国会大厦要求推迟投票前筹划了一次拍照机会，[1] 她们希望先举行调查希尔指控的听证会。朱迪丝・雷斯尼克是这 120 位法学教授中的一员，如她所言：“参议院最初对安妮塔・希尔提供的信息置之不理，这无疑让我们回想起不久前，对女性各类权利的漠视就是常态。” 120

所以，直到希尔这位非裔美国女性挺身而出，揭露她被一位有权势的非裔美国男性骚扰的事实，才全面触发对性骚扰的全国讨论。正如凯瑟琳・麦金农在后来所写的那样：

> 在希尔–托马斯的听证会上，性骚扰首次真实展现在整个世界面前。我在 1979 年出版的书虽然构建了使性骚扰得以通
> 过法律解决的道路，但没有做到这一点。平等就业机会委员会 105
> 1980 年更新的《指南》没有做到这点。米歇尔・文森案在最高法院的胜诉也没有做到这点。但是，这一切都为此做了铺垫。安妮塔・希尔做到了这一点：她的陈述坚定彻底，证言条理清晰，丑陋的麦克风立在她美丽的脸庞前，固定摄像机一直在近距离瞄准她。121

和许多在最高法院胜诉的案件一样，美驰联邦储蓄银行诉文森案也是虎头蛇尾。案件发还佩恩法官后，又拖延了五年多，深陷证据开示和程序事项方面的争议。帕特里夏・巴里已移居加利福尼亚，她没有继续代理文森案，因此，著名的非营利性法律团体华盛顿律师民

---

[1] 拍照机会（photo opportunity），主要指特地留给媒体拍摄名人政要或其他有价值的新闻的时间。

权委员会接手了此案。在随后几年中，悉尼·泰勒被控挪用一位老年银行客户委托于他的钱财，并在联邦监狱服刑。[122]

1991 年，在该案重审前，银行和那时已 30 岁出头的文森达成保密的和解协议。凭借这笔资金，她得以完成护理学校的学业，并用这笔钱展开工作，帮助性骚扰案的受害人。[123]

2005 年，英国《魅力》(*Glamour*) 周刊在一期名为“改变你生活的女性”的专栏中赞扬了文森。她将自己的胜诉形容为切实改变的“开端”，但也警告称，“我们还有很多要做，比如教育我们的儿子尊重女性，以及教育我们的女儿，”——在此，她似乎在对 19 岁的自己说——“不要让**任何人**这样对待你。”[124]

第 5 章

“保底，不封顶”

加利福尼亚联邦储蓄信贷银行诉格拉案

California Federal Savings
& Loan Association v.
Guerra, 1987

莉莲·加兰已准备好重返工作岗位。为了陪伴她的新生女儿凯 106
克蕾，加兰已休假近三个月，她有点被逼疯了。她怀念洛杉矶加利福尼亚联邦储蓄信贷银行（以下简称加州联邦）的那份工作，她在该银行的商业贷款部担任接待员一职。这个职位简直是为加兰量身打造的，作为一个曾胸怀远大抱负的演员，她凭借出众的美貌、活泼的性格成为挥金如土的顾客和主管眼中的大红人。她直呼银行大亨的名字，还和他们开玩笑，提醒他们给太太回电。

1982 年 4 月 20 日，也就是预计重返工作岗位的前一天，加兰实在等不及了，她穿上往常的公务装和高跟鞋，从位于洛杉矶鲍德温山居住区的公寓乘公共汽车来到威尔夏大道的加州联邦总部。她到人事部报道，希望在重新工作前填写文件并办理其他的正式手续。当得知自己要去法务部而非商业贷款部工作时，加兰非常困惑。“他们说：‘你的职位已经有人顶替了，’”加兰回忆道，“‘我们雇用了你
培训过的那位年轻女士。’然后我说：‘但我已经忠心耿耿地干了四 107

年多。我现在该做什么呢？’”加兰获悉，若有职位开放，银行会告知她，但若没有的话，她就该试着找份新工作。

“我当时只感到眩晕，浑身冰冷，”加兰说，“我大吃一惊。”[1] 她和她的主管先前曾讨论过休假的起止时间，因此她从未想到重返工作岗位会有任何问题。她说，她对银行的工作一直极为投入，以至于经理都责备她，要求她去休假。在加兰离职待产前，银行里所有人凑钱给她买了一张婴儿床，办公室还为她举办了新生儿礼物派对。她当时也未想到这会是她的告别聚会。

加兰忐忑地把失业的事告诉她的男友、凯克蕾的父亲赖特·加纳。令她惊讶的是，加纳不仅对她表示支持，还为她感到不平。“他说，‘那可不对，’”加兰回忆道。他还催促她去找州公平就业和住房部。[1] 不久后，她照做了。

加兰在那儿遇到了一位叫布莱恩·亨巴赫的律师。加兰细述了自己的处境之后，问亨巴赫自己是否可以做些什么，他说的确可以。亨巴赫解释说，1979 年，加利福尼亚通过了《孕期工作受限休假法》(Pregnancy Disability Leave law)，该法要求雇主给予产妇长达四个月的无薪休假并在产假结束后恢复她们的原职。(若原职不再空缺，则要提供类似的职位。) 然而，亨巴赫告诫加兰，诉加州联邦的案件可能会引发争议。“你觉得你承受得了吗？”他问。加兰对此很有信心。那时的她已有近十年的舞台表演经验；她对于成为人们关注的焦点这一点早已驾轻就熟。但她后来也承认：“我从未料到这种

[1] 20 世纪初至 60 年代末，为消除住房领域的种族歧视和隔离，实现各种族住房选择机会均等，美国联邦政府颁布了一系列相关法规，形成了以 1968 年《公平住房法》为核心的公平住房政策，加州公平就业和住房部就是在这种背景下成立的。

关注扩大得如此之快。”

莉莲·加兰成长于 20 世纪五六十年代，那时匹兹堡还在实行种族隔离住房项目。但她大部分的童年时光是在曾祖母位于芬利维尔的农场里度过的，农场位于市中心以南约 15 英里处。加兰的曾祖母和她同名。“太奶奶”是白人,这位昔日的“齐格菲女郎”[1]
嫁给了一个黑人。太奶奶告诉加兰，要活出真我。太奶奶还说， 108
如果被人叫作“黑鬼”，也别太往心里去。“‘黑鬼’只是个词而已，”她对加兰说，“你把它看得有多重，它的杀伤力就有多大。所以别把它当回事儿。”[2] 加兰的母亲对她的教导则完全不同。加兰的母亲是非裔美国人，从小在南卡罗来纳州跟家人一起摘棉花，上完幼儿园后就不上学了，也没学过读书写字。当加兰跟妈妈说自己长大后想当一名精神科医生时，她告诉加兰别做梦了。“首先，你是个黑人，其次，你是个女孩，”母亲说，“所以你当不成。”

加兰父亲的肤色相对较浅（因曾祖母是白人的缘故），而且很英俊。加兰称他是“小麦色的克拉克·盖博”，而且他操一口流利的法语，这又大大增加了他对女性的吸引力。加兰觉得他在第二次世界大战中服兵役时饱受“炮弹休克症”的折磨，正是这一精神创伤让他总对自己和母亲无故大发雷霆。

加兰在匹兹堡过着贫穷的生活，面对的是旧物件、政府定期回访以及不够分的食物。六个孩子中，她排行老大，“我不能喝牛奶，

---

[1]《齐格菲女郎》是由罗伯特·Z. 伦纳德执导的歌舞剧情片，朱迪·加兰、詹姆斯·斯图尔特、拉娜·特纳等出演，1941 年在美国上映。

因为我是大孩子了，”加兰回忆说，“只有小孩才有牛奶、芝士和黄油吃。”想感受宠爱的时候，她就逃到曾祖母家。

加兰20岁出头的时候结婚了，有了一双年幼的儿女。男孩叫菲利普斯，女孩叫皮拉尔。她内心渴望表演。她常在匹兹堡实验室剧院表演，她是成功进入这家新公司的第一位黑人女演员，而且无比渴望去洛杉矶尝试上电视或演电影。1975年，她接到一个电话，让她去为美国广播公司的新剧《查理的天使》[1]试镜。尽管加兰最终未能出演，但这已经给了她足够的鼓励，她决定把家搬到洛杉矶。加兰开始在白天打各种各样的零工，晚上则上表演课并在小剧场演出，其中包括洛杉矶连线喜剧俱乐部，在那里她遇到了乌比·戈德堡和罗宾·威廉斯。

1979年，她与一家职业介绍所签约，这家介绍所给她联系了加州联邦的面试。时机再好不过，那时她的丈夫已经变得太过暴虐，她撇下孩子逃走了。（经过一段时间的疏远之后，加兰修复了与孩子们的关系，如今他们的关系很亲近。）在加州联邦工作意味着重新开始。一个月850美元的薪水加奖金，对加兰来说这意味着终于有了稳定的经济基础。

109 公平就业和住房部在接下来几个月内对加兰的投诉展开调查，在此过程中，她的人生经历了若干痛苦的转折。她和加纳的关系逐渐恶化，加纳不久后搬了出去。550美元的房租快要到期，又要抚养一个新生儿，加兰开始疯狂地找工作。加纳会给凯克蕾买尿布和

[1] 《查理的天使》（或称《霹雳娇娃》）在1976年到1981年间由美国广播公司播出，是20世纪70年代最成功的电视剧之一。

吃的，有时还会在周末帮忙照顾她，但他也仅仅做了这些事情。[3] 加兰说："我没有钱，没有工作，也没有车。"[4] 她有时只能挨饿或干脆吃婴儿食品度日。[5] 她总是把凯克蕾抱在怀里，坐着公交找工作。[6]（当她终于走运拿到面试资格时，加兰会请某位热心的秘书在她面试时照看一会儿孩子。）尽管满城投简历，加兰还是找不到工作。加州联邦的确打过几次电话，要给她提供工作岗位，但她都拒绝了。有时是她担心会因缺乏必备的文秘技能而表现糟糕——从而可能使银行有理由解雇她，有时是因为她被分配到的办公室太偏远，利用公共交通通勤很不方便。

终于，几个朋友搬进来与加兰共同分担房租。然而她欠的房租依然还不完。1982 年的秋天，她被赶了出来。即便有一个曾在加州联邦工作的朋友愿意让加兰睡在她家沙发上，她也腾不出地方给凯克蕾住。因为加兰的前男友加纳刚刚用他母亲给的钱买了幢房子，所以他成了凯克蕾的监护人。加兰说，本来这个安排是临时的，等到她重新安顿下来就停止。然而，几个月后，加纳却向加兰送达了争取单独监护权的文件。以加兰的处境，她根本没钱请律师，更不用说让法院相信她有能力抚养一个孩子了。伤心欲绝的加兰最终同意放弃凯克蕾的抚养权。[7] 她因为需要抚养孩子失去了工作，而现在连孩子也没了。

1982 年 11 月末，在加兰试图重返工作的七个月后，加州联邦终于为她提供了一份合适的工作：在会计部做接待员，工资照旧。但她很快发现，她在银行的生活再也不可能和从前一样了。尽管当
时公平就业和住房部还没有代表加兰提起诉讼，但加州联邦已经注 110
意到了该部的调查。许多人在继续为曾被自己控告过歧视的雇主工

作时都会受到排挤，加兰也不例外。她的一个朋友警告过她，她的同事被指示暗中监视她。有的人在她的椅子腿里扎上针，这样当她的小腿蹭到针时，长筒袜会被钩破并留下划痕。她被分配去做归档之类的乏味工作，或打字这种她不能胜任的工作。最终她被分配去做杂务，比如清扫旧库房，或在桌子底下爬来爬去清点电脑设备。她再也不是那个身穿公务装的从容的专业人士了，而是每天穿着连体工装服或牛仔裤上班。一次，她在搬箱子时弄伤了背，那是压垮她的最后一根稻草。“从那时起，我开始备考房地产从业许可证。”她说。[8]

大约在加兰回到加州联邦工作的第六个月，公平就业和住房部正式向法院递交起诉银行的诉状，称加州联邦拒绝立即使加兰恢复原职的行为违反了该州的产假法。庭审安排在 1983 年夏末。但加州联邦并没有回应公平就业和住房部的起诉，而是向联邦法院提起了诉讼。两家商业团体，商人及制造商协会（Merchants and Manufacturers Association）和加州商会（California Chamber of Commerce）也加入到诉讼中。加州联邦称，根据几年前经《反怀孕歧视法案》修改过的第七章，州法无效。《反怀孕歧视法案》[1]要求雇主对待“受怀孕影响的女性时，应出于雇用目的，与其他未受怀孕影响，但相似地具有或不具有工作能力的员工同样对待”。[9]

加州联邦告诉法院，其**已经**与对待其他“相似地具有或不具有工作能力”的雇员“一样”对待加兰。该银行的暂时性无工作能力

[1]《反怀孕歧视法案》是对 1964 年《民权法案》第七章的一个修订，它禁止基于怀孕、生育或者相关疾病医疗状况的歧视。此法适用于拥有 15 名或以上雇员的雇主，包括州、地方、联邦政府以及劳工组织。美国平等就业机会委员会负责对该法案的实施情况进行监督。

政策允许雇员拥有不定时长的“合理假期”，尽管银行不能保证他们可以在假期结束时重新从事原来的（或类似的）工作，银行承诺会为此努力。加州联邦声称加兰不能立即找到有空缺的工作岗位，仅仅是因为不走运；它声称 90% 因暂时性无工作能力而休假的员工能够立即回到工作岗位上。

银行进一步主张：州法律关于怀孕雇员比其他“相似地具有或不具有工作能力”的雇员获得**更好**待遇的要求违反了第七章。即通过要求银行仅仅确保怀孕雇员的工作，该州实际上是在要求银行对因暂时性无工作能力而休假的**男性**员工进行性别歧视。

当加州联邦的案件被分配给美国加利福尼亚中区联邦法院的 111
一位法官审理时，加兰与她来自公平就业和住房部的律师没有得到幸运之神的垂青。虽然曼纽尔·里尔法官也许曾看起来对民权诉讼当事人挺友好，他由林登·约翰逊总统任命，因早期废除帕萨迪纳学校种族隔离的判决广受好评[10]，但他在律师中素有“专横”、[11]“善变”[12]和“霸道”[13]的恶名。他最喜欢对法官席前的人这样说：“这里不是汉堡王。你那一套在这儿行不通。”[14]里尔也渐渐地在大众文化中背负一定程度的恶名。在加兰案言词辩论前几个月的听审中，里尔因《好色客》杂志的出版人拉里·弗林特奚落他（“杂种，你就这点能耐？”[15]）而判其犯藐视法庭罪，所判处的监禁期一次比一次长，起先 6 个月，而后 12 个月，再后来 15 个月。里尔最终对弗林特在部分法庭诉讼中的言论自由加以限制。[16]上诉法院撤销了藐视法庭罪的有罪判决，[17]但这一事件还是成了 1996 年的电影《性书大亨》中的片段。[18]

1983 年 3 月 19 日进行言词辩论，仅仅两天，里尔法官就作出判决。通过援引联邦法律优先原则——对于同一事项，联邦法律优先于与之冲突的州法，里尔判决加州联邦胜诉。[19] 他同意加州休假法对怀孕职工的“优待”违背了《民权法案》第七章禁止性别歧视的规定，并宣布该州法“无效，作废，不合法，不适用”。[20] 里尔命令公平就业和住房部停止执行该法，并明确禁止该机构就“代表莉莲·加兰提出的控告”进一步采取任何诉讼。[21]

审判后，公平就业和住房部的布莱恩·亨巴赫对媒体称，该判决是一个“严重的阻碍”，将迫使加利福尼亚妇女不得不在“生儿育女和拥有工作之间”[22] 作出选择。里尔法官的判决也使向公平就业和住房部提出的 200 余件待决投诉命运不定。[23] 该部门一向倡导进步主义，其律师们都摩拳擦掌，拟对里尔法官的判决提出上诉。但新上任的加利福尼亚州州长乔治·德克梅吉恩比他的前任杰里·布朗要保守得多，他在其他民权机构中任命了一些有右翼倾向的人，这使该部门律师们不由担忧，他们可能不再被许可继续对加兰案提起诉讼。（亨巴赫后来对加兰说，他因对媒体称里尔的判决迫使妇女
112 “在生儿育女和拥有工作之间”作出选择，而被德克梅吉恩批评。）在亨巴赫的敦促和帮助下，加兰开始寻找代理她案件的律师。很快，加兰找到了琳达·克里格尔。

1983 年，克里格尔已经从法学院毕业五年了，是位于旧金山的社会就业法律援助中心的律师。在加州，该中心是为低收入客户提供服务的最著名的法律辩护团体之一。克里格尔热心又低调，加兰与她很快就建立了互信关系。“我们真的很投缘，”加兰回忆，“她就像是一个姐妹。我完全相信她。”

在接手加兰案时，克里格尔正在深入地思考她所谓的“女权主义法学界就女性平等含义所产生的激烈争议，有人甚至认为这是一

次危机”。[24] 克里格尔早已致力于此，她刚办结了蒙大拿州一个与加兰案类似的案件。

该案的当事人是塔玛拉·布利，1979 年末受雇于米勒–韦尔女装连锁店。布利怀孕后，在该公司位于大瀑布城的三姐妹商店工作，担任售货员，拿着最低工资。由于严重晨吐，在刚开始工作的两周里，布利旷工了好几次。医生认为缓解最严重的恶心呕吐症状顶多只需要两周，于是她请了两周的假。然而，米勒–韦尔根据公司规定——禁止工作未满一年的员工请病假——开除了布利。[25]

蒙大拿州公平就业机构援引州法要求雇主准许孕妇在必要时进行“合理休假”的规定，代表布利起诉该公司。[26] 作为回应，米勒–韦尔也向联邦法院提起了诉讼。就像加州联邦几年后做的那样，米勒–韦尔声称州法要求优待孕妇的规定违反了《民权法案》第七章。

当蒙大拿州的公职人员向那些杰出的女性法律组织——例如美国公民自由联盟女性权利项目、全国妇女组织、全国妇女法律中心和女性法律辩护基金会——寻求帮助以捍卫州法时，他们惊讶地得知这些团体都与米勒–韦尔持相同意见。实际上，他们准备递交支持该公司的法庭之友意见书。

这些团体正是 1978 年《反怀孕歧视法案》的草拟者，为了通
过该法曾竭力游说。在他们看来，联邦法令的重点在于“同样”对 113
待怀孕雇员和“相似地具有或不具有工作能力”的雇员，这对该法中的女性身份至关重要。他们以强调“平等待遇”的女权主义著称，担心像蒙大拿州法这样的法律只是对 20 世纪保护性法律的改头换面，后者将女性首先视为母亲，其次才是劳动者。以史为鉴，他们相信“特殊对待”模式只会损害女性的职场地位。的确，单独为孕

期设特殊强制令也会使得雇用女性的代价变高，实际上会使公司对雇用女性望而却步。

乔治城法学教授温迪·威廉斯是全国最杰出的支持平等待遇的学者之一和《反怀孕歧视法案》的主要设计者，她写了一篇被广泛援引的法律评论文章，探讨米勒–韦尔案提出的问题。[27] 她认为，即使蒙大拿州立法者无疑是出于好意，若无类似的休假法，像塔玛拉·布利那样的女性无疑会承受艰辛，但是，给怀孕员工以特权并不是解决问题的方法。这样的特权事实上是一种耻辱，是因为与男性“不同”而获得的耻辱。

威廉斯认为，更好的处理方法是让雇主和法律意识到，不论女性或男性，几乎没有人不会在工作生涯中经历一段时期的疾病或伤残。如果怀孕被认为只是雇员需要请假的众多原因之一，这种“不同”就被正常化了：

> 其目的是为了重新调整处理疾病和伤残的一般性规则，以确保规则可以公平合理地适用于雇员所面临的所有无工作能力问题。怀孕并不产生“特殊”需求，而是代表了典型的基本需求……对策……是解决根本的附加福利[1]不足的问题，而非专门为怀孕雇员设置标准。[28]

当蒙大拿州的公职人员询问克里格尔是否愿意接手布利案时，她同意了。（她后来开玩笑说，在首选的美国公民自由联盟女性权利

[1] 附加福利（fringe benefit），指与就业或缴费记录有关的由企业提供的各种内部福利，可以现金或实物形式支付，常常由政府依法强制实施，如企业补充医疗和补充养老保险、子女教育和住房补助、带薪假期等。

项目和女权主义阵营的其他成员拒绝州政府后，她不介意成为替补队员。）她相信该法对女性来说利大于弊。在 1984 年 12 月的一期《60 分钟》[1] 有关米勒–韦尔的一节中，克里格尔为蒙大拿州采取的方法辩护。“平等不能通过要求女性和男性被完全同等对待而实现，”她解释说，“原因在于一个简单的事实：女性会怀孕，而男性不能。”[29]

克里格尔说，这一简单的事实意味着女性更需要留职产假。她 114
指出，大约 80% 的职场女性都处于生育年龄，她们中几乎所有人在工作生涯里至少会有一个孩子。[30] 这意味着绝大部分女性都需要请一段时间的假进行产后恢复，平均时长六周或更少。[31] 其他工作者因不能工作而产生的潜在请假需求，在频率和时长方面无法和女性工作者相提并论，所以两者的失业风险也没有可比性。由于联邦没有制定家庭休假或病假留职机制，怀孕女性到产期时，只能任凭上司决定她的去留。

旧金山的女权组织平等权利促进会（Equal Rights Advocates）以及总部设在洛杉矶的加州妇女法律中心都赞成这种理路。他们提交了一份支持布利的法庭之友意见书，以反击那些东海岸的主张“平等对待”的组织。在克里格尔看来，东西海岸女权主义者之间的这种分歧主要缘于各自支持者的不同。前者的“客户”，从某种意义上来说，就是女权运动本身。这些组织里都是以战略眼光挑选客户和案件的“事业”律师。他们还与学术界有着密切联系，学术界常被喻为实验室，女权思想者们在司法判例中发现漏洞，帮助当

---

[1] 《60 分钟》，美国的一档新闻节目，自 1968 年开始由哥伦比亚广播公司（CBS）制作并播出。

事人决定接下来要抨击何处。选定需要解决的法律问题之后，事业律师们会挑选一个客户来提起最能说明该问题的案件诉讼。或者，他们会借助通常比较缓慢的立法程序来力求彻底改变法律。20 世纪 70 年代，时任美国公民自由联盟女性权利项目第一任主任的鲁思·巴德·金斯伯格就是成功运用这种策略性诉讼的典范。她通过一桩又一桩的案件，成功地瓦解了美国社会在就业、教育、公共福利、地产法甚至是刑事法规等领域给女性提供的次等待遇。[32]

与之形成鲜明对比的是，克里格尔及其在社会就业法律援助的同事们，还有其他一些支持塔玛拉·布利的西海岸女权组织，用克里格尔的话说，是“以工薪阶层、粉领客户为主”。其中许多人是有色人种或单身母亲。她们组成了克里格尔所说的“次等劳动力市场”，从事主要由女性从事的工作，而且“大多缺乏工会代表、工作安全条例及附加福利”。[33] 她们的经济状况很不稳定，面临的法律问题亟待解决。对这些女性来说，禁止休假政策“无异于失业”，[34] 会产生严重的经济后果。所以，指望平权组织来倡导一种可以解决无工作能力者休假问题的普遍方法是需要等待的，而她
115 们根本等不起。并且，在克里格尔和她的同事看来，她们也根本不必这样做。

各个女权组织在雇用法处理怀孕问题的理路上之所以存在如此激烈的分歧，是因为牵涉的利益实在是太大了，用一个学者的话说，“千百年来，女性可以且已怀孕这一事实，是为无数对女性不利的法律和实践开脱的罪魁祸首”。[35] 对这一事实的不同主张也使得女权主义者之间出现了近一个世纪的分裂。

19 世纪末以来，大多数州都制定了“保护性”法律，在很大程

度上得到了女性权利拥护者的支持。他们把此类法律看作抑制流水线上及其他产业中的工人们所受剥削的必要手段。因为最高法院似乎很乐意让男性持续这样工作，却不愿意女性也如此，最高法院在 1905 年废除了纽约一项限定男面包师最高工时的法律，几年后在审理穆勒诉俄勒冈州案（*Muller v. Oregon*）[36] 时却维持了限定女性洗衣工最高工时的类似法律，这些事实都恰恰证明了这一点，所以社会正义倡导者认为，有仅以女性为调整对象的保护性法律总比什么都没有要好。

埃斯特·彼得森是最公开支持这一理路的倡导者之一。她于 1961 年受肯尼迪总统任命，管理劳工部妇女局。彼得森的观点形成于担任工会组织者的那段日子，据盖尔·科林斯描述，那段日子里彼得森亲眼看到“因高强度的工作，主管的性骚扰，以及被剥夺时间而无法做一个称职的母亲，照顾营养不良的孩子，那些女性感到痛苦万分”。[37]

其他的社会活动家们，尤其是那些全国妇女党党员，辩称这些保护性法律有副作用，这些法律给女性贴上“弱小”“脆弱”的标签，使她们蒙受不配得到薪酬最丰厚的工作的污名。全国妇女党为争取女性的选举权和支持宪法男女平等权利修正案而努力斗争，从而可以消除两性在法律上的差异。彼得森把这些社会活动家看作一群来自“旧社会”的“精英阶层、有特权的老妇人”，她们谈平等时从不将阶层现状考虑进去。彼得森陷入沉思，“对女性来说，是将她们区别出来，实施特殊保护更好，还是为她们消除两性的法律差异更好？就连摘生菜的农民和咖啡馆服务员都知道，这取决于你的社会地位”。[38]

正是这些“精英阶层、有特权的老妇人”成功地说服了众议员 116

霍华德·史密斯，促使他提议在《民权法案》第七章中加入“性别”。事实上，当他首次提出这一议案时，彼得森强烈反对，她担心该法会使各州的保护性法律无效（这一担忧十分精准）。在她看来，那些州的法律是真的在帮助女性，让她们得以在美国的工厂和装配线上生存下去。[39]

《民权法案》第七章禁止“基于性别”的歧视，却没有对“平等之谜”[40]作出解答，就像温迪·威廉斯一语中的：既然只有女人可以怀孕，那么谈论男女“平等”还有何意义？在女性获准从事“男性的工作”[41]以逐渐摆脱保护性法律的耻辱很久之后，例如，通过多萨德诉罗林森案和下级法院中的类似案例，生理性差异继续给雇主和法官带来难题。

在《民权法案》颁布后的头几年，平等就业机会委员会并没有帮上什么忙。正如该机构在解决公开性别分类问题上——例如，对男女使用不同的招聘广告，以及将空乘当作魅力四射的酒吧女侍应一样对待的航班规定等——十分缓慢一样，它显然在处理怀孕问题上也遇到了阻碍。

事实上，平等就业机会委员会最初关于怀孕的声明可谓五花八门。[42]一位雇主曾向平等就业机会委员会询问，将怀孕及分娩排除在受保障的带薪休假政策之外是否违反《民权法案》第七章。该委员会于 1966 年写信回应：“既然怀孕是一种仅涉及女性的暂时性无工作能力状态，且或多或少可以预见大多数女性雇员在职业生涯中都会怀孕”，[43]那么答案是否定的。几周后，该委员会还同意将怀孕与分娩从雇员健康保险计划中排除。[44]尽管据早前的观点，在得知女性怀孕后将其立即辞退的做法有可能违反《民权法案》，但在怀孕女性请假分娩期间冻结其累计工龄（即便是受伤或生病的雇员也可以在其缺席时累计工龄）是否合法这一问题上，平等就业机会委员会的立场依旧模糊。[45]

直到 1972 年，平等就业机会委员会才出台有关如何依照《民权法案》对待怀孕的官方指南。该指南的出台，很大程度上归功于该委员会的首位女律师索尼娅·普雷斯曼·芬特斯和另一个其后不久被聘用的律师苏珊·德勒·罗斯不辞辛劳的游说。[46] 该指南明确禁止以怀孕为由解雇或拒绝招聘女性，并且要求任何适用于其他临 117
时性无工作能力雇员的福利——带薪休假、休假期间的健康保险、工龄累计等——必须适用于怀孕员工。[47]

最高法院在其根据《民权法案》第七章和《宪法》作出的有关怀孕的判决上也是一样的矛盾。（在《民权法案》于 1972 年得到修正以将政府雇员包括在内前，当那些员工遇到工作歧视时，他们唯一可依靠的法律渊源就是第十四修正案。）一方面，最高法院在 1974 年否定了俄亥俄州学区在怀孕教师预产期前五个月将其强制辞退的政策，认为该政策推定她们不能工作，侵犯了她们的正当程序权利。[48] 次年，最高法院废除了犹他州一项拒绝为怀孕女性从产前 12 星期到产后 6 星期内提供失业补助的法律，再次否决了该政策“假设无工作能力且无法到岗”的推定。[49] 1977 年，最高法院还驳回了一条政策，该政策规定，只要女性员工因怀孕休假，其累计工龄就会清零，因其他原因休假的员工的工龄却可保留。[50]

但是，正如俗话所说，有得必有失。最高法院一方面否决那些仅因怀孕就公开惩罚女员工的政策，一方面又对那些完全忽视怀孕这一事实，以更加不易察觉的方式惩罚女性工作者的政策予以准许。[51]

例如，在否决俄亥俄州强制教师离职的政策后不久，最高法院又**批准**了加州的一项将怀孕女性排除在短期无工作能力福利计划之外的法律。（温迪·威廉斯是质疑该法律的首席律师。）这意味着，为进行产后恢复而离开职位的女性无法得到报酬，但她们那些因摔断腿而进行复健或接受癌症治疗的同事却可以得到。[52] 几年后，在吉尔伯特诉通用电气公司案[53]中，最高法院准许通用电气公司将怀孕女员工排除在类似的暂时无工作能力政策之外。

两个判决基于相同的理路：那些有争议的政策并没有“基于性别”而使女性处于不利地位。相反，怀孕女员工只是恰好处于一种她们独有的特殊身体状况。在其他所有方面，女性享受与男性相同的福利保障；在男性可能出现的身体状况中，没有一项是女性无法因此获得同样的福利保障的。那么，将女性独有的特定身体状况排
118 除的判决仅仅是一个基于成本的判决，一个性别中立的考量。在最高法院意义重大的叙述中，该计划并不区分男性和女性，而是区分怀孕的女性和“不怀孕的人”。

因为吉尔伯特案准许通用电气政策的判决来源于最高法院对《民权法案》第七章的解释，就在最高法院作出判决后几小时内，人们发起了一股声势浩大的修法运动。曾经带头在平等就业机会委员会 1972 年《指南》中引入平等待遇方案的苏珊·德勒·罗斯担任“终止歧视怀孕员工运动”的副主席，[54] 该组织是由超过 200 个女权主义组织、民权组织以及劳工组织组成的联盟。[55] 领导层中有威廉斯和其他东海岸女权组织，他们与一些志同道合的国会议员起草法案，试图废止吉尔伯特案。

该运动以 1978 年《反怀孕歧视法案》在国会的通过而告终。它修改了《民权法案》第七章，明确“基于性别”的歧视也意味着

“基于怀孕”的歧视。[56] 正如针对吉尔伯特案判决的指责所说，《反怀孕歧视法案》包含了强制雇主同等对待怀孕女员工，以及任何其他相似的有工作能力（或无工作能力）的员工的要求。[57]

《反怀孕歧视法案》是一项对女性有里程碑意义的成就，它对于落实政府的“分权与制衡”起到的教科书级示范作用就更不用说了，但它也留下了严重的缺陷。鲁思·巴德·金斯伯格大法官近期评论道：“尽管《反怀孕歧视法案》禁止公然的怀孕歧视，但也可以说该法提供的保护必要但并不充分。”[58] 例如，它并不要求雇主为怀孕员工做任何还没有为其他雇员做的事。所以，它没有强制要求提供带薪或不带薪的产假，除非其他有临时性障碍的员工也可以享有这种休假。它不要求在女性员工生完孩子之后为其保留工作岗位，除非该保护同样提供给因其他原因休假的员工。它不要求允许怀孕员工请病假以应对怀孕症状，无论是严重晨吐还是遵医嘱须卧床休息，除非其他员工也可以因诸如此类原因间歇性请假。正如著名的保守派法官理查德·波斯纳曾经说过的，根据《反怀孕歧视法案》，“雇主可以像对待受类似影响的非怀孕雇员一样无情地对待怀孕的雇员”。[59]

正当国会准备在1978年10月遵照《反怀孕歧视法案》行动
时，加州议会通过了《孕期工作受限休假法》。该法律也正是莉 119
莲·加兰提起诉讼所依据的法律。加州的政策制定者看出了即将变成法律的联邦草案中的缺陷，并决定采取更多行动。正如一位支持者所说：“《反怀孕歧视法案》远远不够，在加州我们可以做得更好，并且我们确实做到了。”[60]

这段历史导致女性权利倡导者们相互冲突。米勒–韦尔案中作为焦点的蒙大拿州法就是第一场战斗。塔玛拉·布利最终在1984

年初取得了胜利，蒙大拿州最高法院因认为该州休假法与《反怀孕歧视法案》相符而维护该法，并且判给布利近 7 000 美元的工资损失。[61]

在该判决公布后的几周内，里尔法官废除了加州带薪休假法，[1] 并且驳回了该州代表莉莲·加兰提起的诉讼，这意味着"女权主义法律界中的危机"绝对不会很快结束。

加兰案的下一步是到美国第九巡回上诉法院对里尔法官的判决进行上诉。加州的政府律师们奋力前进，尽管起先他们担心加兰和克里格尔可能会中途放弃这场斗争。克里格尔代表加兰与政府进行合作，还作为主笔人，撰写意见书维护州法。玛丽安·约翰逊，州总检察长办公室民权部门的律师，计划将案件的言词辩论安排在 1985 年 2 月。

虽然莉莲·加兰在地区法院一级不幸遇到里尔法官，但上诉时她被分配到的合议庭有望为她带来好运。合议庭成员包括哈里·普雷格森法官（当他十年前还是地区法院的法官时，曾在曼哈特诉洛杉矶市水电局案[62] 中否决了不平等的养老保险缴费方案）和沃伦·弗格森法官。正如一个同事后来描述的那样："（弗格森）关心人民和个人权利。看到人民被司法体系不公对待，他感到愤慨。"[63] 合议庭中还有一个法官是厄尔·吉列姆，由卡特总统任命，是第一位被提名在加利福尼亚中区联邦地区法院任职的非

[1] 废除加州带薪休假法的意义在于支持加州联邦等其他商业团体的诉求。因加州《孕期工作受限休假法》将女性和男性区分开来，将怀孕排除在带薪休假制度之外，给予怀孕女性其他特殊的待遇。

裔法官。[64]

1985 年 4 月 16 日，第九巡回上诉法院发布推翻里尔法官判决的判决意见。“我们认为，地区法院关于（加利福尼亚的怀孕休假法）基于怀孕对男性造成歧视的结论有违常识，曲解了判例法，藐视了《民权法案》第七章和《反怀孕歧视法案》。”[65] 法院批评了里尔法官就作为联邦法的第七章是否优先于加利福尼亚州法这个问题的分析，指出第七章明确规定了其效力优先于哪些州法：只有在州 120
法规定的雇用行为“不符合”联邦法的保护条款时，其效力才低于第七章。法院解释说，该条款旨在废止**限制**女性机会的州法条文，而非使**提升**女性机会的措施无效。

有鉴于此，法院指出，加州法**符合**（经《反怀孕歧视法案》修正过的）第七章的立法目的。该州法未与这些目的相冲突。《反怀孕歧视法案》并不仅仅谋求怀孕雇员和其他雇员间的绝对平等。联邦法律是“为怀孕福利保底的地板，而非为怀孕福利限高的天花板”。[66]

但加州联邦没有放弃这场斗争。近一年后，1986 年 1 月，最高法院受理了此案。

在 1986 年 10 月最高法院审理加州联邦储蓄信贷银行诉格拉案[67]时，莉莲·加兰已经将在加州联邦的痛苦经历抛诸脑后。她已拿到了房地产中介就业资格，辞掉了银行的工作，还买到了房地产特许经营权，和新任丈夫共同经营。她得以定期看望凯克蕾，虽然她的前男友仍保留着孩子的监护权。

她差不多成了一个名人。除了现身《60 分钟》节目，她还飞去芝加哥，在《奥普拉脱口秀》中露脸；她在《晚间世界新闻》中接受了皮特·詹宁斯的采访；她还被刊登在无数的报纸和杂志的特别报道中，从《美国新闻与世界报道》到《人物》杂志。她见到了格洛丽亚·斯泰纳姆、贝蒂·弗里丹和其他杰出的女权主义者。（她第一次坐飞机就是坐在斯泰纳姆旁边，在斯泰纳姆的鼓励下第一次品尝了血腥玛丽。她认为斯泰纳姆把血腥玛丽当作最佳飞行伴侣，于是这也成了她自己的一个习惯。）加兰的口才、引人唏嘘的个人经历还有她那雍容端庄的美貌，使她成为一个理想的女代言人。正如琳达·克里格尔所说，她是“律师眼中重大法律问题的最佳代言人。她真的很棒”。

当加州联邦艰难上诉至最高法院时，要求平等待遇的各团体可不仅仅是在为本案辩护。1984 年里尔法官宣布废除保护女性的加州法律后不久，该法最初的发起人之一霍华德·伯曼——前州议员，
121 时任联邦众议员——找到女性法律辩护基金会的唐娜·伦霍夫，建议根据该加州法律修改联邦法律。[68] 伦霍夫坚定地支持平等对待要求，她和苏珊·德勒、温迪·威廉斯三人早已着手起草一版不分性别的保护性法律以提交国会，她们还说服伯曼将该法律的惠及范围扩大，不要仅限于怀孕女性。[69] 两年后，当最高法院听审加州联邦案的言词辩论时，日后被称为《家庭和医疗休假法案》的法律已经在国会里被提议了两次，反反复复，当时还未获通过。

在最高法院进行言词辩论的那一天，莉莲·加兰觉得自己就像是“《绿野仙踪》中的朱迪·加兰[1]”。[70] 她和来自美国公民自由联盟

[1] 朱迪·加兰，美国著名女演员及歌唱家，在米高梅经典电影《绿野仙踪》中扮演女主角多萝希。

女性权利项目的律师帕特里夏·邵终于坐在了庄严的法庭里。加兰坐在了格洛丽亚·斯泰纳姆和贝蒂·弗里丹中间。“我记得我坐在那儿，感到自己是那么渺小。”加兰说着，笑了起来，她记得自己当时看到法官们居然没戴白色的扑粉假发时的惊讶心情。

当大法官们陆续入场时，法官席上出现了一张新面孔，自始至终坐在了观众视角中最右边的位置，他就是安东宁·斯卡利亚，最近才从哥伦比亚特区巡回上诉法院升职过来。坐在法官席中间的是新任首席大法官威廉·伦奎斯特，他不久前才被任命接替沃伦·伯格的职位。伯格做了17年的首席大法官，刚刚卸任。对斯卡利亚和伦奎斯特两人来说，这一天是他们上任的第三天。

特德·奥尔森曾是里根政府司法部的一名诉讼律师，也是吉布森与邓恩律所的一名合伙人，他将为加州联邦辩护。尽管奥尔森日后成为经手最高法院案件最多的庭审律师之一，为60多个案件辩护过，但那时加州联邦案只是他接手的第三个案件。后来奥尔森也担任过乔治·W. 布什的司法部副部长。他在2000年布什诉戈尔案中观念，以促成最高法院在霍林斯沃斯诉佩里案（*Hollingsworth v. Perry*）[71]的判决中推翻禁止同性婚姻的加州8号提案。正如法学教授吉野贤治在《现在发声》一书中描述的那样，奥尔森对霍林斯沃斯案的阐释是如此明晰，“不管站在什么政治立场上的人，几乎都无法不喜欢奥尔森……与他争辩就像是和拥有天才般智商的金毛寻回犬对垒一样”。[72]）

代表加州政府的是玛丽安·约翰斯顿，一位来自加州总检察长 122
办公室民权执行部的高级律师。在职业生涯初期，约翰斯顿为农场工人们辩护，后来成功进入加州政府工作。

奥尔森首先开始陈述。他用了很长时间阻挠要求平等的女权组织提出的建议：为什么加州就不能修订法律，让所有因暂时不便而需离职的人都能保住工作呢？奥尔森告诉大法官们，加州立法机构确实在考虑这种方式，就像国会正在考虑刚完成的《家庭和医疗休假法案》一样，但那只不过是在“兜圈子”。他强调，真正的争议点是，《反怀孕歧视法案》是否允许加州拥有一项仅优待因怀孕休假的法律。奥尔森指出，国会就是否通过《反怀孕歧视法案》辩论时，一些议员已经就是否要求雇主接受怀孕休假政策辩论过，并决定不把这一条款写入最终法案。[73]

这时，奥康纳大法官打断了他，尽管《反怀孕歧视法案》没有收入要求雇主接受休假政策的条款，但也没有包含任何**禁止**他们提供类似休假的条款，不是吗？“我认为仅从字面意思来看，该法的范围并不明确。”奥尔森再次试图仰赖国会通过该法案时的意图来提醒法院，该法旨在消除过去那些隐含在“保护性法律”中对怀孕职工的负面成见。奥尔森辩称，加州法律重演了那段令人遗憾的历史，它似乎认定——在此，他引用了美国公民自由联盟女性权利项目的意见书——“怀孕让妇女变成了不太可靠、生产力不高的雇员，总是请假，花费更高；也就是说，她们与其他雇员是本质不同的，在工作中是有障碍的”。[74]

接下来是玛丽安·约翰斯顿发言。一开始，她就给出数据以确认怀孕女性在职场女性中占大多数的事实，以及对留职休假政策的普遍需求。她辩称，忽略这种需求无异于歧视，而这恰恰是《反怀孕歧视法案》所禁止的。“我认为，加州联邦给出的分析中的漏洞是将对待怀孕的歧视等同于其他无工作能力的歧视。”这一行为是国会尚未通过立法禁止的。（国会最终于四年后通过了《1990 年美国残障人士法案》，禁止了这一行为。）国会**早**已在第七章中将性别歧视看作非法行为，“第七章所做的就是将怀孕歧视和性别歧视同等对待”。[75]

鲍威尔大法官并未被说服。他提出了一个假设：

> 假设一个雇主雇用了一男一女两个职员做完全相同的工作，这两人都因无工作能力几乎同日休假，女职员是因为怀孕、手术或诸如此类的事情。三个月后他们在同一天回来工作。女职员回到了原来的工作岗位，而男职员却被告知，很遗憾，他们已经……让另一个符合要求的雇员顶替了他的职位，所以他得另谋出路了。根据你的陈述，这是完全公平的。这就是你现在的立场吗？ 123

“不，我并不认为那是完全公平的，”约翰斯顿回答道。“但我认为那并非不合法，这两者之间是有差别的，大法官阁下。”[76]

约翰斯顿说，怀孕和其他的身体残障是没有可比性的，原因很简单，因为怀孕只对女性带来影响。男女职员可能都想要孩子，但只有女职员需要为这个决定承受身体负担。“男职员有了孩子，既不会离职，也不会中断自己的工作。”她解释说。“所以从这个意义上来说，（加州法律）既没有特殊优待女性，也没有歧视男性”，而“只是一种平衡”。[77]

约翰斯顿重提奥康纳大法官先前质问奥尔森的问题，进一步提醒法庭，在国会制定《反怀孕歧视法案》的时候，有两个州——康涅狄格和蒙大拿——已经制定了留职休假法。记录显示，立法者不仅知悉那些法律，而且并未反对。

约翰斯顿做了最后的终结辩论。“尽管只有女性才会怀孕，确保怀孕职员保有工作，”她说，“不仅与第七章追求男女平等的目标不矛盾，而且，我们认为，是与其完全兼容、高度一致的。”[78]

三个月后的一天，早晨 7 : 30，当莉莲·加兰正在淋浴时，一个电话打来。她跳出来抓起电话，身上还带着没冲干净的肥皂和洗发水泡沫。打电话来的是一名记者，询问她对在最高法院胜诉有何感想。“我的第一反应是尖叫，”她说，“然后我说，‘感谢主啊，这个结果早该到来了’。”[79]

以 6 : 3 的投票结果通过的判决意见由马歇尔大法官执笔，赞同该判决结果的大法官包括布伦南、布莱克门、史蒂文斯、奥康纳以
124 及斯卡利亚（他虽赞同判决结果，但拟了一份独立意见）——这是很不寻常的意识形态大范围倾斜。“第九巡回上诉法院的结论是，国会意在将《反怀孕歧视法案》作为‘为怀孕福利保底的地板——而非为怀孕福利限高的天花板’，我们赞成这一观点，”[80] 马歇尔写道，“通过‘将怀孕考虑在内’，加州的《孕期工作受限休假法》允许女性与男性一样，在照顾家庭的同时不丢工作。”[81]

多数意见在结尾有一些宽慰那些平等对待支持者的话。马歇尔大法官一针见血地区分了像加州法那样促进怀孕女性工作机会的法律与那些意在减少其机会的法律。

> 该法律仅仅涵盖了由于怀孕、分娩及其他医疗状况造成的**实际无工作能力**。相应地，不同于 20 世纪早期普遍适用的保护性劳动立法，（加州法律）[1] 并没有体现出有关怀孕及怀孕雇

[1] 此处指 1979 年加利福尼亚州通过的《孕期职位保留法》。

> 员工作能力的陈旧观念或刻板印象。基于这种刻板印象的法律毫无疑问是与第七章有关平等就业机会的目标相违背的。[82]

马歇尔的话达到了预期的效果。美国全国妇女组织主席伊莲娜·斯米尔把这份判决称作“坚实的胜利”，并且她相信这份判决不会导致出现限制女性机会的法律“滑坡效应”。[83] 科罗拉多州的国会议员帕特·施罗德（她是《家庭和医疗休假法案》尚未通过前的主要发起人之一）评论道：“我认为这项判决给了我们巨大的动力。”[84] 美国商会的宝拉·康纳利并不欢欣鼓舞，并对该判决感到“失望且惊讶”。[85] 她对最高法院这种允许各州通过相似法律的行为感到痛惜。“它的措辞，”她说，“似乎对各州在优先对待方面的做法……不加任何限制。”[86]

六年后，1993 年 2 月 5 日，刚上任两周的比尔·克林顿总统在白宫的玫瑰花园主持了一项仪式。在异常温暖的阳光下，克林顿签署了自己任内的第一部法案：《家庭和医疗休假法案》。[87] 该法的立 125
法者和支持者们围在他身旁，副总统阿尔·戈尔和薇姬·扬德尔站在他身边（薇姬来自亚特兰大，因请假照顾得癌症的女儿而丢了工作[88]），克林顿对众人说，“因家庭及医疗原因而休假是常识，也是人之常情”。[89] 无论是男雇员还是女雇员，当他们为了照顾病重的家人，为了与刚出生或刚领养的孩子培养感情，或由于自身糟糕的身体状况（包括怀孕及产后恢复）而请假时，该项法律会为他们提供留职休假的保障。[90]

《家庭和医疗休假法案》的出台经历了漫长的时间。从 1984 年加州议员霍华德·伯曼和“平等对待”女权组织领导人合作开始，其后十年内，每一年这项法案的不同版本都被提交给国会审议。有两次，该法案在参众两院均获通过，但最终都被乔治·H. W. 布什总统出于增加企业费用的考量而否决。[91]

克林顿签署的这项法案是妥协的产物，它仅仅规定了12周的休假时间（加州法规定的休假时间长达16周），且不带薪。该法只针对大型机构，必须有50名以上的员工（加州法则适用于有5名以上雇员的雇主）。此外，要想符合休假条件，雇员需要在休假前工作满一年，或者累计工时达到1 250小时，许多兼职雇员无法获得休假资格，而在兼职雇员中，女性所占比例远远高于男性。（加州法未包含这种限制。）

基于上述这些理由，当克林顿宣称“《家庭和医疗休假法案》将向美国人提供他们最需要的东西：心灵的宁静，父母们再也不用担心由于家庭原因而失业”[92]时，他实在是过于乐观了。正如一位女性权利支持者准确指出的那样：“这只是保护家庭的第一步。我们不会说这部法案是最终的解决方法。我们刚刚打下了基础。”[93]

莉莲·加兰现在已与她童年时的心上人结婚，居住在邻近哥伦比亚特区的弗吉尼亚郊区，她基本上退休了。她将自己受到的戏剧训练用于重现南北战争的表演，时而在城市活动和儿童聚会中扮演小丑。

最高法院作出判决后，加兰案发回加州法院。随着州法被宣
126 布合法，加兰在产假结束后重返工作岗位不再有争议，双方协商后，加州联邦同意给她支付损失的工资。考虑到失去银行工作对她个人造成了无法弥补的不利影响，她为胜诉等待了多久就更不用说了，加兰对如此少的和解金额感到失望。（协议的确切条款是

保密的。）

回顾从 1982 年 4 月准备回去工作，到 1987 年 1 月欣喜得知在最高法院胜诉，加兰将这段人生弯路描述为“生不如死的 5 年”。然而，她仍确信：“即使等到胜诉要花上 20 年，我还是会这么做。”[94]

第 6 章

成为“女合伙人”

普华诉霍普金斯案

Price Waterhouse v. Hopkins, 1989

127 1978 年，安·霍普金斯接受了一份在普华北弗吉尼亚州办公室的工作，普华是全球“八大”会计师事务所之一。霍普金斯成为普华政府业务部的一名咨询师，负责为政府客户审计大规模的科技项目。霍普金斯拥有数学专业硕士学位，曾在 IBM 为美国国家航空航天局建立计算机系统，在另一个“八大”会计师事务所——图什·罗斯会计师事务所——工作了将近四年，她深知如何在男性主导的环境中工作。

但是，她从未过多地考虑过自己处于少数者的地位。她将自己描述成一个来自得克萨斯军人家庭的小孩，在幼年就懂得如何全力以赴达成目标，甚至当她是集体中的新人时也能如此。“我不能理解那些因为要让孩子离开原来的学校而忧心忡忡的人们，”她说，“我认为应该是‘嗨，朋友们，接下来会如何’？”[1] 在女子学院的四年学习也决定了她的性格，霍普金斯说：“在被教导要依靠或听从异性成员或者他们的观点之前，我就学会了依靠自己，依靠问题的答案

或者解决方法的分析完整性。”[2] 但这并不意味着她觉得正在迅速发
展的女权运动有任何吸引力。“我从来没思考过女权运动，”她后来
说，“我就是错过了它。”[3] 霍普金斯从小戴着白色手套，参加社交舞 128
会[4]，但是她的个人风格，用她自己的话说，是“随意的”。[5] 她还
对摩托车感兴趣，甚至在穿着套裙和菲拉格慕浅口鞋的时候也兴趣
不减，她就是这样在 1974 年骑着雅马哈 175 去图什 · 罗斯会计师
事务所参加第一次面试的。[6]

接下来在普华的 5 年里，霍普金斯为自己制定目标，致力于成为合伙人。（在那期间，她有了第三个孩子，是剖腹产。就像她前两次剖腹产一样，她没过几周就回去工作了，“我需要休息，而工作比待在家里给我提供了更多的休息机会。”她解释道。[7]）从咨询师到高级经理，她的履历令人印象深刻，包括从美国国务院和农业部的合同中获得约 4 000 万美元的收益。政府业务部的领导层后来称这项工作的推进“真正体现出了合伙人的水平”。1982 年夏天获得政府业务部升职提名时，霍普金斯已经比其他 87 位候选人创造了更多的业绩，工作时间更长——这 87 人全部为男性。

在提名霍普金斯时，政府业务部的合伙人写道：

> 在事务所的 5 年里，她最终证明了她有资格和能力为事务所的发展和收益作出重大贡献。她坚强、独立、正直的性格为客户和同事所公认。霍普金斯女士有着超人的口头和书面交流技巧。她有良好的商业嗅觉，能够领会并快速处理极为复杂的问题，有很强的领导能力。[8]

在普华，申请合伙人席位的过程精细且复杂，耗时漫长，历时

约 9 个月。事务所的 90 个部门各自提出被提名人的名单后，所有合伙人可以提交个人评估表。这些评估表分为“长表”和“简表”，取决于合伙人与候选人的个人接触程度。[9] 这些评估表被提交到一个录取委员会，录取委员会审阅这些评价，为政策委员会的最终决定提出建议。在霍普金斯成为候选人的时候，662 位合伙人中只有 7 位女性，勉强超过 1% 的比例。这 7 位女性中没有一位在录取委员会或者政策委员会中。

普华并不是唯一缺少性别多样性的事务所。“八大”会计师事
129 务所在接受女性升任高层方面出了名的缓慢。[10] 正如一个业界专家在 20 世纪 80 年代后期告诉《纽约时报》的那样：“会计师事务所现在才开始承认女性和男性一样有能力。他们没有以看待男性的眼光看待女性。” 1988 年，德勤事务所创造了提拔女性的最佳纪录，事务所 850 名合伙人中仅有 48 位是女性，不到合伙人的 6%。安达信会计师事务所的合伙人中仅有 3% 的女性。但普华的女性合伙人比例是最低的。20 世纪 80 年代末，霍普金斯成为候选人 5 年后，女性合伙人的数量比例仅仅缓慢上升到 2%。[11]

1983 年 4 月，政府业务部的高级合伙人卢 · 克鲁维斯把霍普金斯叫到他位于华盛顿市中心的办公室，说有消息要告诉她。有超过半数的被提名者得到晋升，霍普金斯却不在其中。录取委员会建议保留她的候选人资格，政策委员会同意了。这不是彻底的拒绝，但霍普金斯必须等到来年新一轮提拔开始，再次获得政府业务部的提名，然后再经过一整套全事务所范围内的评价程序。（19 名被保留一年候选人资格的男性也需如此。）克鲁维斯并没有回答是哪个环节出现了问题，只是霍普金斯在政府业务部的督导汤姆 · 拜尔告诉过他：“霍普金斯总是惹恼事务所的高级合伙人。” [12] 当时拜尔正在

开曼群岛度假，他回来后能告诉霍普金斯的也只有这么多。[13]几天后，霍普金斯飞到纽约去见公司的高级合伙人乔·康纳，以了解更多细节。

康纳“和蔼可亲，但在他身边感受不到温度”。霍普金斯回忆说。[14]霍普金斯听着康纳念出那些建议拒绝她的申请或保留她候选资格的评价，“吓呆了”。没有一点涉及她开展的业务或她管理的客户，而只与她的人际交往能力有关。霍普金斯需要“在魅力学校上门课”。她“过于强势，过于严苛，难以共事，对员工不够耐心”，而且“她的女性气质被消磨太多了”。

甚至，她的支持者给出的评价也印证了以上贬低性言论。有人写道，霍普金斯已然“从一名说话强硬、气质阳刚、精明务实的经理人，成长为一位拥有权威、令人敬畏却更有魅力的女性合伙人候选人”。另一人承认“安有着明显不同的个性”，但“许多男性合伙人比她更糟（语言和强硬的性格）”。这位评价者猜测批评霍普金斯的人主要是针对她说脏话这点，“因为使用脏话的是位女士”。还有
人承认说霍普金斯最初给人“大男人”的印象，但又说“如果绕开 130
性格不谈，她就是提名者中最顶尖的，或者说远在平均水准之上”。[15]

霍普金斯离开了康纳的办公室，不知道几个月后新一轮提名再次启动时，她怎么做才能成为合伙人。回到华盛顿，她安排了与汤姆·拜尔——政府业务部的首席合伙人，也是霍普金斯的主要支持者——的见面，讨论如何锁定候选人资格。他有什么建议？“走路更有女人味，说话更有女人味，衣着更有女人味，化妆，做发型，佩戴珠宝。”[16]

霍普金斯后来这样描述这个时期，“我的情绪在痛苦、沮丧、暴怒、忧郁、伤心欲绝中循环往复”。[17]她那“平日里毫不动摇的自

信被摧毁了”，她说，“我不知道该怎么告诉我的员工、朋友和同事们。五年的加班加点、辛苦工作和卓越成绩付诸东流。”虽然如此，她咽下屈辱，并“坚忍地，尽量拿出尊严”参加了部门为新合伙人举行的庆祝活动。丈夫建议她拿出好斗的状态。“起诉那些浑蛋”是他的建议。[18] 但霍普金斯还没准备好宣战。她想看看第二次申请的情况如何。

她并不需要等很久。四个月后，霍普金斯了解到政府业务部内部先前支持她申请合伙人席位的两名合伙人改变了心意。不会有第二次了，因为她甚至得不到自己部门的提名。[19]

与此同时，与霍普金斯同时被保留候选资格的男人们则走运多了。19 人中有 15 人在那年得到了晋升。[20]

霍普金斯联系了一个律师朋友，他是利润丰厚的阿诺德与波特律师事务所的合伙人之一。他提供了一张律师名单，因为名单上的第一个人不在城里，她见了第二个人道格・休伦。[21] 从法学院毕业才十年多点，休伦已经积累了一份优秀的工作履历，他为联邦政府工作，先是任职于司法部民权局——在那儿，他与南方反贫穷法律中心一起努力废除了亚拉巴马州州警中的种族隔离，然后进入卡特政府的白宫法律顾问办公室。离开白宫后，他与合伙人艾琳・斯坦在哥伦比亚特区一间朴素的排屋里开始了个人执业。

131 听了霍普金斯在普华事业发展的基本情况，以及导致其被拒绝授予合伙人席位的一系列事件后，休伦想对这家事务所的整体环境有更多了解。霍普金斯意识到，自己从未考虑过事务所是否对女性存有敌意。“要么是我过于天真，要么是我完全没有留意。”她后来反思道。[22] 休伦想知道她有没有听到过任何带性别歧视的评价。

（“在我记忆中，没有。不过那时我不太分辨得出带性别歧视的评价。”）他还想了解合伙人的统计数据。（“除了注意到他们在人口统计层面上似乎是一个以男性为主、白人为主的群体之外，我所掌握的事实太少，提供不了什么信息。”[23]）

虽然这些情况还有待了解，但休伦已经掌握了足够的信息，断定霍普金斯遭受了歧视。一个带来 4 000 万美元业务、赢得客户高度评价和所在部门一致支持的候选人，却因 8 个几乎不认识她的男人不喜欢她的个性而被拒绝，这其中一定有问题。霍普金斯还没有完全适应用“歧视”来描述她的情况；她仍把自己不被授予合伙人席位一事称为“一个糟糕的业务决定”。[24]“歧视适用的语境，对我来说，仅限于我读大学期间发生在加兹登、塞尔玛、伯明翰等地的事情，”她承认，“我直到后来才清醒地意识到 1964 年《民权法案》可能对我适用。”[25]

1983 年春天，为保护雇员免受雇主偏见而制定的 1964 年《民权法案》第七章是否能用来处理拒绝授予合伙人席位的问题，这尚不完全清楚；与通常企业中的经理不同，普华的合伙人都参与公司的集体决策，包括谁能加入他们的行列之中。一家亚特兰大律师事务所拒绝授予一名女性合伙人席位的案子——希修恩诉金与斯伯丁案（*Hishon v. King & Spalding*）——正在最高法院等待审查。但在希修恩案判决公布前，道格·休伦已经从两面着手，给他和霍普金斯留了一条退路。他向哥伦比亚特区高等法院提起诉讼，称普华违反了当地的反性别歧视法，同时也向联邦平等就业机会委员会提出指控，从而保留了最终向联邦法院依据第七章提起诉讼的权利。

与此同时，霍普金斯正迫切地想要离开普华，但休伦告诉她要牢牢坚持住；如果她辞职，她将无法追回未来的工资损失，除非她

可以证明自己是被“推定解雇[1]的”。推定解雇难以证明。主流的法
132 律标准要求原告证明，她的工作条件已经变得“无法忍受”，而不得不离开。只有那时，她可以辞职，但在法律上仍会和被解雇一样对待，这使她有权因失去工作而要求赔偿。霍普金斯或许为事业上遭受的急速下滑感到痛苦不堪，但那不足以使那份工作变得“无法忍受”。这确实是一条模糊的界线。霍普金斯等待着休伦告诉她，她已经越过了这条线。[26]

那不过又用了四个月而已。霍普金斯咨询了休伦之后不久，她的督导汤姆·拜尔告诉她，她有三个选择：找份新的工作，调入普华的其他部门，或者，像拜尔最推荐的那样忘掉成为合伙人这件事，接受事务所“职业经理人”这一退而求其次的职位。[27]情况继续恶化，当她拿到对过往工作质量的评议结果时，发现自己被打了任职期间的头一次低分。政府业务部的一位合伙人曾撤回对霍普金斯重新争取合伙人席位的支持，并开始插手她最新的国务院项目，仔细进行审计。她从国外出差回来，发现她的东西被打包起来，搬到了一间新办公室，但没人能告诉她新办公室在哪儿。到了 1983 年 12 月，正当霍普金斯“心理防线就要崩溃”的时候，休伦同意让她辞职了。在他看来，她已经达到了“无法忍受”的门槛，符合推定解雇的特征。霍普金斯在距圣诞节还有四天时辞职了。[28]

几个月后，最高法院对希修恩案作出判决，一致赞同第七章的适用范围包括拒绝授予合伙人席位的决议。休伦从平等就业机会委员会取得了一张有权起诉的通知，继而前往联邦法院。1984 年 9

[1] 推定解雇制度起源于 20 世纪 30 年代的美国劳动法。推定解雇是指雇主通过造成不可容忍的工作条件或者通过报复雇员参加劳工集体行动而强迫雇员辞职。

月，霍普金斯诉普华案在哥伦比亚特区联邦地区法院提起诉讼。除了要求赔偿工资损失和律师费用，原告还诉请法院下令让安·霍普金斯成为普华的合伙人。

事务所顶级合伙人乔·康纳向霍普金斯转述过她受到的那些负面评价，她已将所能记起的全部内容告诉了休伦。在证据开示时，休伦拿到了所有评估表的复印件，并逐字阅读那些评价。他也拿到了对男性候选人的评估表，因而能够将他们的资质及合伙人对他们优缺点的评定与霍普金斯的进行比较。休伦确保普华出示的文件不 133
仅包含霍普金斯在竞争晋升年度的内容，也包含之前年度的内容，这样他就能查看其他有望成为合伙人的女性员工的进展如何。

“我记得普华证据开示给出的反馈结果让我颇为震惊，”休伦说，“我不确定自己当时是否知道‘刻板印象’这个词，但显然有怪事发生。”像霍普金斯一样，往年参与晋升合伙人程序的女性也曾遭到毫不客气的评价，其中含有明显针对性别的词语。两位落选的候选人因被认为脾气粗暴而受到公开嘲笑，一位因被认为在努力成为“男人中的一员”而被看不起，而另一位被称为“贝克妈妈[1]”。[29] 还有一位女性候选人（最后得到晋升）被批评是个“妇女解放论者”。一位男性合伙人甚至直截了当地说，他“无法把任何一个女人当作合伙人候选者来认真对待，觉得女人甚至不能够胜任高级经理”。[30] 休伦发现对男性候选人的评价中也提到了他们的粗鲁、傲慢和唐突，

[1] 贝克妈妈，据说是 19 世纪 30 年代美国贝克帮派中强盗们的母亲和团伙幕后黑手，后被定罪并处决。电影《血腥妈妈》以其为原型，主角被塑造为带着几名儿子打家劫舍的粗豪寡妇。

但不管怎样普华还是将他们提拔成了合伙人。

证据开示中的另一工具是书面证词，律师们要向对方的宣誓证人提问。休伦取证汤姆·拜尔时，问他是否曾建议让霍普金斯走路、说话、打扮都更有女性气质。尽管休伦能看出拜尔喜欢霍普金斯，而且曾真心希望她成为合伙人，但他确信，拜尔对普华的忠诚会促使他否认说过这种话。不过，令休伦惊讶的是，拜尔承认了。休伦说：“我记得自己当时想‘他妈的！我们或许能打赢这场官司’！”

在休伦看来，霍普金斯的性别显然就是她惹恼了那么多男性合伙人的原因，但这还没有确凿证据；没有一个人明确说过：“我们不该提拔霍普金斯女士，因为她是个女人。”那些评价中都传递出同一个信息：“我们不该提拔霍普金斯女士，因为她属于女人中**错误的那一类**。”另一复杂因素是，汤姆·拜尔和其他霍普金斯的支持者也都持有相似的观点，尽管表述不同。虽然他们在投票时不曾因她的女性身份而对她抱有成见，但显然是把霍普金斯当作一个**女性**候选人来对待。

休伦知道，有法院会以一些有关种族隔离的社科文献为依据，这些文献记载了种族隔离对非裔美国人在诸多方面造成的侮辱，因此他“想知道那对性别问题是否适用”。他给在女性法律辩护基金会
134 （现在的全国妇女和家庭联盟）工作的一个朋友唐娜·伦霍夫打电话，告诉她自己在寻找帮助。伦霍夫认识另一位在哥伦比亚特区妇女权利团体的杰出律师莎莉·伯恩斯，她在最近达成和解的一起就业歧视案件中聘请一位社会心理学家作为专家证人，于是向休伦介绍这位专家。

休伦给伯恩斯请的专家打了电话，她是卡耐基梅隆大学一位年轻的心理学教授，名叫苏珊·费斯克。休伦向她讲述了霍普金斯的

情况，给她寄去了证据开示中获取的各式长表、简表及其他材料。费斯克的评估结果是，霍普金斯因不符合刻板印象而遭受惩罚。人们总是认为，女人应当温柔脆弱，而男人应当坚定自信，敢于竞争甚至咄咄逼人；因为霍普金斯被认为表现得“像个男人”，所以受到了更为苛刻的评判。“除非我认为这个案子从表面上就能看出不公，否则我是不会接手的，”费斯克解释道，“我的感觉是，如果我要做这方面的研究，可以这么说，我必须做到极致。”

不过，有一件事她不会做，就是在庭审前与安·霍普金斯见面。重要的不是**费斯克**如何看待霍普金斯，而是那些**合伙人**曾经如何看待她，以及那些看法有没有显示出刻板印象。见面并形成她自己对霍普金斯的印象，只会让事情更复杂。

虽然有关性别刻板印象的社科文献已出现了十余年，但休伦并不知道这方面的专家证词是否曾被引入就业歧视案件的审理中。他甚至不能确定费斯克的观点能否被采纳为证据。他只能提醒费斯克做好出庭作证的充分准备，并期望法官准许将她的证词作为证据。

霍普金斯诉普华案于 1985 年 3 月 25 日开庭，联邦地区法院法官格哈德·盖泽尔主持审理。盖泽尔由约翰逊总统任命，被“普遍认为是特区法官席上头脑最为敏捷有力之人”。[31] 正如一个曾在他庭前辩论的律师所描述的，“他坐在上面，满头白发，像上帝一样”。[32]

盖泽尔以其自由主义的判决著称，包括 20 世纪 60 年代末全国第一批推翻反堕胎法律的判决，20 世纪 70 年代拒绝政府禁止《华盛顿邮报》刊登五角大楼文件的判决。他还曾主持水门事件中对几 135
名窃贼和尼克松政府官员的审判，他甚至一度威胁要判尼克松本人藐视法庭罪。[33] 对霍普金斯特别有利的是，盖泽尔的父亲阿诺德·盖泽尔是知名的儿童心理学教授，他建立了耶鲁大学儿童发展诊疗中心。[34] 苏珊·费斯克将要在一位对心理学原理并不陌生的法官面前作证。

在霍普金斯的案子受审时，休伦已不再是孤身一人对抗普华。在律所合伙人于前一年退休后，休伦加入了卡托尔、斯科特与海勒律师事务所，而且吉姆·海勒已经成为休伦在本案的协理律师。海勒于 2001 年去世，是华盛顿进步主义法律团体中的资深成员。在早期的职业生涯中，以律师身份就职于约翰逊政府时，他曾协助开展“向贫困宣战”运动，之后作为美国公民自由联盟的地区主管，他力争驳回对 1971 年华盛顿“五一”示威游行中被捕的反越战者的刑事指控。[35]“吉姆与我在这个案子上有着独一无二的关系，我甚至会说是共同控制，”休伦评论说，“我们之间不存在争执。”

审理时间超过五天。休伦和海勒的主旨很简单：如果不是因为她的性别，霍普金斯成为合伙人本应胜券在握。在业务量方面，“其他任何男人都无法与安相比”。休伦说，她“太出色了”。除了从霍普金斯本人那儿得到这一信息，休伦和海勒还传唤了两名曾与她共事的国务院高级官员作证人。一人作证说：“我会说，安非常有能力，有才智，是个很能干的人。坚强，直率，很有效率，充满活力，富于创意。”[36] 另一人称赞她“思维清晰”，还说他曾试图说服她为自己工作。[37] 最后，休伦和海勒传唤汤姆·拜尔作证。他证实了霍普金斯在事务所的五年里都被评为表现优异。他也再次承认，他曾建议她表现得更有女性气质，换发型，化妆和佩戴饰品。

轮到普华的律师发言时，不出所料，他们把重点放在有关霍普金斯性格的负面评论上。合伙人的书面评价只是其中一部分。合伙人们一个接一个站上证人席，讲述他们和霍普金斯之间不愉快的口

角。怨言主要围绕霍普金斯与普华的合伙人和员工的关系，而非与
客户的关系。“大家就我的咒骂习惯、我训斥过的人、我审核与批评 136
过的工作作证，而且他们用的是所能想出的最负面的用语。”霍普金斯回忆道。[38] 听到合伙人对自己不加修饰的评价，她觉得自己就像“一只患病的青蛙，正在生物实验室里被解剖”。[39] 休伦和海勒试图证明霍普金斯是双重标准的受害者。比如，他们确认，有位男性候选人尽管得到“不够成熟，自作聪明，粗鲁，自大”这样的评价，[40] 仍然得以晋升，还有位高级合伙人在被问到是否曾有“爆粗口”的男性成为合伙人时，他承认：“噢，是的。”[41]

费斯克博士是提出反驳证据的主要证人。她向盖泽尔法官提供了另一种对所有这些负面评价的解读，给予负面评价只是因为霍普金斯是个表现得不够“女人”的女人。从专家的视角看，她说，性别刻板印象在拒绝授予霍普金斯合伙人席位的决定中“扮演了主要的、决定性的角色”。[42]

费斯克注意到，在普华的晋升程序里存在着各种缺陷，使性别刻板印象泛滥成灾。因为 88 名合伙人候选者中没有其他女性，霍普金斯的性别变成了她最突出的特征。事务所过于依赖旁观者眼中的标准，比如候选人是否拥有“极好的口碑”或“杰出的品质”，而不是可进行量化的特质，比如她或他的业务量多少。费斯克解释道，标准越是主观，判断女性行为是否恰当的刻板印象就越容易得到默许。费斯克还批评了听从与霍普金斯几乎没有接触的合伙人的评价这种行为。她解释道，基于有限的接触而形成的个人看法，更容易产生性别刻板印象。最后，费斯克观察到普华缺少针对带偏见的决策进行的可识别“制衡”，这表现在它没有制定反对歧视的政策，也没有帮助合伙人在评价候选人时避免刻板印象的培训，更没有谴责

其评价反映出对女性敌意的合伙人。[43]

普华的律师史蒂夫·塔伦特起身进行交叉询问。他问费斯克如何能判断出她从未见过的人的话语含义。刻板印象不言自明，她回答。他要求费斯克指明她认为符合刻板印象的具体评价。在费斯克查看列表解释她的推论时，塔伦特变得尖刻起来。有些女人不就是
137 粗暴易怒吗？他质问道。粗鲁？傲慢？费斯克认同，女人当然可能具有所有那些特质，就像男人一样。[44]

无论塔伦特如何质疑费斯克对证据的解释，都没能撼动她作为专家的权威性，也没能破坏社会心理学作为一门学科的有效性。五天的审判结束时，盖泽尔同意采纳费斯克的证词作为证据。

费斯克离开证人席后，霍普金斯在法庭外走近她，握住她的手，并向她表示感谢。“我终于明白自己遭遇了什么。”

休伦准确地判断了盖泽尔法官对苏珊·费斯克的印象。当六个月后盖泽尔作出判决时，费斯克的结论居于前沿和中心的位置。“法院认定普华政策委员会拒绝升任原告为合伙人的决定受到了歧视性评估的影响，这是其未能处理合伙人评价中明显存在的性别刻板印象问题而直接导致的。”[45] 尽管合伙人个人没有意识到这种刻板印象，盖泽尔解释道，但是普华**有意识地**采用了一个允许这些刻板印象存在的评估体系。费斯克关于晋升程序存在缺陷的证词直接给出了这个结论：

> 没有一家合伙企业或者任何雇主会像普华在原告的案子中那样，对于有性别偏见的评估体系无动于衷。普华未能采取必要的措施来警示合伙人，他们的判断可能基于性别偏见，也未

> 能阻止刻板印象，未能在适当时调查或舍弃带有双重标准意味的评价，这一双重标准已经违反了第七章的规定。[46]

但是，接下来，事情变得更复杂了。盖泽尔法官同意性别偏见在合伙人的评价中起了作用的说法，但他也总结说，其他许多对霍普金斯人际交往能力的负面评价**没有**过度贬低。他指出，甚至在反证阶段为她作证的员工都称她的管理风格“有争议”，而且说和她共事得具备“外交手段、耐心和勇气”。在她进公司的这些年里，其他记录显示霍普金斯曾被评论为“对别人过度挑剔”，“对员工缺乏耐 138
心”，而且她本人并未反驳以上评价。总之，盖泽尔写道：原告的行为给那些构成政策委员会决策基础的投诉提供了正当理由。[47]

盖泽尔法官已经涉及关于第七章的一个新领域，即所谓的混合动机案件。当一个雇主的决策在部分层面受到偏见驱使，部分却是由于合法的、与工作有关的理由，那么划分合法和违法的界限在哪里？**任何**歧视态度都会自动影响在其他方面公平的决定吗？应该由原告承担举证责任，证明偏见影响了决定，还是由雇主承担举证责任，证明即使不带偏见也会作出同样的决定？

盖泽尔把举证责任判给了普华，他写道，一旦雇员表明歧视在雇用决策中“起作用”，为了免于承担责任，这个举证义务就转移到了雇主身上。而且，在这一点上，雇主唯一可以回避责任的方法就是提供“清晰、令人信服的证据”，证明无论如何都会作出相同的决策。盖泽尔说，第七章的目的极为重要，因此任何的不确定性都应当针对雇主，而不是雇员。在霍普金斯的案子中，普华的证据不符合“清晰、令人信服的”标准；刻板印象的证据非常强有力，以至于普华无法自称：如果没有偏颇的评论，普华也会拒绝授予霍普金斯合伙人席位。[48]

然而，盖泽尔的判决对霍普金斯来说并不全是好消息。根据他的判决，她未能证明自己辞职的决定属于推定解雇。他引证了一系列符合推定解雇的必要要件——“歧视的历史，羞辱或其他能够迫使她辞职的严重因素”——并发现霍普金斯没能提供这些因素。盖泽尔判决，霍普金斯在几个月内受到了导致其辞职的不当监视，但未能证明这是“迫使她辞职的不当压力”。[49]

结果，盖泽尔判决霍普金斯获得损害赔偿的法律权利终止于她辞职时。他甚至没有提及霍普金斯是否有权以合伙人身份回到普华这一问题。她仅仅有权获得 1983 年 12 月递交辞呈时所失去的合伙人等级的赔偿。霍普金斯估计，金额约为 15 000 美元。

双方立即对盖泽尔的判决中不利于己方的部分进行上诉：普华
139 上诉性别歧视成立的部分，而霍普金斯则质疑有关推定解雇的部分。

哥伦比亚特区联邦巡回上诉法院在第二年秋天，即 1986 年 10 月，受理了本次上诉。从霍普金斯的立场看，这是一个有希望胜诉的法官团。哈里 · 爱德华法官由卡特总统任命，乔伊斯 · 汉斯 · 格林也是如此（一位经“指定”产生的地区法官，这种情况有时出于案件排期的原因而发生）。两位都拥有自由主义者的名声，而且道格 · 休伦和吉姆 · 海勒希望，格林作为一位女性，会特别乐于受理霍普金斯的案子。第三位也是最后一位法官斯蒂芬 · 威廉斯的倾向为何要打一个问号，他刚刚在几个月前被里根总统任命为法官。但是，在某种程度上，威廉斯是否对他们不利并不重要像休伦说的，“2 : 1 赢就可以了”。

1987 年 8 月，哥伦比亚特区巡回上诉法院——像休伦预测的那样，以2∶1的分歧意见——判决霍普金斯大获全胜。在格林法官写的判决书中，法院维持了盖泽尔法官关于性别歧视的判决，推翻了他关于推定解雇的判决。法院同意，合伙人对霍普金斯和其他女性候选人的评论反映出不合法的刻板印象。甚至霍普金斯的支持者也同样应当为使用类似刻板印象的语言**称赞**霍普金斯而负责：“刻板印象态度有时候是女性的优势，比如以前从未有人质疑母亲总是更好的家长，因此在离婚案件中女性几乎总是能获得孩子的监护权，这些假设和那些不利于女性的态度一样，都是原始思维的产物。”法院进一步承认盖泽尔判决普华未能出示“清晰、令人信服的证据”是正确的，即使没有刻板印象的评价，普华也会拒绝授予霍普金斯合伙人席位。法院称，把举证责任强加给雇员，对大多数当事人来说是难以应对的。[50]

至于推定解雇，合议庭认为，盖泽尔法官错误地要求霍普金斯证明普华**故意**使她工作的条件变得不能忍受，以至于被迫辞职。法院说，恰当的问题应仅仅是，作为一个“理性人”，是否除了辞职外别无选择。按照这个标准，霍普金斯赢得了她的案子。“普华拒绝授予霍普金斯合伙人席位的决定……加上政府业务部没有再次提名她，将会被任何处在她那种情况下的、理性的高级经理人当成事业的终结。”[51] 推翻盖泽尔这部分的判决，法院将该案重新发回盖泽尔，并
要求给予霍普金斯恰当救济。毕竟，她依然寄希望于盖泽尔判决她 140
成为合伙人。

“我生命中最糟糕的一天是联邦最高法院受理我的案子的那天。”安·霍普金斯告诉《纽约时报》。[52] 在历时五年的诉讼和对她人格的一连串尖刻评论后，她希望哥伦比亚特区巡回上诉法院的判

决意味着终点近在眼前。她渴望继续她的生活，有新的难题需要解决：她和丈夫最近分开了，她成了照看三个孩子的支柱。但是，普华希望最高法院审查哥伦比亚特区巡回上诉法院关于性别歧视的判决，1988 年，大法官们同意听审此案。基于休伦从未了解的原因，普华没有要求最高法院推翻推定解雇的判决。

霍普金斯没有告诉休伦和海勒，当她听到最高法院的消息时，多么心碎和失望。她总是“镇定自若”，休伦说。(当霍普金斯最终把分居的消息告诉休伦时，得知休伦也有不为她所知的悲伤秘密：他和妻子在本案审理期间离婚了。他心乱如麻，所以把终结辩论的任务交给了海勒，这成了该案后续的进行模式：海勒负责言词辩论，休伦担任辩论意见书的主笔。)

休伦的主要关切之一是，确保最高法院认可费斯克博士和她的结论。哥伦比亚特区巡回上诉法院的法官威廉斯在他的判决异议中嘲讽了费斯克博士和她的结论。“在讨论性别刻板印象的问题上，地区法院对一个自称是该领域专家的证人苏珊·费斯克博士的证词给予了高度重视。”威廉斯写道。实际上，威廉斯法官似乎认为费斯克不过略高于一文不值的精神科医生，同时还痛斥盖泽尔法官相信“给普华冠以刻板印象的指控和费斯克博士的非凡直觉”。[53]

毫无疑问，在提交给最高法院的辩论意见书中，普华主要依赖威廉斯的异议。不直接引用威廉斯时，就重复他的讽刺之语，例如称费斯克的结论是“出于直觉的预感”，并从头到尾都在给“性别刻板印象”一词加引号，就好像这是费斯克自创的怪异概念。[54]

141 为了增加费斯克结论的影响力，海勒和休伦取得了一份来自美国心理学协会的承诺书，并将其作为法庭之友意见书呈交。美国心理学协会通过引用大量关于刻板印象的业界研究，试图反驳威廉斯法官和普华认为那些结论是基于伪科学的观点。而且它强调了刻板印象在束缚所有女性方面的作用：

> 性别刻板印象把女性置于“双重束缚”的境地。如果她们被视为“女人”，她们往往被剥夺了接近高权力职位的机会，因为她们被认定的特征导致她们看起来不能胜任，她们的表现被推定来自能力之外的其他因素……但是，如果她们被视为有工作中必不可少的“男性化的”行为，她们会被认为是生性粗暴的或者失调的。在许多情况下，以事业成就为人生导向的女性进退维谷，无论她的言行举止怎么样，对她的事业都是一个不好的兆头。[55]

在代表霍普金斯的其他三份法庭之友意见书中，有一份来自 19 个女权组织。这些组织注意到，尽管霍普金斯案作为“基于性别”而受到歧视案子中的“第二种类型”——因为它涉及对女性的歧视性态度，而非使她们处于不利地位的正式**政策**，但这些态度同样也是致命的。为了表明她们的观点，她们引用里根总统任命的美国常驻联合国代表珍妮·柯克帕特里克——一个位高权重的女性——的话：“当我就针对美国的批评作出回应的时候（那是我工作中重要的一部分），我被频繁地认为‘咄咄逼人’……过了一阵子，我才注意到那些经常发表比我更‘咄咄逼人’的演讲的男同事们，**没有一个人**被贴上‘咄咄逼人’的标签。”[56]

各方准备言词辩论期间，霍普金斯至少能够在这个案子持续的关注度上找到一些乐趣。“当事务所上诉到最高法院时，媒体开始称其为一个里程碑。”她后来写道。她偶然遇到了贝特西·希修恩，正是她在起诉金与斯伯丁律师事务所拒绝授予其合伙人席位的案子——一个也被称为里程碑的案子——中胜诉才使得霍普金斯可以根据第七章进行诉讼。“我们喝着金汤力，笑着，为彼此成为‘一号里程碑’和‘二号里程碑’干杯。”[57]

142 最高法院在1988年10月31日举行了普华诉霍普金斯案的言词辩论。霍普金斯在一大群支持者的簇拥下进入法庭，包括她的兄弟姐妹、朋友、她的3个孩子——12岁的特拉、10岁的吉尔伯特、8岁的彼得。

因为吉姆·海勒在哥伦比亚特区巡回上诉法院辩论过，他将继续为霍普金斯辩护。然而，普华有了新律师。将在大法官面前进行言词辩论的是一家顶级律师事务所的合伙人迈尔·布朗和前副首席政府律师凯·奥伯利。

因为是普华上诉哥伦比亚特区巡回上诉法院的判决，所以他们将先进行发言，奥伯利走上台。她说，霍普金斯的案子从一开始就不该被界定为“混合动机”。对霍普金斯有偏见的证据仅来自费斯克博士，而且那实在太不具有说服力，不能符合“动机”。奥伯利承认，“有为数不多的对霍普金斯的评论是基于性别的，而且这些评论不恰当”，“但它们实在不能表明存在混合动机”。相反，盖泽尔法官已经认定，有很多**无**偏见的证据表明霍普金斯不应成为合伙人。[58]

奥伯利说，因为霍普金斯没有提供足够充分的关于偏见的证据，能“把球带到50码线”，证明即使没有偏见言论也会作出同样决定这一责任从来都不应该落在普华这里。[59]

奥伯利也试图否认拒绝授予合伙人席位中最直接的性别偏见证据：汤姆·拜尔建议说霍普金斯应该“走路更女性化，说话更女性化”等。这些评论，奥伯利争辩道，不应该被认为是事务所的官方建议，而应该是朋友间的建议。[60]

奥伯利并没有遭遇到非常主动的提问，当轮到海勒发言时，他遇到的提问就更少了。首先，海勒反驳了奥伯利对盖泽尔法官认定之刻板印象证据重要性的表述。“我感到遗憾的是，奥伯利女士忽视了盖泽尔法官的判决里所表述的内容，”海勒反驳道。他引用盖泽尔的结论，霍普金斯“似乎已经成为一个受害者……一个以过时态度进行评价的体系的受害者……而那种态度是**决定性的**”。海勒停顿了一下强调：“是决定性的，很难再找到一个更确切的词了。”[61]

接着，海勒质疑了奥伯利对混合动机案件中原告举证责任的暗 143
喻。“现在，这不是 50 码线的问题”，他说，“这是两个动机都起作用，而原告必须证明什么的问题”。他解释道，一切在于那个偏见是“(一个)动机因素，实质性的因素”。[62]

奥伯利试图证明，汤姆·拜尔给霍普金斯的建议不能归因于事务所，海勒驳回了这种说法。拜尔是“合伙人席位政策委员会的信使”。海勒甚至引用了另一个曾在法庭上作证的合伙人的话，“我肯定汤姆·拜尔……确切地知道该告诉她什么，问题出在哪里”。[63]

大多数律师在言词辩论阶段会尽力在给定的 30 分钟内结束他们准备的辩词，鉴于有些时间会被大法官的提问占据，海勒在他的时间用完之前便结束了。“如果没有别的问题的话，我就坐下了。”他说。[64]

对霍普金斯来说，这场辩论真是“扫兴”，她的两个儿子在辩论期间不断地扭动身体，聊天，打盹，所有这些行为都引起了警觉的法警的注意。霍普金斯在法庭上花了大量的时间让孩子们保持清醒、静止和安静。“孩子们闹个不停，法警不断来制止，我几乎没有听辩论。”她写道。但她那些占据了更有利位置的朋友告诉她，海勒“冷静镇定，能言善辩，表达流畅”，而奥伯利则“缺乏说服力”。霍普金斯穿过一大群记者们，把三个孩子带到等在法庭外面的一辆出租车里。然后她回家开了一场盛大的派对。[65]

“连日历都知道霍普金斯诉普华案不是普通案件。”道格·休伦评论说。这个案子在万圣节开庭，次年国际劳动节——1989 年 5 月 1 日——才公布判决结果。那天，休伦正要乘出租车去法院，吉姆·海勒出现在他身边。“最高法院刚刚对霍普金斯案作出了判决，”海勒说，“我认为是我们赢了。”

海勒打电话给霍普金斯，她飞奔到律师事务所。投票结果是 6∶3，霍普金斯胜诉，但是六票中包括了三份单独的判决意见。当海勒仔细阅读那一沓文件，试图理解所有观点的时候，霍普金斯拿
144 着复印件开车回家去读判决意见了，一个在法学院读书的邻居协助她理解判决。

六位大法官——布伦南、布莱克门、马歇尔、奥康纳、史蒂文斯和怀特——判决性别刻板印象就是性别歧视。“如果女性的雇主反对她强势，但她的职位又需要这一特质，那么就将女性置于一种无法容忍也不被允许的第二十二条军规状态：如果表现得强势会失去工作，如果不强势还是会失去工作。第七章将女性从这一束缚中解放了出来。”布伦南大法官写道。在霍普金斯案中，证据既表明合伙人践行了这种性别刻板印象，又说明正是这一点导致她的合伙人席位被拒。实际上，多数法官认为，合伙人的批评中带有性别区分色彩的语言是极为露骨的，而费斯克博士的证词“只是为霍普金斯的

胜诉锦上添花”。

> 人们无须特别训练就能发现，形容一个咄咄逼人的女性“需要在魅力学校上门课”属于性别刻板印象。汤姆·拜尔给予霍普金斯的那令人难忘的建议也是如此，不需要心理学上的专业知识就能知道，如果一个雇员“人际交往能力”上的缺陷可以被一套色调柔和的西装或一支新颜色的口红弥补，那么招致批评的可能是雇员的性别，而非她的人际交往能力。

这六位大法官也赞同，即使证据显示被告确有“混合动机”，原告仍可以胜诉。这个判决使得雇员今后在很大程度上将更容易取得性别歧视诉讼的胜利。[66]

然而，最高法院在一个方面是认同普华的。盖泽尔法官和哥伦比亚特区巡回上诉法院都曾判决，普华胜诉的唯一方法是提供“清晰、令人信服的证据”，证明即使不存在刻板印象的评论，它依然会拒绝授予霍普金斯合伙人的席位。然而，最高法院认为这个标准太高了，普华只需展示出“证据优势”即可胜诉。宽泛地解释就是说，事务所要证明其“更有可能而不是不可能”作出相同的决定。由于普华在审判中被置于错误的举证标准之下，最高法院将案件发回盖泽尔法官重审，让他判定普华是否符合这一更为宽松的标准。

霍普金斯被这么多判决意见弄糊涂了，对案件返回地区法院感到忧心忡忡。“我可能会输。”她坦率地告诉一位当地记者，她公开 145
表达疑虑的举动令吉姆·海勒非常不满。[67]

最高法院作出判决后的一周，霍普金斯的离婚程序也结束了。随着这一阶段的终结，她也为下一个人生篇章做好了准备。盖泽尔法官的重审被安排在1989年11月，这次他将会采用对普华更为宽松的新证据标准。1990年2月，法院将就合适的救济这一争议点举行庭审，其中包括是否应要求普华任命霍普金斯为合伙人。

"好吧，看来你要成为合伙人了。"吉姆·海勒在电话里告诉霍普金斯。"我的天啊！"她惊讶地回应道。[68]

1990年5月14日，盖泽尔法官签发了他的判决意见，完全支持霍普金斯的诉求。在重新检查第一次审判时提供的证据后，盖泽尔认为普华没能展示出优势证据——正如它在第一次未能展示出清晰的、令人信服的证据一样——证明即使没有这些受到偏见影响的评价，他们依然会拒绝给予霍普金斯合伙人的席位。

接下来的问题就是如何救济。虽然盖泽尔困惑不解，但霍普金斯还是想成为普华的合伙人。据《纽约时报》报道，"成为一个公开宣布不欢迎她的事务所的合伙人，这一点她可以接受，因为她对自己作为一个管理层顾问的能力有自信，并且希望能在一流的公司一展拳脚"。[69]盖泽尔不同意再让霍普金斯经历一次合伙人晋升程序，认为这是"无效且不公正的"。他解释道："情况对她不利，普华显然不想要她，并且不会自愿录用她。"基于这个原因，"合伙人席位，而非一次新的投票，才是合乎逻辑的救济"。[70]

然而，在霍普金斯诉事务所案中还有一个历史性的转折。虽然在歧视案件中，胜诉的原告被给予曾非法拒授他或她的工作是常见做法，但是合伙制机构很特殊，这是一个受邀才可加入的机构，加入者可以参与决策和分享利润。盖泽尔的判决标志着联邦法院第一次在歧视案件中将给予合伙人席位作为救济手段。

数周后，盖泽尔作出了最终判决，要求普华承认霍普金斯的合伙人身份，于1990年7月1日起生效。他还要求普华给予她自1983年7月1日（如晋升成功）以来挣得的合伙人分红，除律师费 146
外，还要支付给她近40万美元的损失补偿和利息。盖泽尔还要求，普华不得因霍普金斯的诉讼对她进行任何打击报复。

然而，案件并没有就此结束。普华就盖泽尔判决中的歧视成立和给予合伙人身份的部分，再次向哥伦比亚特区巡回上诉法院提起上诉。那时，霍普金斯悲伤地告诉一个记者："我的孩子们不停地问我，我们要胜诉多少次，这一切才能结束。"[71]

1990年12月4日，上诉法院一致决定维持盖泽尔法官的判决。霍普金斯后来欣慰地写道："我不可能再败诉了。"[72]

霍普金斯对法庭之战已结束的判断是对的，但是普华并未停止将她拒之门外的努力：事务所的律师告诉海勒和休伦，如果她同意不回来，普华将支付她近100万美元。霍普金斯说，这些钱无法让她在这么久之后放弃或者同意任何常规的和解条款，比如承诺再也不谴责事务所。[73]在那时，据道格·休伦的说法，普华"优雅地接受了他们的失败"，并且"积极采取措施，确保安会得到和其他合伙人一样的待遇"。

1991年，距离霍普金斯第一次尝试成为普华的合伙人已过去近10年，她重新加入了事务所，那年她已经47岁了。"对于回归，我当然感到紧张，"她承认，"我缺失了8年的工作经验。"[74]在她先前任职期间资历比她浅的人，现在都已担任合伙人六七年了。但是，在事务所合伙人中，女性合伙人的比例自她1984年离开时已有所上升。当她离开时，仅有不到1%的女性合伙人。当她回归时，比例已经达到3%。[75]在她2001年从事务所退休时，在普华已与永道合并为普华永道，女性合伙人的比例达到了约12%。[76]

虽然霍普金斯遭遇了一些冷落，例如，在新合伙人培训时，有一个同事拒绝与她握手，另一个恶意地将她多年的诉讼称为“休
147 假”，但总的来说，她并没有遭受过分的恶意。就如她后来告诉一名记者的那样：“那些不喜欢我的人还是不喜欢我，那些喜欢我的人还是喜欢我。”[77]

她还担负起了一个新角色，一个她最初在事务所工作时难以想象的角色，那时她还没有注意到女性地位问题：她开始公开倡导多样性。如今，她可以自豪地列举出所有由她亲自指导和引领为合伙人的、具有多元化背景的资浅员工。而且，由于她高调地挑战制度性的性别歧视并赢得了胜利，在事务所中，任何员工认为自己受到了不公平对待时，都会视她为可以征询意见的合伙人。但是她并不总是鼓励抗争。“你真的要衡量一下这是否值得，”她说，“不幸的是，在大多数情况下都不值得。”

但是，对霍普金斯来说是值得的。事实上，在她担任普华永道合伙人的十年里，胜诉使她得以保持真我。霍普金斯记得在一次会议上，负责招聘的合伙人被问及事务所的同质性时，把它归咎于缺乏可用之才。他解释说：“你不可能在湖中找到鲨鱼。”

霍普金斯不认同这个解释。“我说，‘那你为什么不去寻找一片更好的水域？’”

她笑了，想象着所有男性合伙人会如何评论她坚持回到一个九年来将她拒之门外的地方做合伙人。“我不知道我们该怎么对待她，但是为了不惹恼她，你最好录用她！”

第 7 章

可能会怀孕

国际工会、全美汽车工人联合会诉江森自控有限公司案

International Union, United Auto Workers of America v. Johnson Controls, Inc., 1991

1982 年 8 月，汽车电池制造商江森自控有限公司（Johnson 148
Controls，以下简称“江森自控”）向其全球电池加工部门的所有工厂发送了一条备忘录，引起轩然大波，上面写着：“所有怀孕以及有生育能力的女性都不能从事涉及铅暴露的工作，也不能在竞聘、调职、转岗或升职到可能涉及铅暴露的岗位。”[1]

那时，大约有 275 名女性工作于全美 16 座江森自控的工厂内，不到公司员工总数的 10%。[2] 由于政策视 70 岁以下的女性皆“有生育能力”，除非她能提供无法生育的医学证明，否则该政策适用于 275 名女性中的大多数。另外由于铅是电池中的重要元素，工厂中大多数技术性工作都是“涉及铅暴露的工作”。这就意味着即使一名女性没有怀孕，也没有想要孩子的计划，她也不能从事公司中薪资最优厚的工作。

在全美范围内，江森自控的女性员工都不敢相信即将发生的降职，并且感到愤怒。“这简直可笑又可耻。”就职于公司佛蒙特州本

宁顿工厂的焊工埃尔西·内森说道，她是该工厂约 300 名工人中仅
149 有的 12 名女性之一。[3] 政策发布的时候，内森已经 50 岁并离婚 9 年了。和丈夫离婚后，她独自抚养 3 个孩子，并得到了江森自控的工作。工厂给内森的时薪高达 20 美元一小时，[4] 这比她做服务生的待遇要高得多，而做服务生是她唯一曾做过的工作。当她得知她要被调职去清扫地面，并且再也没有资格获得奖金、加班工资以及升职的时候，内森去询问了她的医生是否能做绝育手术。当医生告诉她手术风险后，她只能勉强接受了调岗。“这些人简直愚蠢！他们夺走了我的工作，我要被逼疯了。而且我还得听男人讲关于像我这样的老太婆的下流笑话，他们说她一直到死还来着月经。”[5]

在 1 000 英里之外，就职于公司在威斯康星州密尔沃基市工厂的格劳伊斯·奎尔斯作出了不同的选择。当江森自控告知她新政策时，奎尔斯已和一个带着 4 个孩子的男人订婚，并且刚刚购入了新车，置办了新公寓。她的工作是将铅柱体嵌入电池，当时的工资要比她调动后的工资高一倍多。几周后，奎尔斯做了绝育手术，那年她 34 岁。“我很惊慌，”奎尔斯说，“我丈夫和我说，不要让工作束缚你的人生，但当时我所能想的就是我付不起我的账单了。”她这样解释：“我现在认为没有人可以指使你去改变自己的身体。如果当时我能再好好想想，我不会这么做。”（需要注意的是，公司并不反对女性员工为符合新政策的规定而去做绝育手术，然而在对男性员工的态度上却大相径庭。多丽丝·斯通和丈夫一同在密尔沃基的工厂工作，她询问人事部经理是否可以通过使丈夫绝育来保住自己的工作，她却得到了“不行”的回复。“寥寥几语间，他说即使我丈夫切除了输精管，也不能完全保证我不怀孕。”她这样说。这名经理的言下之意是公司认为有风险的不仅仅是斯通的生育能力，还有她本人

的**忠诚**。[6])

在美国的另一边，28 岁的奎因·伊丽莎白·福斯特应聘了江森
自控位于加州富勒顿市工厂中的职位。该职位的工作内容是把大量
电池金属板收集装配起来，待遇是她之前做银行出纳的两倍。在申
请过程中，她需要做体检，然后公司医生告知她公司的新政策。[7] 尽
管公司现任职员会被降职到低收入、低技能要求、不涉铅暴露的岗 150
位，但她们至少还能在公司就职，而江森自控将不会聘用**任何**不具
备不孕证明的女性员工，福斯特虽然不准备要孩子，但也不想做绝
育手术，所以她没有得到这份工作。[8]

1982 年制定的这项政策标志着江森自控在对待未来会成为母亲的职员遭受铅暴露这个问题上发生了根本转变。1977 年以来，公司就提醒过女性工人：铅对胎儿可能产生伤害，具有潜在风险，但正如吸烟一样，她们可自行决定如何应对。公司还向计划怀孕的女性提供了调离铅暴露岗位的选择，然而，公司不能保证她们是否能在生完孩子以后调回原岗位。

1978 年，联邦职业安全与健康管理局[1] 发布了针对一系列工作场所危害物质的新规定，其中也包括铅。经过 11 周的听审会，关于铅的职业暴露的最终标准确立了。[9] 此标准确认，长期吸入和摄入铅会对中枢神经系统、血液的氧化过程、肾脏以及泌尿道产生重大危害。[10] 此标准还建议为了预防上述不良反应，工作环境的铅含量应不超过 50 ug/m^3，以及在 8 小时的工作日中，工人血液中含铅

[1] 职业安全与健康管理局（OHSA），是隶属于美国劳工部的一个机构，其主要职责是制定标准，检查工作场所是否合规以及裁决雇主的违法行为。

量应不超过 40 ug/100 g。[11]

至于铅对两性生殖系统的影响，联邦职业安全与健康管理局评论道："在听证会上，关于铅工业中女性群体的议题讨论最多，争议最大。"铅工业协会的代表还特别主张美国职业安全与健康管理局裁定，女性只有完全隔离在工作场所外才能保证胎儿安全。但联邦职业安全与健康管理局拒绝了这个提议。它这样解释："铅暴露对于男女的生殖能力都有很深远的不利影响……基于上述数据，联邦职业安全与健康管理局认为，出于保护胎儿或孕期安全的目的而将适孕年龄的女性从工作场所隔离，这样的行为无论如何都是没有根据的。"[12]

相反，该机构得出结论，如果夫妇中有任何一方想要孩子，
151 他或她的血液含铅量只要低至 30 ug/100 g 就是安全的。该机构还推荐了多种保护措施，不仅有利于全体工人的健康，而且都能"有效降低铅暴露对胎儿和新生儿造成的风险"。[13] 这些措施包括：适当通风，穿戴防护型衣物和面罩，离开工作场所时处理个人卫生，经常清理工作台面以保无铅，以及经常监测空气和血液中的铅含量。[14]

据江森自控提供的资料，在初次颁布自愿性生育健康政策后的四年半内，有 8 名女性怀孕，在孕期内，有时她们登记的血液铅含量高于 30 ug/100 g，[15] 她们的孩子并未发生任何不良反应。（一名孩子的确有行为问题，但并不能确切地归因于他母亲遭受的铅暴露。[16]）

无论如何，公司表示，是这些事态发展以及内部医学专家的建议促使其采取只针对女性的胎儿保护政策。无论美国职业安全与健康管理局对保护未来会成为父母的职员在工作场所的安全得出何种结论，也无论职员自己对于家庭规划有怎样的选择，江森自控

都宣称他们更了解情况。即使这意味着剥夺女性的薪水，但也是为了她们好。

江森自控并不是唯一一家以保护下一代的名义而禁止女性从事危险工作的公司。实际上，在江森自控发布新政策的 1982 年，联合化学、百路驰、孟山都、陶氏化学、都彭、伊士曼柯达、太阳石油、海湾石油、美国联合碳化物还有通用汽车等公司都已经制定了各种形式的胎儿保护政策，以预防众多化学元素的暴露。[17] 在 1979 年，据保守估计，该政策起码影响了十万名职业女性。（虽然这个数字并未将所有高度暴露的流水线工作包含在内，这类工作也将她们排除在外。[18]）

尽管这些政策被解读为出于善意，但现实却更加复杂。首先，由于越来越多的女性从事接触有毒物质的工作，公司会担心他们的盈亏情况。要让工作场所变得更加安全，所花费的成本也就越高。比如，联邦职业安全与健康管理局规定未来会成为父母的职员需要进行额外监测，以确保血液中铅含量不超过 30 ug/100 g。确实，在确立最终铅含量标准的听证会上，江森自控和其他几家呼声最强烈的公司，积极推动将环境最低铅含量从联邦职业安全与健康管理局最终采纳的 50 ug/m^3 升至 200 ug/m^3。[19] 进而言之，正如《华尔 152
街日报》在 1979 年曾报道的那样：“公司和他们的保险公司非常担心，如果产生畸形婴儿被认为与工作场所的毒素有关，公司可能要承担责任。”[20]

此类诉讼还只是理论假设，并没有此类案件被报道，然而，事实上女性已经被降职到低待遇的岗位上，甚至因此失业，由此带来的伤害是真实存在的。正如一位评论者所说：“不让一名有生育能力的女性去从事风险性工作可能使其免受一种健康危险，却会使其陷入另一种同等严重的困境。”[21] 住房条件差，营养不良，没有医疗保险等，都会对女性和孩子的健康产生显而易见的影响。在这种情况下怀孕的女性很可能会生出体重不达标或是早产的婴儿，这也是两种导致婴儿死亡的最主要原因。[22]

历史上，薪资高并建立工会的工厂曾将女性排除在外，而现在在这些工厂中盛行的胎儿保护政策也并非巧合。事实上，她们之前被排挤，恰恰是因为女性被认为在体能上不适合这种脏乱甚至艰苦的工作。出于联邦政府发布反歧视法律的压力，这些企业才在 20 世纪 70 年代开始招收女性。那几年里，美国劳工部下属的联邦合同合规项目办公室已开始严格执行 1967 年颁布的行政命令，要求如汽车业、航天业以及电子产品业等联邦承包商在雇用员工时采取性别平等的雇用标准。1972 年，《民权法案》第七章修订后，赋予了美国平等就业机会委员会代表政府针对歧视行为提起诉讼的权利。“1970 年的时候，行业还奉行我们可以拒绝聘用不适合工作的人这一宗旨。”联合化学公司的职业安全主管在 1979 年抱怨说：“现在，法律规定我们必须在轮班岗位中聘用女性、残疾人以及其他的人……这些都带来了一系列新挑战。”[23]

将女性排除在女性员工占少数的行业外通常并不影响业务，但对于主要依靠女性劳动力的行业来说却是另一番光景。很明显这些行业中没有胎儿保护政策。这当然不是因为这些工作比在流水线上的工作要安全。二硫化碳和苯常常被用于干洗和洗衣，[24] 被认为与
153 生育缺陷、流产、新生儿体重不足以及死产有关。[25] 乙二醇，一种用于制造电子产品（少数由女性主导的制造业之一）的溶剂，被认为会带来生育缺陷、流产。[26] 牙科诊所的健康护理工和工作人员会

定期暴露于辐射和水银下，而这些与流产、发展障碍和儿童癌症等一系列的损害都相关。[27] 美发沙龙的员工会吸入指甲油和美发过程中的化学物质，一直盯着电脑屏幕的办公室职员同样因工作场所的致癌物质面临着巨大的生育危险。[28]

确实，鉴于很多工作场所的毒素都可能会危害生育能力，在 20 世纪 80 年代中期，政府预估有 1 500 万至 2 000 万的工作岗位存在争议。[29] 但是，在女性占多数的行业内，胎儿保护政策并不具有商业意义，它会大大地减少行业内的劳动力。很明显，现实中出现的问题远比对职工日后怀孕可能造成伤害的假设要严重。

这段历史使得制定胎儿保护政策看上去不那么像是以职员为本的人性化措施，而更像是一种将劳动力再次隔离的举措。对江森自控来说，直到 1972 年它才招收第一位女性员工，而当女性就职于工厂时，公司也十分不欢迎。珍・琼斯是在本宁顿工厂获得工作的第一位女性，她评论道："男性工人们令人作呕，很多女性不能在此坚持工作当然不是因为做不了工作，而是因为她们接受不了男人的评头论足。"[30] 琼斯说，让她免于这种最恶劣的辱骂的唯一原因是她丈夫也在这个工厂工作。[31] 埃尔西・内森也是被本宁顿工厂聘用的最早的一批女员工之一，她也被男同事无情地辱骂，他们说她夺走了一个要养家糊口的男人的工作，显然忽视了她不得不独自抚养三个孩子的事实。

对于十年后公司再次禁止女性在生产线上工作，这些男性员工幸灾乐祸。琼斯回忆时面带肃色："当政策下达时，他们笑得很开心，他们说：'你们活得像男人一样，那看看你们得到了什么。你们依旧在拖地和洗口罩，就像在做家务。'"[32]

若是工厂也能尽力保护男性员工免受对生育能力的危害，那它

们对员工未来的孩子所表现出来的关心会更显真诚。公司一味地关
154 注对发育中的胎儿造成的潜在伤害（“畸胎形成”），却忽视了工业毒素在“突变形成”中的危害，它已被证实会对男性（也对女性）的生育细胞产生遗传性损伤。[33] 联邦职业安全与健康管理局曾对婴儿保护政策做过调查，发现 26 种争议化学物质中，有 21 种会造成不育或对精子产生危害。[34] 因为男性身体产生精子是一个持续的过程，与女性是在出生前产生卵子不同，事实上，接触某种毒素时间越久，该毒素对男性产生危害的可能性就**越大**。1981 年，《纽约时报》曾引用一名医生形象的描述：“男性生殖系统如同‘垃圾处理系统’，铅或镉等物质堆积于此，以待未来清除。”[35]

在 1978 年的听证会期间，联邦职业安全与健康管理局特别对铅做了大量研究，发现它对男性生育能力有危害，而近年的研究更支持了这些结论。确实，在女性开始从事这些接触毒素的工作前，已有证据记载铅对男性工人的子女会产生危害。流产、死产、由精子突变引起的先天缺陷，和不育、低精子率、精子活动性低等危害都已有所显现。[36]8 位江森自控的女性员工在血液铅含量较高时生育了下一代，而接近 60 位男性员工就各种不良铅反应要求补偿。这样的过度暴露表明，生育至少有受到铅危害的**风险**，但如果江森自控排除所有可生育的**男性**于铅暴露的岗位外，以此来回应风险，公司生产也会停止。相比之下，排除少量女性员工显得简单很多。

因此，江森自控将有生育能力的女性驱逐在铅暴露的岗位之外，而男性员工继续在这些岗位上工作。那些想要避免生育风险的人遭受了莫大的敌意。唐纳德·彭尼是在特拉华州米德尔敦市工厂高度铅暴露岗位工作的一名生产工人，1984 年春，他拜访了人事经

理。他和他的妻子安娜·梅——同样在这个工厂工作，但岗位不涉及铅暴露——考虑要个孩子。因为在非暴露阶段血液中的铅含量会减少，所以唐纳德·彭尼想要请三个月的假以使他血液的含铅量降低，这样他的妻子可以尝试安全受孕。人事经理约翰·弗雷却公开斥责彭尼，甚至要求他辞职。这次会面后，彭尼选择了辞职。[37]

在位于底特律的全美汽车工人联合会总部（通常被称为“团结 155
之家”）内，律师马利·韦斯正就江森自控的新政策和工会的代表们召开听证会。在多家工厂工作的数名全美汽车工人联合会成员表达了对该政策的强烈不满，然而工会与公司之间的谈判依旧毫无进展。

全美汽车工人联合会也代表了其他公司的职工，韦斯在一些公司也遇到过类似的胎儿保护政策，但这些政策通常只对少数女性有影响。“存在该问题的大多数公司，只有小部分区域会暴露在铅和镉之下。”她一字一顿地解释道，“这些公司中的女性只是不能在某些特定工厂从事相关的六种工作。”然而，她继续说道，“江森自控公司是大规模排斥女性的，因为它的工厂是完全暴露于铅的环境下。所以，情况远非人们所想，公司中事实上只有少数工作**不存在**铅暴露的问题。”

工会有一条谨慎使用诉讼权利的不成文规定，以免职工与雇主产生隔阂，导致在日后的进一步协商（比如合约协商、投诉解决等）中产生更多争议。但是，韦斯成功说服了全美汽车工人联合会的领导层，使他们相信，江森自控的这一胎儿保护政策是理想的诉讼对象。该政策在旗下所有 14 家工厂推行，涵盖各个部门，同时，根据其对“有生育能力”的定义，该政策所涉女性范围甚广，因而有损害女性劳动力的极大风险。同时，对江森自控提出诉讼，还可能会吸引新的女性成员加入工会，而对工会的领导层来说，这一点只会使诉讼更有吸引力。

韦斯开始着手询问当地的工会代表，确认有哪些受该政策影响的女性愿意作为原告提起诉讼。她希望所选择的雇员能够具有广泛的代表性，来自不同的工作场所，从而能够展现该政策带来的诸多负面影响，比如其中应包含那些年纪稍长、虽不在更年期也已不再准备生育孩子的女性，那些年轻、正值生育黄金年龄却不想要孩子的女性，以及和前者情况相同但**准备**要孩子的女性。

韦斯和工会同事同时也意识到，针对《民权法案》第七章提起性别歧视的诉讼，囊括男性原告很有必要。鲁思·巴德·金斯伯格在 20 世纪 70 年代时任职于美国公民自由联盟女性权利项目时，开创性地使用了这种策略。这一策略反映了**男性**同样也在反抗性别固
156 有偏见，以此打击法律中针对女性的刻板印象。[38] 在江森自控的诉讼中，该政策的前提是，考虑到女性的生育能力，她们尤其容易受到铅的威胁。但是，科学研究证明，男性同样受到铅的伤害和威胁。因而，如果我们把男性排除在保护政策之外，一方面，无异于是在贬低女性，认为其第一身份应该是母亲，第二身份才是雇员；另一方面，也轻视了男性作为父母一方的责任。

最终，韦斯代表 8 位雇员，根据《民权法案》第七章规定提起反歧视诉讼。这 8 位雇员包括：埃尔西·内森，她是一位 50 岁、有 3 个孩子的离异单亲妈妈，她并没有再要孩子的计划，却仍被调去做看门的工作；唐纳德·彭尼，他因希望生儿育女，向公司请假，却遭到拒绝；唐纳德·彭尼的妻子安娜·梅·彭尼，她工作的区域铅暴露问题并不严重，她却被要求必须穿戴厚重、不舒适的口罩，而对她的男性同事并没有这样的要求；玛丽·克雷格，她在该公司

工作超过 14 年，为了不失去工作，她选择做绝育手术。其他原告包括：琳达·伯迪克和玛丽·施米特，她们升职遭拒，因为新的工作岗位在铅暴露区域；洛伊丝·斯威特曼和雪莉·麦基，她们从铅暴露区域调入了比之前工资低的岗位。[39]

在这八位雇员签约正式成为原告之前，韦斯对起诉雇主的内在风险毫不隐瞒。“你需要了解，在起诉后，你的雇主可能会辞退你，可能会对你纠缠不休，这个过程很不愉快。同时，如果你想找其他工作，新的雇主可能会因为这场诉讼而不愿意录取你。当然，这样的行为是非法的，但这并不意味着不会发生。”韦斯随后进一步解释道：“让人们知道法律的制定本应是为了保护他们免受报复，但这种保护并不总是奏效，我认为这样对这些雇员才是公平的。”

然而，八人之中没有一人回绝韦斯，诉讼维权之路艰辛，他们依旧前行。

就在全美汽车工人联合会起诉江森自控公司的几年前，女权主义者已经就胎儿保护政策的出台制定抗议策略。1979 年，他们结为职工生育权利保护联盟。该联盟由近 50 位女权主义者和工会领袖组成，马利·韦斯也是其中一位成员。该联盟中的很多成员在 1978 年成功促成《反怀孕歧视法案》的出台。在联邦政府里，也不乏他们的友好聆听者。联邦职业安全与健康管理局、平等就业机会委员会 157
和劳工部的律师均对职工生育权利保护联盟的诉求表示同情和支持。

该联盟将胎儿保护政策视为对女性职场平等权利的潜在威胁。这些保护政策有点像之前的保护性劳动立法，也正是这些立法迫使一代又一代的女性不得不囿于狭窄天地，从事收入和社会地位都较低的工作。这些法律预设了一个前提，即女性的生育能力会影响职业纪律性，反之亦然。在胎儿保护政策推出前不久，最高法院就母亲这一身份是否与职业兼容（1971 年艾达·菲利普斯诉马丁·玛丽埃塔公司案），以及女性在体能上是否适合担任安保级别最高的监狱的狱警（1977 年金·罗林森诉亚拉巴马州惩教委员会案）作出判决，然而这样的判决含糊其词，立场不明。

尽管《反怀孕歧视法案》一再声明，《民权法案》第七章规定禁止怀孕歧视，并要求公司应给予怀孕职工以与其工作能力相当职员一致的待遇，但法律并没有就胎儿保护政策的合法性作出明文规定。实际上，许多维权活动家成了抗议这一政策的先锋，而他们针对的也正是同一种“特殊待遇”的倾斜。蒙大拿州曾经因州立法只给予怀孕期间请假的女性以职业保护而不含其他请假员工产生了一系列诉讼，比如米勒·沃布尔诉讼（以及之后的加州联邦银行诉讼）等，而这些维权活动家对此提出了强烈抗议。

同时，江森自控公司的政策也被视为一种倒退，因为这意味着女性可能拥有的母亲身份被置于她们其他所有自我身份认知之上。政策制定者罔顾女性个人的生育计划和意愿，想当然地认为她们“未来会怀孕”。专栏作家艾伦·古德曼写道：“当我第一次听到这一诉讼时，我十分震惊，现在还有一家公司会把女性怀孕视为理所当然之事。该政策并不是在女性受孕时才生效，其效力自女性经期始，至绝经或不育终。”[40]

最后，女性权益倡导者认为，胎儿保护政策实质上与不断升级的反堕胎运动有着共同的信条。尽管最高法院已在 1973 年罗伊诉韦德案[41]中就这一问题作出判决，但堕胎反对者们并未放弃，仍用不同策略持续斗争。1974 年，他们要求出台宪法修正案，宣布堕胎非法，最后并未成功；1976 年，他们又掀起运动，要求禁止把堕胎纳入医疗基金保障范围内，这次该诉求获得了支持。到了 20 世纪 80 年代，反堕胎运动愈演愈烈，滋生了一系列限制性的州立法和诸如拯救行动（Operation Rescue）这样的激进团体，将胎儿——严格 158
来说，其实只能算胚胎——的权益置于女性权益之上。

各公司对胎儿保护政策的辩护言辞，与反堕胎言论使用了同样一种情感攻势。他们批评那些提出抗议的女性对自己的身体健康极不负责，也不够关心自己未来的孩子。区别仅在于，在胎儿保护政策中，是雇主而非立法机关企图替女性作出生育决定。

职工生育权利保护联盟的成立，缘起于西弗吉尼亚州俄亥俄河畔一个经济不景气的区域里发生的事件。柳树湾是一家大规模生产工厂的工地，该工厂由美国氰胺公司运营，这家公司几乎生产所有商品，从家用清洁品、维生素、洗发露甚至到肥料。正如苏珊·法露迪在《抗议：对美国女性不宣而战》一书中所写，1973 年，联邦政府调查员发现，美国氰胺公司没有一个女性雇员，于是该公司在两年内闪电般地雇用了一批女性职工。[42] 但在几年后，公司出台了第一项胎儿保护政策，禁止 50 岁以下的女性在染色部——该部门工作环境存在铅暴露——工作，除非她们能提供不育证明。公司经理进一步暗示，该政策未来将推广并覆盖所有在工厂生产车间工作的女性职工，当时也仅有 17 位女性。[43]

最终，在染色部门工作的 7 名女性中有 5 名为保住在生产线的工作，选择了做绝育手术。（而这 5 名女性在手术后重回工作时，男职工却无情地奚落她们被“切除卵巢”。[44]）而另两位拒绝做手术的，则被调去了门卫处，每周的薪水少了 50 美元，同时还失去了挣加班费和其他额外收入的机会。[45]

在女性员工工会和国际石油、化学与原子能行业工会的施压之下，职业安全与健康管理局对该政策进行了调查，裁定其违反了《联邦职业安全法》中有关“工作场所不应存在公认已知的危险”的规定，因为它胁迫很多女性进行绝育手术。[46] 但美国氰胺公司对该裁定提出了上诉，最终上诉成功，裁定被推翻。1984 年由罗伯特·博克法官执笔（共同作者还有日后成为最高法院大法官的安东宁·斯卡利亚）的判决书中，哥伦比亚特区巡回上诉法院认定，美国氰胺公司的政策并不符合《联邦职业安全法》对“危险”的定义。因为实质性的伤害——绝育——发生于工作之外，而非工作之中。[47]

159 在联邦职业安全与健康管理局的诉讼艰难进行的同时，美国公民自由联盟女性权利项目也对这家公司提起诉讼。职业安全与健康管理局案关注的是美国氰胺公司是否侵犯女性在安全场所工作的权利，而该案声称政策侵犯了女性的平等就业权，因为氰胺公司以女性怀孕能力为借口来否定其工作机会，所以原告认为它违反了《民权法案》第七章。[48]

在诉讼胶着了几年后，如前美国公民自由联盟女性权利项目代理律师琼·伯廷所言，公司占据着超过她们几倍的资源，该案最终于 1984 年庭内和解。公司同意废除胎儿保护政策，并给予原告 20 万美元，由她们自行分配。伯廷懊悔地将其称为“代价惨痛的胜利”，因为 5 名女性职工及其同事承受了极大的伤害和压力。事实上，在职业安全与健康管理局因该政策和其导致的女性绝育后果为由，传讯美国氰胺公司后不久，该公司便关闭了染色部门。女性牺牲了她们的生育权，却一无所得。

尽管本案未能促使法院就该政策在《民权法案》第七章下是否合法产生判决，但它创造了另外一种意义上的先例。正如伯廷所指出的，该诉讼为美国公民自由联盟女性权利项目针对胎儿保护政策的起诉提供了“范例”。伯廷和她的同事联合了一批志同道合的医学专家及科学家，他们将继续担任专业顾问、专家证人、法庭之友意见书作者。他们向律师提供铅对人体影响的科学指导，教他们读多辅音化学名词，并向律师们说明，尽管子宫遭受的铅暴露给胎儿带来的危险不比对成人的少，但具体更危险到了何种地步，当时无法证明。

科学家与权益倡导者之间形成的新联盟，无疑是至关重要的发展。1980 年，罗纳德·里根当选总统，标志着联邦政府不会再像 70 年代时那样和女性团体、联盟、政府机构等一起为维护女性权益作出积极努力。不仅高层政府人员发生了变动，监管法规也显而易见地倾向于保护商业利益，忽视职工权益。[49] 事实上，卡特总统时期的联邦合同合规计划办公室和平等就业机会委员会的领导层即将离任，他们并没有冒险地将胎儿保护政策的指南草案提交里根政府，而是将其全部废除。[50]

在联邦民权保护法和职业安全法没有得到联邦政府强有力执行 160
的时候，只有依据《民权法案》第七章提起的诉讼，才能回击层出不穷的胎儿保护政策，更不用说，这是女性在男性主导的行业中所坚守的微小地位。本案将成为接下来每一类似诉讼、每一道相关政策、每一家涉事公司的模板。由于这场有序的运动，不同的法院或达成一致，或意见不一，其中的意见分歧将会把这一问题直接带到最高法院。

1984 年 4 月 6 日，全美汽车工人联合会诉江森自控案在位于密尔沃基的联邦法院立案。[51] 在起诉书提交几个月后，法院认定，该案为集体诉讼。这意味着，除却八名显名被告以外，该案原告还包括“所有过去、现在、未来”在江森自控九家工厂“生产线和维修线上的雇员”，“他们正在并将继续受到1982年制定的胎儿保护政策的影响”，原告权益由全美汽车工人联合会代理。

该案由罗伯特·沃伦法官审理，他由尼克松总统在1974年辞职前夕任命。[52] 在对两方提供的科学证据、针锋相对的专家证词进行深入调查取证后，江森自控提请驳回起诉。米利亚姆·霍维茨是全美汽车工人联合会在密尔沃基市的首席律师，她表示情形并不乐观。霍维茨记得曾在事务所里和一位资深合伙人讨论过该案获胜的可能，这位曾经在沃伦法官庭前辩论过的律师告诉霍维茨：“不要指望了，他不可能喜欢这个案子。”

事实也确实如此。1988年1月21日，沃伦法官宣布支持江森自控。该公司辩称，其政策实质上是性别**中立的**，本意是保护所有职工，无论男女——将来出生的孩子，只不过碰巧对女职工的影响更大，这和亚拉巴马州在多萨德诉罗林森案中的情况一样，该案同样是碰巧，鉴于身高和体重要求，绝大部分女性应聘者不能担任州骑警或是惩教中心教官。该抗辩理由已得到了三个联邦上诉法院的支持，同样也得到了沃伦法官的认可。他认为该政策是出于“业务必要性”的考量，因此是合法的。在庭审中，他采纳公司一方专家
161 的证词，对原告一方的却不予采信，认为铅对男性生殖系统的伤害仅为推测，然而对胎儿有实质伤害。“保护胎儿安全是社会利益，”他写道，“铅会对胎儿造成实质性的危害。这种危险只会在女性怀孕或将要怀孕时产生……死产、过轻出生体重、过短胎龄、认知迟缓等问题急迫而关键，法庭不可能认为其无足轻重。”

不出所料，全美汽车工人联合会提起上诉。工会希望能找到一位经验丰富的上诉律师，能在第七巡回上诉法院审理时为自己辩护。

最终人选是卡琳·克劳斯，她曾任劳工部的律师，代表政府战斗在反对胎儿保护政策的前线。在沃伦法官作出判决时，她正在威斯康星大学任法学教授。

几个月后，即 1988 年 10 月，平等就业机会委员会终于就胎儿保护政策第一次发布政策声明，但此时事态出现了令人不快的发展。职业生育权利保护联盟的成员及其在政府中的支持者担心，1980 年共和党上台会影响平等就业机会委员会的倾向。生育及胎儿危险防护的政策声明中表示，胎儿保护政策“并不完全属于传统意义上《民权法案》第七章的分析框架，所以需要独立考量”。[53] 在引用了三个联邦上诉法院的一致结论之后，该机构同意，在此类案件中，业务必要性可作为抗辩理由，且不要求更严格的有关善意的职业资格限制的分析。[54] 作为《民权法案》第七章国家层面的最高执行者，他们认为，仅仅因为女性**可能**会怀孕而禁止其从事危险工作是合法的，这一表态至少令人感到失望。

第七巡回上诉法院对于江森自控一案的判决僵持了近一年。1988 年 9 月，克劳斯在三人合议庭前出庭进行言词辩论，3 位法官为约翰·科菲、乔尔·弗劳姆、弗兰克·伊斯特布鲁克，均由里根总统任命，她感觉法官们是站在她这一边的。但在 6 个月之后，他们等来的却是令人沮丧的消息。法院决定，该案由第七巡回上诉法院全体 11 位大法官出庭审理。第二次言词辩论的时间被确定下来。伯廷悲观地表示，这表明胜利近在眼前，却功亏一篑，得重新再来。

她说得完全正确。1989 年 9 月 26 日，法院以 7:4 的投票结果，宣布江森自控公司胜诉。判决多数意见由被视为是“坚定的保守之声”的科菲法官执笔，[55] 展现了其在第二次言词辩论中所透露的固有 162
偏见。他身体前倾，宣布“此案有关那些希望伤害胎儿的女性”。[56]

除了支持用业务必要性框架来评估胎儿保护政策，并得出江森自控的政策达到该标准的要求，第七巡回上诉法院作出了更进一步的判决。该法院成为第一家判决胎儿保护政策也满足严格的善意的职业资格限制标准的联邦上诉法院，也就是说，只允许男性或没有生育能力的女性在含铅的环境下工作“对公司业务的正常运行是合理且有必要的”。

正是通过微调江森自控的“业务”定义，法院踏出了这飞跃式的一步，判决该公司的业务不局限于其公司章程所规定的制作电池，还包括确保“工业安全（防止危害健康）”：[57]

> 所呈证据涉及铅对女性身体的长期影响，加之发现并诊断早期妊娠的医学难度，使我们得出结论：此政策适用于所有育龄女性，以进一步确保工业安全，防止未出生的胎儿暴露于铅环境中，是恰当且有合理必要性的。[58]

本案中的多数意见忽视了一点，那就是决定女性能够忍受的“工业安全”水平的，是其本人而非公司。法院以多萨德诉罗林森案作为类比：在这个案件中，最高法院曾认定与犯人有“接触”的狱警的善意的职业资格限制之一是其必须为男性。最高法院给出的理由是，如果女性狱警被袭击，第三方——犯人——可能遭受危险，因此承担工作风险的决定不能由狱警单独作出。第七巡回上诉法院认为把犯人替换成胎儿，也是同样的结论。

四位不同意多数意见的法官提出了三份异议意见。他们都拒绝承认江森自控的政策是性别中立的或有理由认为其存在业务必要性。他们认为，该公司政策明显歧视女性，只有在严格的善意的职业资格限制标准下才是正当的。（持不同意见者之一波斯纳法官是一位有影响力的保守派人士，认为本案应当退回给沃伦法官重审，这样才能对所有相关的科学证据进行充分研究，为此全美汽车工人联合会尤其受到鼓舞。）

正是弗兰克·伊斯特布鲁克法官的反对让琼·伯廷说“终于有 163
人说了公道话”。伊斯特布鲁克声称本案很有可能是自《民权法案》第七章执行以来“在所有法院里最重要的性别歧视案件”，他指出，如果多数意见被全国的法院采纳，“估计 2 000 万工业岗位会不允许女性就职，因为除了铅以外，还有许多物质会对胎儿造成危险”。[59]

伊斯特布鲁克和加入其意见的弗劳姆法官是仅有的两位认为庭审没有必要的反对者，因为无论有没有提出科学证据，胎儿保护政策都**无法**符合善意的职业资格限制的例外情况。伊斯特布鲁克解释道，其理由是：胎儿保护对江森自控的电池制作业务的“正常运行是合理且有必要的”，这是一个错误的基本前提。他尤其鄙视公司关于“保护孩子不因他们父母的错误而受到伤害是基于道德的要求”的声明。[60]伊斯特布鲁克嘲笑道，那条辩解理由“让人想起穆勒诉俄勒冈州案”，最高法院那臭名昭著的关于最高工时的案件。“由穆勒案建立起来并由此案中的辩解理由所支持的那类法律，”伊斯特布鲁克嘲笑说，“如同博物馆里的老古董，提醒人们法律曾走过的弯路。”[61]

当全美汽车工人联合会在 1990 年 1 月向最高法院提起申请要求审查，高等法院介入的时机已经成熟。那时，四个上诉法院都曾对胎儿保护政策进行了判决，其结果有着很大的分歧。波斯纳和伊斯特布鲁克的异议意见尤其值得注意，这两位是如此坚定的保守党派人士，他们甚至无法同意对方，更不用说同意多数意见中的另外七位法官了。

而且，在1990年1月，平等就业机会委员会更新了其对胎儿保护政策的处理方法，作为对第七巡回上诉法院就江森自控案判决的回应。[62]委员会对法院的判决表示不满，要求各地的司法人员把胎儿保护政策视为一种表面上的歧视政策，只有在符合善意的职业资格限制的抗辩理由出现时才能被允许。平等就业机会委员会特别指出，潜在人身伤害的诉讼费用不能使这些政策满足善意的职业资格限制的例外要求。平等就业机会委员会采取这一行动的时机是全美汽车工人联合会提起调卷令申请的两天前，一位评论者把新的《指南》戏称为“事实上是法庭之友意见书的替代品”，有助于全美汽车工人联合会申请最高法院审查。[63]

164 考虑到以上情况，1990年3月29日，最高法院同意审理江森自控案就不足为奇了。言词辩论的时间安排在秋天。

这就引出了谁来为全美汽车工人联合会出庭辩论的问题。工会的上级联合会，美国劳工联合会－产业工会联合会（AFL-CIO）[1]选择了玛莎·贝尔宗，该联合会总法律顾问的助理。贝尔宗如今是美国第九巡回上诉法院的一名法官，曾是威廉·布伦南法官的第一位女性助理，作为言词辩论律师和法庭之友意见书的作者，对在最高法院出庭有着广泛经验。她在美国劳工联合会－产业工会联合会任职时，与她的丈夫经营着美国最顶尖的劳动法法律事务所之一。她

[1] 美国劳工联合会－产业工会联合会（AFL-CIO），中文简称“劳联－产联”，它是美国老牌的工会组织，1955年由成立于1886年的美国劳工联盟和成立于1953年的工业组织协会合并而成，因此名为AFL-CIO，是美国历史上最大的工会组织。

也是《反怀孕歧视法案》的主要起草者之一，在反对江森自控对法律及《民权法案》第七章中与怀孕有关的善意的职业资格限制例外的解读问题上，这些经历使她这位辩护律师显得特别有权威。

对于女权组织来说，最高法院对江森自控案的考量是一次好机会，让她们在怀孕歧视案件中统一战线。加州联邦银行案在女权团体中引起的分歧令人记忆犹新。（“它留下了太多伤口。”一位代理莉莲·加兰这位处于争议中心的女性的律师说。）但是，她们都同意，胎儿保护是一种过时的“特殊待遇”，阻碍而非促进了《反怀孕歧视法案》目的的实现。这一次，东西海岸的女权团体合作提交了一份法庭之友意见书。[64]

江森自控案进行言词辩论当天，卡琳·克劳斯和琼·伯廷一起来了。当她们走上法院门口的台阶，准备通过律师专用的边门时，两位面带忧虑的中年女士走近了她们。这两位女性都在江森自控位于佛蒙特州本宁顿的工厂工作：较矮的那位是金妮·格林，因公司的政策而被降职，较高的那位是乔安妮·利尔德，公司拒绝将她调入薪资更高但要面临铅暴露的工作。[65]格林和利尔德来到华盛顿旁听辩论，但没能进入拥挤的法庭。克劳斯和伯廷在法院内找到了贝尔宗，问她有没有办法。贝尔宗让她们等着，然后离开了几分钟。这位布伦南法官的前助手很快就成功地找到了关系，并拿着两张票
回来了。金妮·格林和乔安妮·利尔德坐在预留的贵宾席上旁听了 165
言词辩论。

贝尔宗首先走到台前。她的正对面是首席大法官伦奎斯特，两侧是拜伦·怀特和瑟古德·马歇尔这两位资历最深的大法官。从贝

尔宗面对法官席的方向看去，坐在最右边的法官是戴维·苏特，他两天前刚刚宣誓入职。

贝尔宗没有被打断，说了很长一段时间，这在言词辩论中是不常有的待遇。她声称："这里所要讨论的问题，并非是否要保护胎儿健康，而是如何和由谁来保护。"应该由女性在监管工作场所安全的政府机构（如联邦职业安全与健康管理局）的帮助下来保护？还是由江森自控的主管来保护？[66]

贝尔宗强调，江森自控的政策实际上几乎无法促进胎儿健康。她解释说，大多数被排除在工作之外的女性没有给胎儿带来危险，因为她们不想要孩子，或已经有了孩子，或者，如果她们真的想要孩子，要么自行离开遭受铅暴露的工作，要么通过联邦职业安全与健康管理局所批准的卫生方法来控制辐射。然而，这条政策忽视了男性，尽管有证据显示他们遭受铅暴露后可能会对胎儿的健康造成危害。[67]

贝尔宗主张，这项政策真正所做的，是对女性规划自己生育期的可信度抱有一种"负面行为的刻板印象"，因而侵犯了《民权法案》第七章的条文及其内在精神。它向共事者和主管宣扬了女性的"个人生育功能"，在工作中禁止她们从事薪资最佳的岗位，"普遍把女性降职到次等岗位"。[68]

最后，考虑到工作场所中可能会对胎儿健康造成危害的有毒物质的数量，贝尔宗告诉法官，支持江森自控的政策等于允许各行各业的雇主禁止女性从事各种工作。贝尔宗声称支持该政策的"最后结果是批准劳动力的重新隔离"，以及"剥离《民权法案》第七章和《反怀孕歧视法案》的核心要义"。[69]

贝尔宗面临的最咄咄逼人的争议点是，未来遭受铅暴露的员工的孩子可能会对公司提起诉讼。"在'人身伤害'案件中，如果胎儿

实际受到伤害，州法院会将非常严重的责任加在雇主身上，因为其
故意把女性安排在会使胎儿受到伤害的职位上。我认为作出这样的 166
假设并不奇怪。”一位大法官说。[70] 贝尔宗回答说，只有当雇主在维护工人安全上**存在过失**，才能被判定对此等伤害负责。她说，如果雇主履行了其义务，将铅暴露保持在联邦职业安全与健康管理局批准的水平上，那么就不会上升到过失。“这就好比雇主说我宁愿不雇用黑人。”她说，“因为如果我雇用了他们，我对待他们的时候……就必须没有过失。”[71]

紧接着是江森自控的律师斯坦利·贾斯潘发言。他面临了来自法官的更多质疑。一开始他就被史蒂文斯大法官打断，要求他基于公司的经验对铅给胎儿造成的危害提供量化数据。

“此类事件发生频率是多少？记录能告诉我们吗？”史蒂文斯问道，“记录没有告诉我们有多少这样的案例，多少当事人是在工厂里工作，或者以前的情况是怎么样的，不是吗？”

贾斯潘试图找到他的立足点：“是的，但记录确实说明了公司尝试了一项自愿性的计划。大概在 1977 年到 1982 年，公司建议女性——”

史蒂文斯没有放过他：“多少女性？”

贾斯潘最后承认：“记录中没有确切数字。”[72]

大法官们也就江森自控的政策为何符合反歧视法的理由盘问了贾斯潘。奥康纳大法官首先提问。“贾斯潘先生，我，”——她停顿了一下，人们听到她叹了口气——“在我看来，你似乎没有理解《反怀孕歧视法案》的作用，法案说因怀孕而受到影响的女性雇员，出于所有与就业有关的目的，其受到的待遇应当与和其工作能力相似的其他人一致。”贾斯潘回答道，《反怀孕歧视法案》所说的“工

作能力”指的是“**安全**工作的能力”。[73]

现在轮到斯卡利亚发言。如果要考虑胎儿安全，那江森自控是不是使《反怀孕歧视法案》成了“一纸空文”？“长久以来，歧视怀孕女性的抗辩理由一直是她们不应该长时间加班，因为这对胎儿不利，”他说，“你让《反怀孕歧视法案》的立法变得很可笑。”[74]

但在贾斯潘取得任何进展前，一长串质问开始了：为什么江森自控知晓工作场所的其余部分并非零风险环境，却仍坚称在这些场所工作对胎儿的健康零伤害？斯卡利亚大法官首先开火。

167 他说“‘怀孕女性’不应该吸烟，也不应该酗酒，但政府没有立法剥夺她们判断是否要这样做的权利。”贾斯潘回答道，在政府**禁止**某一有害行为和**授权**雇主能够这么做之间是有区别的。[75]

斯卡利亚继续说：“法院如何判定雇主足够谨慎，没有违反第七章？”他说得更明确了：“我是说最多出现多少畸形胎儿（可以判定该工作环境足够安全）才能让女性在该部门内工作。多少可以？”他问，“100 万中有一个？”[76]

但贾斯潘——明智地——没有给出一个精确的数字。相反地，他在结尾时重申第七章中善意的职业资格限制的例外允许江森自控“保护（胎儿）免受其产生的危险伤害”，并呼吁大法官们“在解释第七章时不要把常识拒之门外”。[77]

五个月后，最高法院发布了其判决意见，一致认为江森自控的政策违反了《民权法案》第七章。“江森自控的政策存在偏见是很明显的，”哈里·布莱克门大法官写道，“和男性工作者拥有同样工作能力的女性可以自愿在要孩子还是要工作之间进行选择。”[78]法院说，正因如此，第七巡回上诉法院判决该政策“中立”且认为“业务必要性”

的抗辩是合理的，这是错误的。布莱克门解释称："没有恶意动机并不能使一条表面上即存在歧视的政策转变为一条中立的政策。"[79]

那么，唯一能使江森自控的政策留存的方法就是使女性的无生育能力被视为一种善意的职业资格限制。布莱克门、马歇尔、史蒂文斯、奥康纳大法官和最新成员苏特大法官总结道——正如伊斯特布鲁克法官 18 个月前所言——这**永远不可能**，无论公司如何试图为该政策正名。他们聚焦于善意的职业资格限制（BFOQ）中的"O"：职业。要完成工作所必需的是什么？"正如记录所示，有生育能力的女性参与电池制作，其效率和其他任何人是一样的。"[80] 他们总结道，"没有人忽视未出生的孩子会受到伤害的可能性，然而，善意的职业资格限制并没有宽泛到能把这个深层的社会问题转变成制作电池时须考虑的一个重要方面。"[81]

其他四位大法官，和波斯纳法官一样，认为善意的职业资格限 168
制的例外要更宽泛一点，他们同时指出，更严格地限缩胎儿保护政策的适用范围就能够满足其要求。斯卡利亚大法官起草了一份独立的协同意见，显示出放任自由主义立场："鉴于《反怀孕歧视法案》，所有怀孕女性在从事这些工作时是否将她们未来的孩子置于危险之中并不重要……正如伊斯特布鲁克法官在他如下异议意见中提到的，'《民权法案》第七章赋予父母权力去作出影响他们家庭的职业决定'。"[82] 尽管如此，斯卡利亚确实同意，如果雇主能够提出证据证明，那么由于对胎儿产生危害而引起的成本问题能使女性没有生育能力这一点符合善意的职业资格限制。[83] 但在他看来，江森自控不能证明。

江森自控案为穆勒诉俄勒冈州案中美国女性"第一身份是母

亲，第二身份是职员”的身份定位画上句号。正如1908年穆勒案的判决中提到的，女性的生育健康是“公共利益的目标”：

> 大量医学界的证词证明，女性每天长时间持续站立，往往会对她们的身体造成有害的影响，因为健康的母亲对健壮的后代至关重要，所以为了保持种族的力量和活力，女性的身体健康成了公共利益和大众关切的目标。

但在江森自控案中，女性的生理状况已经不再与社会的命运紧密相关。得益于第七章，女性重获决定自己生理健康的权利，至少在选择如何以及在哪里赚取薪水时是如此：

> 由法院或雇主来决定，一个女性的繁育角色对她个人和家庭是否比对她的经济地位更为重要，这不再适宜。国会把这个选择留给了女性自己。[84]

第 8 章

“我会一直告到桑德拉·戴·奥康纳那儿去”

哈里斯诉叉车公司案

Harris v. Forklift Systems, Inc., 1993

1987 年 8 月一个酷热的下午，纳什维尔市，特蕾莎·哈里斯将 169
小型卡带录音机放入手包中，按下“录音”键，走进老板的办公室，
准备辞职。她热爱这份工作，这样做实属无奈。她是叉车公司的租
赁部经理，是这个男性主导行业中为数不多的女性，负责与承包商
交涉起重机、卡车及其他设备的租赁合同。哈里斯是纳什维尔本地
人，是家里五个孩子中的老大。她小时候胸怀大志，希望能够成为
《杀死一只知更鸟》中的阿提克斯·芬奇那样的律师，但她从高中毕
业便开始工作了。她从鞋厂的客服做起，而后从事船舶和其他水上
交通工具的销售，其后转而涉足销售建筑设备。1985 年春，为逃离
当时因老板婚变而陷入混乱的公司，哈里斯接受了叉车公司老板查
尔斯·哈迪的邀请，成为叉车公司的员工。哈里斯长相酷似女星艾
娃·加德纳，能说会道，天生就是做销售的料，进入公司第一年，
就使叉车公司的租赁收入翻了一番。

但事业的成功下隐藏着恼人的事实，几乎从哈里斯入职开始， 170

哈迪就显露出了他的真面目。他经常对女员工的衣着和身材评头论足。他曾告诉哈里斯她有“赛马般的臀部”，并调侃她不要穿比基尼，因为“屁股太大，影子会挡住所有人，让大家晒不到太阳”。哈迪会靠近哈里斯，让他裤子前面口袋里的硬币叮当作响。哈里斯回忆说，哈迪喜欢调戏她，“特蕾莎，我有一个硬币掉在下面，你能帮我从口袋里拿出来吗？”他告诉哈里斯，他们应该“乱搞一番”，并开玩笑地说他们应该去假日酒店商讨她的加薪问题。（事实上，那时哈迪已经将哈里斯的佣金减半，因为用他的话说，哈里斯“作为一个女人挣的钱太他妈多了”。）哈迪曾将纸笔丢在地上，叫女员工捡起来，随后给出何种衣领能更凸显胸部的“建议”。他也曾故意调低空调温度，使办公室变冷，兴奋地大声说希望看到女员工的乳头凸起。[1]

除了这些性语言的刺激，哈迪还时常在众多男同事面前侮辱哈里斯的工作能力。公司六位经理中有两位女性，哈里斯是其中之一，且是唯一一位负责叉车公司业务方面的女经理。另一位女经理是哈迪的女儿，分管诸如下订单、报账付款等行政事务。“你是个女人，你懂什么？”管理层开会时，哈迪会在哈里斯发言时这样嘲讽她。哈迪也经常叫哈里斯“蠢女人”，让她闭嘴，说公司需要用一个男人来顶替她的职位。哈里斯的男同事们跟着附和，并用类似语言攻击哈里斯也就不足为奇了。[2]

哈迪的骚扰对哈里斯影响很大。在男人堆中工作多年，哈里斯已经逐渐习惯于听到（和使用）工作中的侮辱性言语，但哈迪长期以来对其身材的评价令哈里斯感到屈辱。更让哈里斯难以接受的是对她能力的侮辱。作为一个并未读过大学的女性，哈里斯对于她的职业生涯和在纳什维尔所赢得的聪慧女商人的名声十分自豪。在随后的庭审中，哈里斯作证：“那些质疑我工作能力和污蔑我愚蠢的言论让我痛苦。我痛恨走进那个充斥着嘲讽的地方，大家嘲笑我仅仅因为查尔斯·哈迪这样做。我似乎应该把这当玩笑，但这并不好笑。”哈里斯逐渐受到慢性失眠的折磨，并且，“只有每晚喝个烂醉，才能在夜里 171
成功入睡，并准备第二天起床面对工作挑战”。酗酒伤害到了她的家庭生活，尤其是她与两个儿子的关系。她“一直”哭泣。她经常感到呼吸短促，坐在办公室会不由自主地颤抖。而当她去看医生时，医生表示她的身体并无大碍，开了镇静剂和安眠药把她打发走。[3]

哈里斯一直自视为女权主义者，哈迪的不当行为触怒了她。她怀疑哈迪的行为甚至涉嫌违法，但她并不认为她能辞职，更别提提起诉讼了。哈迪是当地建筑行业的佼佼者，建筑也是哈里斯最熟悉的行业。作为一个单亲妈妈，还要照顾生病的祖母，她需要工作。尽管她在叉车公司工作期间结了婚，但这并没能缓和她一旦辞职将面临的经济压力。拉里是哈里斯的新婚丈夫，而叉车公司是拉里公司的主要客户。拉里不仅靠卖电池给叉车公司用于其设备来营利，更是问哈迪借了一笔钱以维持运转。一旦哈里斯辞职，她担心丈夫的生计也将遭到毁灭性打击。综合所有现实情况，哈里斯表示：“想都不用想，我还是闭嘴吧。”

但是，到了 1987 年 8 月，在经受了两年的羞辱后，哈里斯终于再也无法忍耐，她准备与哈迪约谈辞职。带上录音机是一个做律师的朋友出的主意，如果哈里斯能录下哈迪承认骚扰的言语，就可以在哈迪事后报复时提供些证据。但当哈里斯告诉哈迪她辞职的理由时，哈迪坚称他之前只是在开玩笑，为的是让哈里斯觉得自己是“男人帮的一员”。哈迪道了歉，并发誓从此以后将对哈里斯以礼相待。哈里斯半信半疑地决定留下来。

正如哈里斯后来作证时所言，无论哈迪是否真的愿意改变，他并没有信守诺言太久。他们会面后的几周，在哈里斯当着一群同事的面告诉哈迪她刚刚谈成了一个大客户时，哈迪问："特蕾莎，你是怎么做到的？是不是周六晚上要陪他睡？"这成了压死骆驼的最后一根稻草。"在我看来，他在当面令**我**难堪，因为我当时一直忍耐，"哈里斯说，"我再也不想忍下去了。"她在几天后辞了职。不到一周，哈迪就注销了在拉里公司的账户，并起诉拉里要求返还借款。一个朋友向哈里斯推荐了一位律师。

172 哈里斯并不知道，就在她辞职一年多前，1986 年，最高法院在美驰储蓄银行诉文森案[4]中作出了里程碑式的判决。尽管文森案开创性地将性骚扰归入性别歧视，但它在一个方面却有所欠缺。最高法院并未解释骚扰行为从何时开始从仅仅具有冒犯性变为违法，或者用最高法院的话说，骚扰行为的性质从何时开始变得极为"严重或者普遍"，以至于"形成了一个恶劣的工作环境"。[5]

米歇尔·文森指控她的老板悉尼·泰勒对她实施了极度恶劣的骚扰行为，包括身体伤害和性虐待。事实上，米歇尔所指控的大多数行为已经属于刑事领域，所以法院无须检验米歇尔的工作环境是否"恶劣"。但特蕾莎·哈里斯的经历说明，女性在工作中面临无数其他类型的、尚未触及犯罪的外围界限的骚扰，从不情愿的触碰到对其身材的挑逗性评价，从低俗笑话到对性暴力的露骨讨论。此外，还有一些诸如展示色情涂鸦、色情片，使用每月一个比基尼女郎的挂历等非言语性的行为，它们足以使工作环境"变"恶劣。

在文森案之后，雇主、女性以及各家法院如何界定骚扰的级别是否构成犯罪呢？如果受害者自己作证说受到恶劣工作环境的侵害，是否足以判定？受害者是否需要证明受到可以量化的（如果不局限于经济上的）侵害，如由于痛苦去接受精神治疗或者工作表现明显下滑？1991年在克拉伦斯·托马斯的大法官提命确认流程中，安妮塔·希尔的指控疑云就体现了这些问题。即使克拉伦斯·托马斯**的确**谈论了色情影片、人兽杂交、可乐中的阴毛，这足以认定他违法吗？安妮塔·希尔并未指控托马斯曾不正当地触摸她或恐吓她，比如威胁如果举报就解雇她。而且，假定托马斯的骚扰成立，在此期间希尔不仅一直继续工作，更在托马斯从教育部调到平等就业机会委员会后，也随其一同调任，这颇具讽刺意味。不仅如此，他们不再一起共事后，希尔依旧同托马斯保持联络，例如给托马斯打电话，并且有时一起吃饭。

有怀疑者认为，如果托马斯的行为的确有如希尔后来描述的那 173
般过分，为何她还要继续为他工作？并且，为何在二人不再共事后，希尔仍继续设法与托马斯保持一种工作上的关系？显然，所谓“骚扰”并没有希尔说的那么严重，希尔也没有如她说的**那样**受折磨。

1987年末，在特蕾莎·哈里斯从叉车公司辞职后，她与律师欧文·威尼克见了面。威尼克是纽约人，为人风趣，蓄着胡须，自从来范德堡大学法学院上学便一直在纳什维尔生活。威尼克年近四十，已执业近十年。他有着丰富的民事诉讼经验，也曾代理州公务员工会进行过一些劳动法方面的诉讼。尽管他熟知文森案的判决，但从未代理过性骚扰的案件。然而，在与哈里斯交谈并听取录音，以及向另一位曾为哈迪工作的女员工了解哈迪的行为后，他得出结论：哈里斯的案子符合文森案中关于恶意工作环境的模糊定义。

此案最大的阻碍是第六巡回上诉法院1986年作出的一个判决，它对法律的解释对田纳西州的法院具有约束力。该案是拉比度诉奥西奥拉炼油公司案（*Rabidue v. Osceola Refining Company*），[6] 与哈里斯案很相似：从法庭判决中对案件事实的描述来看，一位男性经理经常对办公室内女员工作出下流的评论，称她们是“浪女”“婊子”“骚货”“贱货”，常被他针对的一个女经理薇薇恩·拉比度最终提起了诉讼。他曾骂拉比度“死胖子”，并跟她的同事说“那个婊子就缺个好炮友”。拉比度的其他男同事也有在办公室公开摆放裸女图片的习惯。[7]

在初审法院驳回拉比度的主张后，她的律师提起上诉，第六巡回上诉法院由此成为全国 12 个联邦上诉法院中首个援引文森案作为先例的法院。第六巡回上诉法院认同了初审法官的意见，驳回了上诉。上诉法院认为拉比度没有证明她所在的工作环境恶劣到符合文
174 森案中“恶意”环境的法律标准，在作出判决时增加了额外的举证责任：薇薇恩·拉比度不仅需要证明工作环境的恶劣性，同时需要证明环境极为恶劣，“以至于影响到她的心理健康”。法院指出，毕竟“有关性的笑话、关于性的对话、色情杂志”一直是美国职场的一部分，《民权法案》第七章并不是用来改变这一情况的。[8] 拉比度案实质上判定，女性并不能指望她的工作环境完全不存在任何骚扰，只有当骚扰严重到损害她的心理健康的地步才不被允许。

威尼克知道，如果要适用拉比度案的标准，对于哈里斯来说将是一场硬仗。毫无疑问，哈里斯承受了极大的心理压力，她的行为（失眠、酗酒、家庭关系恶化）就足以证明，也导致她出现了一些身体上的症状（呼吸困难、痛哭、颤抖）。但是，她此前并没有找心理医生，她的初级保健医生并没有发现她身体抱恙，而是认为她可以继续工作，甚至能出色地工作。然而，哈里斯斩钉截铁地认为自己饱受精神折磨，哈迪的骚扰也明显属于**文森案**对“不受欢迎”和

“严重或普遍”的界定，综合这些因素，威尼克认为胜诉的概率很大。在了解这些情况后，哈里斯决定提起诉讼。“我要起诉查尔斯·哈迪，并证明他做过这些事，”她说，“我没有想过经济补偿的事，钱总会花掉的，这从来不是我这样做的原因，我只想赢。”

1990 年 7 月 23 日，特蕾莎·哈里斯的案子在纳什维尔的联邦地区法院开庭，审理持续了大约一周。哈里斯上庭描述了哈迪的恶劣行为以及对她造成的影响。同时，威尼克也传唤了叉车公司的一名女员工与两名男员工出庭证明哈迪的冒犯性行为属实。哈迪在庭上并未否认他的任何行为，声称这些行为只是在开玩笑。但哈迪用来反驳哈里斯的所谓杀伤性证据系编造，降低了他的可信度。他在庭上呈现了一份日历上的手写文字，显示其他雇员曾投诉哈里斯。威尼克则请专家证人鉴定笔迹，证明书写这些文字的墨水太新，显然是伪造的。

公司一方设法找到了三位二十岁出头、担任低级别文书职位的女员工，她们出庭作证说并未觉得哈迪的行为有何不妥，但她们的
职位也决定了她们与哈迪接触的概率要低很多。此外，被告辩称特 175
蕾莎·哈里斯辞职与起诉的真正原因在于查尔斯·哈迪与拉里·哈里斯的合作关系出现裂痕。但是在双方证人发言，终结辩论结束后，哈里斯和威尼克认为他们的证据总体上来说优势更强，对法官判他们胜诉持乐观态度。

数月后，法庭作出了判决。法官认为，哈迪的确对哈里斯实施了“持续性的基于性别的贬损行为”，甚至称哈迪是“一个下流的男人”，一个“在工作场所贬损女员工”的人。[9] 但法官并不认为哈迪的行为符合拉比度案的标准，即被告“严重影响（哈里斯）心理健

康”。正如威尼克所担忧的，哈里斯面对骚扰时较强的心理承受能力反而成为不利因素。“虽然哈迪可能多次真的冒犯了哈里斯，”法官写道，“我不认为他创设了一个如此恶毒的工作环境，胁迫或虐待哈里斯。”[10]哈里斯极其愤怒。“一位法官怎么可以说，‘这个男人做了所有你指控的事情，他是个下流的男人，在办公场所对女员工进行贬损，但那又怎样呢？’”她生气地对一个记者说，“我简直要气炸了，不能这样，这必须改变。”[11]

威尼克向第六巡回上诉法院提起上诉。此举将哈里斯的案子呈交给作出拉比度案判决的法院。此时法院可以选择废除要求性骚扰案原告证明受到心理伤害的要求，也可以认定在哈里斯作证自己承受酗酒、失眠和其他症状时就已满足了证明责任。但这两者都不在法院考虑之内。1992 年 9 月 17 日，法院认为对此案并无必要撰写完整的书面判决意见，仅发布了维持地区法院原判的声明。[12]

尽管哈里斯上诉获胜的概率本就由于拉比度案而变得渺小，但这样的结果仍旧给了她沉重的一击。本案已经结束，哈里斯输了。与哈迪斗争的决定为她带来了什么后果呢？无论是不是哈迪暗中作梗，这场诉讼就是给她打上了“麻烦制造者”的标签，此时的哈里斯找不到工作了。她已失业五年，人生中头一次无法清偿账单，这使她的信用大打折扣。她家中被断电两次，政府官员上门收缴她的车，哈里斯不得不卖掉房子还债。哈里斯，这个曾经以其职业成功
176 和无污点的信用记录而骄傲的女强人，用“非常屈辱”来形容自己的经济困境。

最终，哈里斯决定加入护理行业，开始新的职业生涯，并重返校园继续读书，但那只会带来新一轮的账单，而且还要一年后才能拿到毕业证书。她的个人生活也没好到哪去，此刻她正与拉里·哈里斯

办理离婚。在知道自己上诉失败后，哈里斯叫上表亲出去喝了个大醉。当晚，醉酒令她胃痛，对于自己因查尔斯·哈迪而陷入悲惨困境感到无比的愤怒。

第二天，威尼克给哈里斯打电话，告诉她必须要作一个决定：究竟要不要向最高法院申请调卷令复审该案？如果决定申请，就要尽快开始行动了。哈里斯很犹豫，此刻她灰心丧气，甚至感到绝望。她期盼着成为一名护士，翻开新的职业篇章。也许她该就此拥抱新生活，将与叉车公司有关的一切抛诸脑后。

如哈里斯所说，她在当晚洗澡时有了答案。她回想起庭审开始前几周与哈迪的那次遭遇，一个前同事给哈里斯打电话说，哈迪想与她面谈。哈里斯并没有告诉威尼克，勉强同意了，想着如果能在庭下协商解决，对双方都好。她在一家餐厅见到了哈迪与那位前同事，是她坚持要求那位同事在场。见面后，哈迪非常热情，满脸堆笑："现在，特蕾莎，你怎样才肯撤诉？"

哈里斯告诉哈迪她需要支付威尼克的律师费，还希望弥补因辞职而损失的薪水，总计 2.5 万美元。这个金额肯定远超哈迪预期，他变得异常愤怒。"他告诉我他要在庭上拖垮我，"哈里斯回忆道，"他说我没钱跟他对抗。不出所料，他开始用下流话侮辱我，让我难堪。他说要毁了我。"

哈里斯对自己的回应也颇感惊讶："我告诉他：'就算我他妈倾家荡产，也不会退缩。'然后，我盯着他说：'我要他妈的一直把你告到最高法院桑德拉·戴·奥康纳大法官那儿去！'"

哈里斯讲到这时笑出声来。（"我并不认为他知道奥康纳是谁！"）当天说完那席话，哈里斯怒气冲冲地拿着自己的东西离开了餐厅，
然后在停车场中的车里坐了一会，时而为自己不理智的威胁而自责， 177

时而比刚到餐厅时更加震怒于哈迪的无礼傲慢。

醉酒那晚，哈里斯躺在浴缸里，意识到是否要上诉至最高法院是一件不必思考之事。当晚，她把威尼克叫到家里。“我告诉查尔斯·哈迪我要跟他战斗到底，”她跟威尼克说，“我没有说谎。我们上诉吧。我们的胜算有多大？”

威尼克消极的回答反而更激励了她：“我觉得我们可能一丝赢面都没有。”

“没关系，”哈里斯告诉他，“我们上诉。我说了我要上诉，我说到做到！”

在准备向最高法院提请复审哈里斯案的过程中，威尼克知道他需要指导，于是他前去咨询鲍勃·贝尔顿。贝尔顿是范德堡大学的法学教授，曾作为全国有色人种协进会法律辩护与教育基金会的代理律师加入格里格斯诉杜克电力公司案（*Griggs v. Duke Power Company*）[13]的律师团，将这一具里程碑意义的《民权法案》第七章案件上诉至最高法院。贝尔顿在范德堡大学的两名同事都曾任最高法院大法官的助理，他们对上诉程序颇有心得，也提供了帮助。

几个月后，威尼克于1992年12月提交调卷令申请，指出美驰储蓄银行案“就成功满足诉求的必要证明要件提供的指引有局限性”，要求最高法院予以阐明。他告诉法院特蕾莎·哈里斯案所凸显的一个问题：“性骚扰案件中的原告是否必须证明她受到了严重的心理伤害才能胜诉？”这在不同的联邦上诉法院有着彼此矛盾的回答。第六巡回上诉法院判决拉比度案后，第七、第十一巡回上诉法院遵循该判决，对原告施加提供受到“严重心理伤害”的举证责任，而第三、第八和第九巡回上诉法院则推翻拉比度判决，仅仅要求原告证明她因为这样的骚扰而感到被冒犯了（并且证明她有此反应是“合理”的）。[14]

威尼克注意到这些巡回上诉法院之间的“分裂”，希望说服最高法院大法官，他们予以干预对确保《民权法案》第七章在全国范围内公平、统一地适用于骚扰案件很有必要。威尼克提交申请时，性骚扰案件的起诉率正在激增。尽管平等就业机会委员会对 1991 年前提交的性骚扰指控数据没有确切记录，但 1991—1992 年间， 178
向联邦和州政府部门提交的性骚扰指控却从约 7 000 起上升至 1 万余起，猛增了 40%。

中间的这一年到底发生了什么事情？其中就有安妮塔·希尔指控克拉伦斯·托马斯性骚扰而举行的听证会。1986 年的文森案也许使女性有了面对性骚扰时的法律救济途径，但是 1991 年 10 月在托马斯被提名最高法院大法官期间举行的听证会才真正在全国范围内引发了讨论，即真实生活中的性骚扰是怎样进行的：骚扰者通常并不像垂涎欲滴的色狼，而被骚扰者也一般不像无助的受害人，但是，即使是言语骚扰也会让人痛苦不堪。对那些已经经历这些的女性，那些听了希尔的发言后思考“这事也在我身上发生了”的女性，来说现在是一个绝佳的时刻。“怎么夸大这场听证会的重要意义也不为过，”全美女性法律中心主席玛西娅·格瑞伯格后来写道，“性骚扰问题终于被拿到桌面上谈论了……专家们猜测安妮塔·希尔的证言将使女性不敢再站出来，但事实恰恰相反。”[15]

相比第一个，另一个有可能促使指控大幅增加的因素略显平淡，是法律近期的变化。根据 1991 年《民权法案》，胜诉的员工可以因遭受情感上的痛苦等无形伤害而主张损害赔偿和惩罚性赔偿。在第七章修改之前，员工仅能主张由于遭受有形具体的经济损失而要求赔偿，因此他们通常只有在能证明工作环境极为恶劣而不得不辞职——如特蕾莎·哈里斯所称——时，才会提起性骚扰诉讼。在那些“推定解雇”案件中，原告可以要求赔偿损失的工资。但是在1991年后，可以获得精神损害赔偿意味着，一个女性即使设法继续工作，仍旧可以寻求赔偿。此类赔偿金尽管计算不甚准确，但可以在一定程度上弥补由于在一个性别化的环境中工作所受到的屈辱。

1993年3月，威尼克申请调卷令三个月后得到了回复：最高法院将听审该案。庭审安排在10月。

准备在最高法院进行的言词辩论，对所有人来说，都是赫丘利[1]才能完成的艰巨任务，威尼克不仅感到事关重大，而且压力如
179 山。用他自己的话来说，他不过是一个“无名的破烂小律师”。哈里斯案是他代理的第一起性骚扰案。威尼克知道女权主义团体对哈里斯案的结果寄托着很大希望。如果最高法院判决只有严重的心理伤害才能构成第七章中的责任标准，能够到法院提起性骚扰诉讼的受害人将会大大减少。如果真是这样，无数的其他女性，像特蕾莎·哈里斯一样尽管面对骚扰仍设法继续履职的女性，或者众多在骚扰对其精神健康造成伤害前就已离职的女性，将无法寻求法律救济。

言词辩论之前的几个月，这些重任一直压在威尼克身上，在哥伦比亚特区由各大女性团体和民权组织召开的模拟法庭尤其让威尼克诚惶诚恐。约20名女权运动最积极的推动者围坐在一张会议桌前。威尼克花了几个小时时间回答那些在文森案发生前后代理过性

[1] 赫丘利（Hercules），是古罗马神话中的英雄，以力大无穷著称。

骚扰诉讼的律师的提问。尽管威尼克离开会议室时仍旧是一个华盛顿局外人，但至少不是一点都摸不着头脑了，这让他有了些信心。返回纳什维尔后，他又经历了另一场模拟法庭，这一次由鲍勃·贝尔顿召集。

并非只有女权组织颇为关注哈里斯案的结果。还有 40 多个组织提交了十几份法庭之友意见书，称与该案结果有利益关联，它们包括工会、女权和民权组织，雇主、律师、社会工作者、心理学家甚至警察等行业组织，警察宣称与该案有利益关系是因为在其以男性为主的领域中，存在普遍的性骚扰。其中只有一个组织，平等就业咨询委员会，其成员包括 270 个公司和相关商业性实体，提交的意见书代表的是叉车公司。

法庭之友中最有分量的声音之一来自平等就业机会委员会，他们代表哈里斯提交了法庭之友意见书。尽管平等就业机会委员会早在 1980 年——文森案判决的六年前——就首次反对性骚扰，但直到 1990 年才发布了新的《指南》，支持该判决。在哈里斯案中，平等就业机会委员会敦促最高法院明确拒斥证明心理伤害的要求，赞成只要骚扰“干扰了一个具有理性之人的工作表现”就应属于性骚扰。该机构还明确注明，仅言语骚扰也足以符合该标准。[16] 180

美国心理学协会因在普华永道诉霍普金斯案中提交的法庭之友意见书而闻名，这次也提交了意见书。不同于霍普金斯案意见书中对于性别刻板印象的论述——不仅非常支持安·霍普金斯，也赞同心理学家苏珊·费斯克，美国心理学协会在哈里斯案中的意见书并没有明确支持任何一方。但是，它提交的证据无疑对特蕾莎·哈里斯更加有利。它提供了一份对 20 世纪 70 年代以来“不断积累的社会科学数据”的分析，显示性骚扰在没有造成“严重心理伤害”时也有很多有害影响。事实上，心理学协会强调，很多骚扰的伤害并不是心理上的，而包括对受害人职业的毁灭，因为他们需要想方设法躲避骚扰者：他们更换工作，要求调岗，放弃争取升职的努力，并拒绝一些有可能获得更多收入、增长年资、进入职业化网络的机会。[17]

哈里斯案尤为值得注意之处在于，美国心理学协会提交了研究结果，证明不同女性面对骚扰会有不同的反应。因此，聚焦受害人的个体反应不能说明骚扰者的行为是否已经违法。“心理伤害要求将第七章保护的重点转向受害人承受恶劣环境的心理能力，而不是骚扰者行为的性质。”研究表明，自尊心较高、得到亲友支持的女性能够更好地将自己“隔离于”骚扰行为最恶劣的影响。[18]特蕾莎·哈里斯正代表了这类具有复原能力的女性：尽管她在办公室经历的一切使她内心波涛汹涌，晚上回到家后还有自毁行为，但她仍旧能继续很好地履职。换言之，尽管她可能没有显现出来，却无疑正身处“恶劣的工作环境”中。

1993年10月13日上午，最高法院的庭审即将开始。此时距离特蕾莎·哈里斯辞去叉车公司的职位已经过去了六年，她忍住阵阵反胃。“我是如此害怕，与此同时，我又非常激动，”她回忆道，“我知道，**就在此时**。如果这里不行，没有别的地方可去了。”

181 尽管哈里斯提前几天来到华盛顿想到处走走，她还带来了她的妈妈、妹妹和妹夫以及一个朋友，但她还没有来过最高法院。走上那些著名的大理石台阶，来到将举行审判的法庭，她说自己“不知所措。我的意思是，实在太棒了。我从没有见过这样的地方。简直不可思议”。哈迪没有参加庭审。

因为最高法院对文森案的判决已经过去了七年，一半以上审理哈里斯案的大法官——鲁思·巴德·金斯伯格、安东尼·肯尼迪、安东宁·斯卡利亚、戴维·苏特和克拉伦斯·托马斯——都将第一次对性骚扰的问题作出裁决。两名最新成员——金斯伯格和托马斯——对该问题的看法大相径庭：金斯伯格大法官在职业生涯中一直在推动女权案件的诉讼，而托马斯大法官最近恰恰被指控有下流行为（正如哈里斯起诉哈迪的那样）。很难想象出更奇特的组合了。

威尼克第一个上台发言。他详细地讨论了“严重心理伤害”标准自身存在的问题。最高法院更关注潜在的选择：如果一个女性不必体现出心理上的痛苦也能证明被告违反了《民权法案》第七章，那么她**必须**出示哪些证据呢？法院应该规定骚扰必须“干扰”到一个女性的工作表现吗，就像平等就业机会委员会在法庭之友意见书中所提到的那样？倘若如此，就会出现其他问题：“干扰”意味着骚扰使工作环境仅仅变得“不愉快”，还是它必须“使该女性的工作变得更加艰难”？女性需要出示证据，以一种量化的方式证明自己的工作表现变差吗，例如旷工率上升、错过截止期限或者工作表现评定下降？

威尼克认为不应该采用“干扰”作为标准，因为就像心理伤害要求一样，它侧重于女性对骚扰的反应而非骚扰本身，而《民权法案》第七章旨在纠正雇主的不当行为。威尼克告诉最高法院，只要女性能够证明骚扰是不受欢迎的，就像文森案所要求的那样，她就已经证明工作“条件和要求”被“改变了”，这时对于她主观反应的检测应该终止。金斯伯格大法官认同这种观点：“假设有同样条件的男性和女性，女性总是会被告诫，你是个女人，你思考问题的方式就像个女人，而她的同事则不会遭遇这些，难道这些不会让女性的工作更加艰难吗？你还需要什么其他证据？真的这么难以理解吗？ 182

当一个人被恶意侮辱而另外一个并没有的情况下，雇用的条件和要求已经不再平等。”[19]

威尼克主张，最高法院审查的主要焦点应该在于，一个假设的“正常理性之人”是否经历了法律意义上恶劣的工作环境。威尼克认为，是否满足这个更加客观的标准取决于法院在文森案中衡量骚扰行为严重或普遍时所列举的全部因素：“这种行为发生的频率有多高，谁指控这种行为，还有谁受到这种行为的侵害，还有谁也加入了这种行为？”

但是，这种标准也很模糊，斯卡利亚大法官突然插话说：“‘足够严重或普遍，以至于改变了雇用环境。’在我看来这完全没有意义，我不在乎我们是否这么说过。”旁听席传来一阵大笑，斯卡利亚越说越兴奋：“好吧，全部这些因素都有，但是你需要从中选几个才能改变雇用环境？你怎么辨别？到底是什么样的神奇事件能让我们认为骚扰已经上升到改变工作环境的严重程度？……现在，检验标准能指出，它影响了你的工作表现，噢，这是我能看出来的事情！”[20]威尼克对这些问题回避了几分钟，坚定地主张斯卡利亚大法官提出的标准过高，这时他的发言时间结束了。

纳什维尔的本地律师斯坦利·切尔诺从案件伊始就代理叉车公司。他走到台前，要作一番解释。在言词辩论前提交的法律意见书中，切尔诺出了奇招，否定了拉比度案中的“心理伤害”要求，而这正是他的被代理人在第六巡回上诉法院获胜的基础。恰恰相反，他主张，平等就业机会委员会的“干扰”标准才是正确之选。因为哈里斯无法证明工作表现有明显的倒退，她不能证明骚扰“干扰了”她的工作能力，因此叉车公司胜诉的判决应该维持。[21]

切尔诺的言词辩论进行得并不顺利。苏特大法官和金斯伯格大法官率先发问，用第六巡回上诉法院书面意见中的话——它称心理伤害是任何诉讼的前提——来质问律师。如果第六巡回上诉法院适用了错误的证据标准，甚至切尔诺也承认是不正确的，难道最高法院没有义务推翻第六巡回上诉法院的判决吗？切尔诺回应道，第六巡回上诉法院的判决意见意味着，如果根据“干扰”检验标准，会得出同样的结论，因此最高法院可以基于这些原因直接维持原判。[22] 183
但这并没有说服大法官们。

金斯伯格大法官继续解读初审法院判决意见中的部分内容，初审法院法官认同哈里斯已经受到“持续性的贬损行为”的困扰。随后，她又问了切尔诺一个假设性问题：“我很好奇……如果（贬损行为）是基于种族、宗教或民族，面对类似的一系列持续性行为，你的分析会有不同吗？”

“我想当你试图，为了回答，这是一个非常困难的问题——回答，”切尔诺结结巴巴，最终说出“不”字，基于性别的骚扰和基于其他特质的骚扰应该采用同一种分析方式。[23]

当大法官们问切尔诺，他认为受害人需要提交何种证据才能满足“干扰”标准时，他宣称，对于骚扰诉讼，“我认为没有必要明确证明（被告）成功地干扰了（原告的）工作表现”。

“哦，好吧，这是新说法！”斯卡利亚大法官大呼，“我觉得这是新的。你现在的立场与你在辩论意见书中写的不一样。”[24] 切尔诺在金斯伯格和史蒂文斯“正常理性之人”标准的追问下又挣扎了几分钟，时间就到了。[25]

特蕾莎·哈里斯非常激动。在她看来，威尼克显然赢了言词辩论。“欧文与切尔诺的表现简直天壤之别，”她说，“不可思议。我感受到了金斯伯格大法官的支持，你能看出来她是支持我们，我觉得

（整个事情）都在我们这一边。”

言词辩论过后，威尼克和哈里斯来到全国妇女组织的法律辩护与教育基金会总部，以贵宾身份参加女权倡导者和民权人士举办的招待会。如果说华盛顿的圈内人曾对威尼克的应对能力有过些许担忧，现在也都消失了，氛围毫无疑问是喜庆的。

尽管威尼克表现卓越，但很难讲最高法院更倾向于哪一边。两
位可靠的自由派大法官——金斯伯格和史蒂文斯——在庭审中积极
184 参与，但是好几位大法官（如肯尼迪、伦奎斯特和托马斯）都被认
为可能投出“摇摆票”或保守票，他们全场沉默，或者只问了几个
问题，因此很难推测他们对于双方的论点到底持何种态度。

不用过太久就能见分晓了。最高法院通常至少要用几个月时间审议，但是对于哈里斯诉叉车公司案，最高法院只用了 27 天。哈里斯接到了威尼克的电话：他们赢了，而且是全票通过。

“《民权法案》第七章在骚扰行为导致精神崩溃前就应该发挥作用。”最高法院写道。[26] 它用一段有可能引自美国心理学协会法庭之友意见书的文字解释道，“歧视性的恶劣工作环境，即使没有严重影响雇员的心理健康，也能并且会经常影响雇员的工作表现，使雇员不想继续工作或者无法晋升。此外，”——此处的行文呼应了金斯伯格大法官在言词辩论环节中的评论——“即使没有这些有形的影响，歧视性行为极为严重或普遍，以至于因雇员的种族、性别、宗教或民族而创设了恶劣的工作环境，这已经违反了第七章工作环境平等的目标”。[27]（金斯伯格大法官提交了一份协同意见，进一步阐明她的想法：性别上的劣势并不比种族方面产生的危害小，也正是这种信念推动了她的律师事业。[28]）

最高法院推翻了第六巡回上诉法院所确立的“严重心理伤害”要求，建立了另外的标准。法院重申文森案禁止“足够严重或普遍以至于能够改变受害人的雇用条件，从而创设了一个恶劣性工作环境”的骚扰行为，指出悉尼·泰勒对文森女士的“令人发指的行为”并没有对何为违法“标出边界”。

这条边界应该是一个假设的正常理性之人认定工作环境充满恶意或恶劣。最高法院谨慎地说，并没有“精准的数学检验标准”能判断是否符合标准，且退而承认它的判决实际上要求下级法院补充判断，在什么样的环境下，一个正常理性之人会认为构成骚扰：

> 今天我们不需要回应判决引发的所有潜在问题……但是，
> 我们可以说，判断一个环境是否为“恶意”或“恶劣”，只要
> 看所有客观条件即可。因素可能包括：歧视行为的发生频率，
> 它的严重程度，是否构成对人身的威胁或屈辱，是否仅仅是一 185
> 种冒犯性的说话方式，是否不合理地影响了雇员的工作表现。[29]

（尽管在言词辩论中大法官们对如何证明“干扰”提出了诸多问题，但在判决意见中并未对此讨论。）最高法院最后强调，尽管衡量工作环境是否构成法律上不允许的恶意时，“应该考虑心理伤害等各种因素”，但“没有一个因素是必需的”。[30]

就实际影响而言，哈里斯案推翻了第六巡回上诉法院在拉比度案以及其他一些遵循拉比度案，将“心理伤害”要求视为性骚扰案必备构成要件的上诉法院的判决。此外，最高法院还推翻了第六巡回上诉法院关于维持初审法院作出的叉车公司胜诉的判决。因为哈里斯本不必证明哈迪的骚扰对她的心理造成了伤害，所以大法官们

将此案发回地区法院重审。

哈里斯欣喜若狂，马上来到威尼克的办公室，他们一起读了传真过来的判决意见，接受了多家当地和全国性媒体的访问。“然后，”威尼克笑着回忆，“我们到市中心喝了一杯。”

哈里斯勇敢地挺身而出控诉骚扰，并最终获得最高法院的胜诉判决，被全国各地的民权倡导者赞扬。她甚至接到了安妮塔·希尔打来的祝贺电话。哈里斯曾全神贯注地观看了希尔在托马斯的国会确认听证会上的作证过程，对参议院司法委员会的提问者们满腔愤怒。（“我的意思是，就根据我自己的经验，谁会去编造这种事？你能得到什么好处呢？”）她帮助了成千上万名完全不可能谋面的女性，这个事实很让她费解，但的确令哈里斯非常欣慰。“如果人们认为女性不会在工作场所被骚扰，那就太天真了，因为她们仍在经受这些。在工作场所仍旧存在很多偏见，还有各种各样类似的事，”她说，“但是，我的案子也许能够帮助女性更容易应对。我为此感到很高兴。”

最高法院将特蕾莎·哈里斯案发回田纳西州的初审法院。法官
186 作出新的判决，这一次哈里斯胜诉。法官命令叉车公司支付哈里斯151 435美元，赔偿她因哈迪的骚扰被迫辞职后损失的薪水以及为诉讼花去的全部费用。他还要求公司明文禁止性骚扰。哈里斯和威尼克对于法官计算拖欠工资的方式有异议，他们认为金额过低，而叉车公司则对判决完全不同意。然而，双方都不想再花费更多的时间和金钱进行上诉，他们达成和解，和解的金额不曾披露。

在最高法院签发判决时，哈里斯已从护理学院毕业，并已在范德堡医院的骨髓移植部门工作了近一年。她没有告诉她的同事这个

案子，甚至在她请假前往华盛顿参加最高法院庭审时也没有说。然而，判决公布后，哈里斯的名字和照片见诸各种新闻，令她又惊又喜的是，同事们都很支持，纷纷表示祝贺，还调侃她保守秘密这么久。

考虑到三年前与哈迪在审前的秘密会面，最高法院的判决中有一点尤其令哈里斯惊喜，哈里斯诉叉车公司案判决意见的执笔者正是桑德拉·戴·奥康纳大法官。

第 9 章

不要向报信者开枪！

北伯林顿与圣达菲铁路公司诉怀特案

Burlington Northern
& Santa Fe Railway
Company v. White, 2006

187 1997 年夏天，希拉·怀特从孟菲斯市怀特黑文街区的家中驱车前往市中心东南部 15 英里处的一座大型铁路站场，北伯林顿与圣达菲铁路公司在此举办一场工作面试。怀特那时是一个 41 岁的单亲母亲，有 3 个孩子，已经失业近一年了。她之前在制药巨头先灵葆雅公司担任机器操作员一职，后在裁员中被解雇。从这一岗位以及此前的工作中，她学会了操作铲车。这对她的面试官之一马文·布朗来说是个好消息。布朗是孟菲斯铁路站场的路段养护负责人。

怀特应聘的是铁道工，主要职责是修理或维护北伯林顿与圣达菲铁路公司货运铁道线路，不过，布朗需要找人来操作孟菲斯铁路站场的铲车，以前做这个工作的人最近被调到了公司的其他岗位。第二轮面试成功并通过公司的体检后，怀特于 1997 年 7 月 2 日到岗。她所在的部门有近 100 位雇员，而她是其中唯一的女性。

怀特在孟菲斯长大，是家里两姐妹中的姐姐，体形娇小，热情
188 洋溢，一头短短的白金色头发衬托出圆圆的脸蛋。她言谈从容，彬

彬有礼，一口南方口音。她的父亲利昂是一位高中历史老师，母亲鲁比是一位社会工作者，父母培育了她的社会良知。与同一时期在南方长大的其他非裔美国人一样，怀特记得日常所遭受的屈辱，比如被迫坐在市区公共汽车的后部，还有被迫在服装店的地下室“有色”区域购物。她所在高中的种族融合徒有其名：白人学生欺负过怀特和她的朋友；费尔利高中年鉴分别评选了两对男生女生，授予“费尔利小姐和先生”的桂冠。（非裔美国人那对的照片是黑白的，而白人那对的照片是彩色的。）虽然怀特的父母支持当时席卷全城的民权运动，但他们希望当时还是青少年的怀特能安全地置身事外，所以怀特仅参加过几次抗议，都是偷偷溜出家中，前往孟菲斯市中心反对种族隔离的商店和饭馆。

怀特高三时生育了第一个孩子，是个女儿，并与高中时的爱人结婚。他们一起生活了四年多，并在离婚前生育了第二个女儿。她最终再婚，并生育了第三个孩子，这次是儿子。1997 年夏天，怀特开始在北伯林顿与圣达菲铁路公司工作时，她的第二段婚姻已经结束，她的生活重心围绕着孩子、教堂、朋友和志愿者活动。（她最喜欢做的志愿者活动之一是为费尔利高中仪仗队的旗手们缝制制服。）她的两个女儿在读大学，儿子则还在上高中。得到这份时薪接近 15 美元的工作时，她非常惊喜，福利也很优渥，有医疗保险和退休金计划。她认为这可以保证她的三个孩子完成大学学业，同时能为她提供舒适的退休生活。[1]

怀特的直接主管是北伯林顿与圣达菲铁路公司的老员工比尔·乔伊纳。令她震惊的是，工作第一天，在为她和另外 5 名新员工举办的入职培训中，乔伊纳特别指出：“希拉，当你来例假的时候，你要告诉其他人，以便我们可以给你安排轻松的工作。”近 20

年后，当怀特回想起这一时刻，她还是难以置信。“我呆住了，因为我不敢相信他居然会这么说。”这是她第一次因为自己是女性而在工作中被区别对待。“因此，直觉告诉我，最好要小心点。”

怀特的直觉是准确的。乔伊纳经常告诉她，铁路上的工作“没
189 有女性的位置”，她应该去找其他工作。他从来不让她加班，但是与她资历同等或逊于她的男性都被指派了加班工作。乔伊纳拒绝给她提供公司派发的雨衣，但她的男性同事都有自己的雨衣，她也经常在恶劣的天气下被派去工作。乔伊纳告诉她，路段养护负责人马文·布朗虽然刚决定雇用她，却已希望乔伊纳能在 60 天的试用期内找个理由辞退她，以免她的工会合同生效。

乔伊纳并不是唯一令怀特的工作变得痛苦的人。正如一位主管后来描述的，孟菲斯铁路站场存在着“普遍的反女性氛围”。[2] 或许是受到公开歧视女性的老板的鼓舞，其他同事也告诉她，女性不应该在这儿工作。路段同事在前往偏远地段修缮铁轨的途中会炫耀他们的性事“壮举”。孟菲斯铁路站场里仅有的一个洗手间是男女通用的，而且没有装配完好的锁。在同事多次不打招呼就闯入后，怀特要求修理门锁，但没人理会。她开始从一位同情她的同事那儿借卡车，驱车前往附近的北伯林顿与圣达菲铁路公司办公室，那儿有女性卫生间。如果不用因为列车穿过而停车的话，她通常能够在五分钟内往返。

1977 年 9 月 10 日，怀特在半夜被调到一处火车脱轨现场。当比尔·乔伊纳到达现场时，他将怀特召到一辆机动轨道车的另一边，远离她的那些同事。“他说，‘希拉，快过来，拿手电筒帮我照一下，我看不清尿哪儿，’”怀特回忆道，“我认为这很恶心。你要暴露自己，还想让我帮你打灯？我告诉他，我绝对不会做这样的事。”

怀特向北伯林顿与圣达菲铁路公司提交了一封投诉信。在这份手写的声明中，她称“工头乔伊纳在与异性同事工作方面存在问题”，并具体描述了过去两个半月来，乔伊纳专门针对她的多种虐待方式。那天晚些时候，她会见了马文·布朗及其上级。这两个男人很快看完了她的投诉信，当读到撒尿事件时，他们笑成一团，并向怀特承诺，他们会将投诉信提交至北伯林顿与圣达菲铁路公司人力资源部，以供调查。

十天后，布朗通知怀特开会。这次，公司人力资源部的一名代表和他一起出现。布朗告诉怀特，公司的调查已经证实乔伊纳曾骚扰过她，他将被停薪停职十天，且需要参加人际敏感性培训。公司 190
将在他的永久性个人档案中放入谴责书。不幸的是，事情远没有这么简单。布朗解释道，在调查过程中，由于受访的一些男性同事抱怨怀特的铲车操作员工作比其他人轻松，她将不再担任这一职务。这一岗位上的原职工恢复职务，怀特则要履行日常的铁道工职责。此外，乔伊纳在停职期满后，仍然是怀特的直接主管。“我开始哭，”怀特回忆道，“我（告诉他们）不应该这么对我，因为这是错误的。他们认为比尔·乔伊纳有过错，但是他们为什么要将我调离铲车工的职位，就因为他们认为乔伊纳有过错？”怀特把这一职位变动视为对她的报复，但他们没有理会。

怀特郁郁寡欢。她热爱铲车工工作，她完美地完成工作，用自己的技能获得成就感。正如其同事的怨言所证明的那样：铲车工工作是一份美差，一般的铁道工职责更为困难。在田纳西的烈日下，工人们拆卸和组装铁轨，从卡车上装载和卸载沉重的设备，清除灌木丛，还要清理掉有可能会阻塞轨道的垃圾。这是个脏活，要用油去润滑工具和机器，会吸入轨道道床所产生的粉尘，有时甚至需要伏地工作。他们也经常被迫丢下家人，去很远的地方出差，每次需要加班工作数天甚至数周。（怀特引用孟菲斯铁路站场众所周知的名言：“你参加工作后碰到的第一个问题就是：‘你结婚了吗？’你说：‘结了。’‘那么，你会离婚的。’”）尽管铁道工的工资收入与铲车工一样，但怀特坚信此次调动是对她投诉的处罚。

怀特所在教会的一位女士就职于平等就业机会委员会，她告诉怀特可以去她的办公室，提起诉讼。怀特听从了她的建议，还带上了一堆便携笔记本。她在笔记本上随手记下了自工作第一天以来，自己在北伯林顿与圣达菲铁路公司的生活，并向平等就业机会委员会调查员解释自己的故事。

尽管怀特坚信乔伊纳有关例假的评论以及他对女性雇员的恶意有违法律，但她并不确定自己这次被调离铲车工岗位是否非法。不
191 过，平等就业机会委员会调查员告诉怀特，第七章也禁止对投诉歧视的雇员进行报复。保护个体免受报复才能更好地实现第七章消除歧视的目标，如果雇员被随意处罚，他们因为太过害怕而不敢披露自己所遭受的歧视，那么这种歧视将会愈演愈烈。

调查员告诉怀特，她认为，由于此前怀特就乔伊纳提出了书面投诉，这次调离铲车工岗位便构成针对她的非法报复。1997 年 10 月 10 日，怀特对此提起指控。

怀特对铁道上的新岗位感到无所适从，她说，“我不知道该如何开始从事这项工作”。在操作那些重量远超 100 磅的设备时，无知无疑是相当危险的，“在那里你很容易就会受伤甚至死掉”[3]。为了尽快熟悉工作，她开始观察自己的同事，拜那些相对友好的同事为师。她发现了合作的乐趣，并学习了新的技能，例如使用手提钻

将道钉打入轨道、板材、枕木中。

但是，据怀特所言，北伯林顿与圣达菲铁路公司竭尽所能地孤立她，迫使她辞职。毕竟，她提出的已经不仅是内部投诉，而是向联邦机构提出的正式指控。她经常被指派去独立完成一些两个人以上操作才会相对安全的工作。如果她与同事相处融洽，那么她就会被突然调去完成新的任务，通常都是在城外甚至外州。在出差过程中，怀特经常会与来自各个地区的北伯林顿与圣达菲铁路公司的工人和管理者同行。她名声在外。“在我工作的每个州，他们都知道我是谁。曾有一个工头在我还没自我介绍时就说‘你就是希拉·怀特’，然后告诉我，‘你最好守规矩，按我说的做’。”

至少，怀特不用再与比尔·乔伊纳一起工作。他笑称停职是一次“休假”，称自己停职期间还有工资拿，在他停职结束回到岗位后不久，他被调去阿肯色州。一个名叫珀西·夏基的年轻非裔美国男子接班成为怀特的上司。但是，显然，从一开始，夏基就不打算让怀特过得轻松。“你要按我说的去做，不要问任何问题。”他告诉怀特。夏基还告诉怀特，马文·布朗觉得她是一个“惹祸精”，想把她“除掉”。怀特回忆道：“布朗先生每天都给夏基打电话。他想知道我 192
的行踪，我正在干什么，我何时上班，何时下班。”

怀特听说其他的主管也接到了布朗的指示，要密切监督她的一举一动，希望能找到可以开除她的过错。她甚至听说了一个谣言，谁要是成功地发现了她的过错，就会被奖励一台全新的卡车。有时，布朗本人亲自来监督她。“他从他的卡车上下来，坐在我的工作场地，在我工作时紧紧地盯着我。”当然，如此紧盯，使得怀特无法融入同事之中。哪怕只是和她坐在一辆车上，都会被工头拦下来，然后检查每个人是否都系好安全带。

这种显微镜一样的观察开始使怀特压力倍增。1997 年秋去冬来之际，她陷入一种她所称的“深海贝壳般的抑郁”状态。她“很难思考，很难驾驶车辆”。尽管她经常感到疲累，但无法入眠。她不再和朋友或家人交流，甚至放弃了教堂礼拜和志愿者活动。她头痛，不能自控地落泪，她努力挣脱这种状态。怀特的大女儿莫妮卡随后在庭审中证实，她母亲已经陷入“孤独”和“离群”状态，这使得她不得不每个月至少两次从位于诺克斯维尔的大学回到家中，试着让母亲振作起来。“她以前是我最好的朋友，我的姐姐，”她说道，“但（现在她）不再是了。”[4]

1997 年 12 月 4 日，怀特向平等就业机会委员会提起了一个新的指控，称公司与日俱增的监视活动是对她的报复。一周后，怀特被分派随一组孟菲斯铁路站场的工人前往阿肯色州的布莱斯维尔修缮铁路。早晨，任务分配完毕后，夏基让一个名叫格雷格·纳尔逊的工人驾车与自己同行，并让怀特加入当地铁路站场的工头所带领的队伍。怀特则根据之前被告知的安排，去乘坐孟菲斯铁路站场工头的卡车，但是他拒绝让她上车，而让格雷格上了卡车，车队丢下怀特离开。怀特回到集结区，告知夏基所发生的一切，夏基十分生气。在打电话给马文·布朗后，夏基通知怀特，由于违反命令，她将被停薪停职，该决定即刻生效，并应立即返回孟菲斯。然而，格雷格·纳尔逊却未受到处罚。

因此，怀特再次向平等就业机会委员会提出指控，称停职处罚是对她更进一步的报复行为。她还联系了负责启动公司申诉程序的工会代表，希望能够撤回停职处分。但是，她之后所能做的只有等
193 待。这恐怕是最糟糕的一段日子：两周后便是圣诞节，怀特根本不知道什么时候，或者是否可以再次获得薪水。她后来在庭审作证中

表示，那个节日“是我人生中最糟糕的一个圣诞节。没有收入，没有钱，这让家里所有人都感到很糟糕……我非常失落，因为……我甚至都吃不到圣诞晚餐，一顿饭……我非常焦虑，根本无法入眠，真是饱受折磨”。[5]学校新学期于 1 月开始，怀特无法支付女儿们的大学学费，只能向她的父母要钱。父母和朋友帮助她添置了一些杂物和其他必需品。有了他们的帮助，怀特才能暂时周转过来。

怀特明白她需要获得帮助，以应对工作所带来的情绪后果。1998 年 1 月初，她开始去看心理医生。第一次就医后，她获知了一些好消息：她赢得了申诉，现在能够恢复工作了。对她不服从上级的控告是毫无根据的，停职也是不公的。公司也将补偿她这 37 天停职时间所应得的工资。

虽然这一补偿使怀特的经济状况回到安全线内，但当她返回孟菲斯铁路站场时，发现现实仍未改变。一次性骚扰投诉，提交给平等就业机会委员会的三次指控，加上现在以她的名义启动的工会申诉程序，怀特更加成为一个“惹祸精”。

在恢复工作一个多月后，怀特的心理医生建议她向公司请病假到夏季，称她“现在无法工作”。[6]当病假结束后，心理医生开出更久的休假时间。医生于 1998 年 11 月 4 日向北伯林顿与圣达菲铁路公司发出一份通知，称怀特患有创伤后应激障碍和重度抑郁症，其症状包括心情沮丧、焦虑、幻觉重现、记忆力衰退和无法集中精力。“患者处在焦虑之中，”医生写道，“无法处理和应对压力。”至于怀特大概何时能够回到工作，医生称“待定”。[7]

结果就是，在怀特诉北伯林顿与圣达菲铁路公司案（*White v. Burlington Northern & Santa Fe Railway*）庭审启动近两年后，怀特依然没有回到孟菲斯铁路站场工作，此时已经是 2000 年 8 月。1999 年 6 月之前，她的心理医生始终认为她没有做好工作准备。但
194 那时，北伯林顿与圣达菲铁路公司已经临时解雇了一部分缺勤的铁道工，怀特没有足够的年资，不可避免地也在其中。她并没有被开除，但也无法参加工作。

在庭审中，怀特的代理律师是唐·多纳蒂，孟菲斯一位经验丰富、擅长雇用关系诉讼的律师，及其刚从法学院毕业一年多的继子比利·瑞安。北伯林顿与圣达菲铁路公司的代理律师同样也是一对父子，他们的名字是埃弗里特·吉布森和拉尔夫·吉布森。作为一个规模仅次于联合太平洋铁路公司但资产与其相当的铁路公司，北伯林顿与圣达菲铁路公司选择吉布森父子代理诉讼非常奇怪，因为他们的律所规模并不大，主要处理酒驾辩护、人身伤害和离婚案件，而非雇用关系诉讼的辩护。

主审法官是乔恩·麦卡拉，他曾在陆军担任中尉，后由乔治·H. W. 布什任命为法官。由于性格“古怪”，麦卡拉在孟菲斯法律界的名声并不好，[8] 招致一些律师的投诉以及一项针对他所作所为的官方调查，还有——就在怀特案的庭审开始前数月——他在量刑听证会上对一位律师作出“粗暴的举动”，遭到了联邦上诉法院的谴责。[9] 怀特并不知道这段历史，但她不喜欢麦卡拉对可能担任陪审员的女性说话时的“尖锐语气”。怀特也担心陪审团的人员组成：只有一位不是白人，其他均为白人；男性陪审员数量多于女性。在怀特看来，大部分陪审员无法对她感同身受，过于倾向“公司”。

怀特提出三项指控。首先，乔伊纳的行为对她构成恶意工作环境。另外两项则与报复行为有关。第一，怀特被调离铲车工岗位是否构成因为投诉乔伊纳骚扰而招致的报复？第二，因为她不服从上

级而作出的停职决定是合法惩戒，还是对她向平等就业机会委员会提起控诉的报复行为？

三天来，陪审团听取了九位证人的证言，包括怀特本人以及北伯林顿与圣达菲铁路公司中的主要当事人：比尔·乔伊纳、马文·布朗和珀西·夏基。他们都承认，铲车工的工作相比一般的铁道工更加轻松、干净，更为抢手。布朗也承认，在怀特投诉乔伊纳之前，男性员工都在抱怨，认为怀特的工作是“小儿科”，乔伊纳是在她提出投诉以后才作出调离决定的。[10]他和乔伊纳都承认，怀特工作十分称职，凭工作表现不应将她调离。[11]但是，对于申诉中提 195
到的怀特因不服从上级而受到停职处分一事，布朗和夏基说不清何人作出这个决定，以及决定的缘由。[12]

怀特针对两次报复行为的诉求很难奏效，不仅仅是因为陪审团的态度难以预测。第七章的反报复条款徒有骨架而无国会委员会的证言或是其他立法史来使其成型。该法仅仅规定了，对反对偏见待遇之人的“歧视”是违法的，却没有对报复性“歧视”作出定义。与之形成鲜明对比的是，该法禁止就业歧视的部分用各种表述明确列举雇主的何种行为基于性别（以及种族、民族、肤色和宗教）而被禁止。这项条款解释称，下述情形均属违法：“未能或拒绝雇用”某人，“解雇”某人或在“工作赔偿、工作条款、工作条件、工作特权”等方面区别对待某人，或是“限制、隔离或区别对待……雇员或应聘者，不论以何种形式剥夺或试图剥夺任何个人的就业机会，或对其作为雇员的身份产生不利影响”。[13]

故而，留待法院定夺的是，怎样才算对就所感知到的偏见待遇提出投诉之人的“歧视”。曾考量过这一问题的所有法院均形成了一个基本的检验标准：雇员必须表明他或她已就感知到的歧视行为提出投诉，且该投诉导致雇主采取“不利行为”。但是何种程度的“不利”才是**非法的**“不利”？

联邦法官对此无法达成一致意见。12 个联邦上诉法院使用 3 种以上的不同标准。一些法院认为，仅在针对投诉作出最严重的报复行为（如解雇、降职等）时，方可提起反报复诉讼。其他法院认为，报复行为应更容易证明，并且应包括看似细小但明显意在报复的雇主行为，例如，严密监控雇员的上下班时间，或是驳回之前已批准的休假申请。

态度居中的是第六巡回上诉法院，其辖区包括田纳西州、肯塔基州、密歇根州以及俄亥俄州，该院分析反报复诉讼的方式与对待其他第七章诉讼的方式相同：雇员必须证明其投诉导致“（她的）雇用条款或条件”发生“实质性不利改变”。正如一家法院所解释的那样，“实质性不利”之定义不但包括影响雇员经济状况的行为，如解
196 雇或者削减工资；还包括工作变动，如“职务下降，福利方面的实质性损失，工作职责上的大幅缩减，或者”——怀特和她的律师希望陪审团同意适用于她的一些笼统情况——“个案下的其他特殊迹象”。[14]

北伯林顿与圣达菲铁路公司辩称，工作调动或停职处分均未达到第六巡回上诉法院的“实质性不利”标准。虽然铁道工的日常职责也许确实比铲车工更为艰辛，但铁道工才是怀特申请、面试以及被雇用的岗位。怀特的工作调动也未导致其工资减少、资历损失或造成其他任何有形的损害。怀特只是不那么喜欢这一岗位，因而，北伯林顿与圣达菲铁路公司认为，这不足以达到“实质性”标准，以至于违反法律。怀特的停职也是如此：她已恢复原职，并且获得所有拖欠的工资、年资以及在申诉结果未定的 37 天内所损失的其他

福利。因此，她并未遭受任何现金损失，也仍然拥有工作。虽然，不可否认的是，她在一个多月的时间内饱受压力，但这也不足以达到“实质性”损害，乃至于构成非法的报复行为。

经过数个小时的审议后，陪审团裁决：支持怀特的前两项诉求。（不知出于何种原因，陪审团无须解释其裁决，怀特关于恶意工作环境的第三项诉求并未得到支持。）陪审团裁决给予她如下补偿：律师费；3 250 美元，用于补偿其在治疗抑郁期间支出的医疗费；还有 40 000 美元，作为她的精神损害赔偿金。

若一方当事人对陪审团的裁决不服，该当事人有两种选择：质疑庭审程序，如指出某项证据被陪审团错误地排除，或者指出陪审团指示的所适用法律标准有误；或者请求主审法官撤销该裁决。北伯林顿与圣达菲铁路公司选择了后者。尽管在一场记录在案的庭审会谈中，麦卡拉法官承认，该案迈向了新的领域，“在这一领域，第六巡回上诉法院最终可能会留下浓墨重彩的一笔”，他若有所思，[15] 但他很快驳回了北伯林顿与圣达菲铁路公司的动议。根据“（她的）个案情形下”的“迹象”，他认定，怀特的工作调动和停职都达到了
“实质性”标准，足以支持这一裁决：虽然铁道工的工资与铲车工的 197
一致，但无论出于何种目的，铁道工的艰苦现状使得该调动成为一次降职，同时，怀特在 37 天的停职期内未获得收入，并且，若非工会介入，此次停职将演变为永久解雇。[16]

麦卡拉再有先见之明不过了，第六巡回上诉法院的确在本案中留下了浓墨重彩的一笔。第一次是在 2002 年的秋天，北伯林顿与圣达菲铁路公司对麦卡拉拒绝重审的决定提出申诉。法院以 2∶1 的投票结果判决，现有证据不足以支持怀特的胜诉裁决。“怀特被指示

履行北柏林顿公司当初雇用她时要求的岗位职责，我们没有看出怀特遭受不利的职业行为的迫害。”[17]“此外，地区法院的推理论证忽视了一个不可或缺的事实，即北柏林顿公司最终取消了对怀特的停职决定，恢复了她的职位，并为此向她全额赔付欠付的工资和加班工资。”[18]当得知自己的胜诉判决被撤销时，怀特说，“我觉得自己好像被炸弹击中了”。[19]

随后，多纳蒂向上诉法院提交重审动议：要求第六巡回上诉法院的全体法官审理此案。多纳蒂的动议最终得到了批准，该案将于2003年夏由全院法官进行审理。为了此次辩论，北伯林顿与圣达菲铁路公司将其律师团队替换为更强大的阵容——汤普森与奈特律师事务所（Thompson & Knight）达拉斯分所。

多纳蒂仍是怀特的代理律师，但本案也吸引了一些高层的注意。平等就业机会委员会代表怀特提交了法庭之友意见书。该机构不但支持怀特，而且敦促法院免除“实质性不利”的要求，并采用平等就业机会委员会《指南》中对雇员更为有利的标准。（另有三家上诉法院已采用该标准。）在这一标准之下，如若雇主对投诉的雇员采取了惩罚性行为，假设雇员能够事先预见，这很可能会打消雇员投诉的念头，那么该雇主即违反了第七章。[20]《指南》中包含了一个例证。假设雇员因为上司拒绝批准雇员晋升而提出投诉，数日后，上司告诉该名雇员，别来参加部门里其他员工都参加的每周午餐聚会。平等就业机会委员会称，上司的行为已经构成非法的报复行为：因为大部分雇员都不希望被上司公开排斥，他们不会为了失去的晋升机会而冒险投诉，换言之，这种排斥行为将在“相当程度上阻止”
198 雇员投诉。[21]原因在于，除了解雇和削减工资外，还存在许多种惩罚员工的方式，第七章同样也应该保护雇员免受这些隐蔽的报复行为的伤害。

2004年4月，第六巡回上诉法院作出判决。13名法官无法就“不利行为”达成统一标准。8名法官同意保留“实质性不利”标准，而5名法官则支持平等就业机会委员会所提议的更为宽松的标准。但他们**可以**就一点达成一致：原合议庭的判决应予以撤销，怀特的陪审团裁决应予以恢复。无论采取何种标准，北伯林顿与圣达菲铁路公司将怀特调离铲车岗位以及因不服从上级而对她作出的停职决定均构成非法的“不利行为”。

从三项平等就业机会委员会指控到一次庭审、一次申请重审的动议，再到两次第六巡回上诉法院的庭审，北伯林顿与圣达菲铁路公司都极力对抗怀特的诉求。因此，不出怀特所料，北伯林顿与圣达菲铁路公司再次败诉后，决定向最高法院申请调卷令。（“我知道他们会对任何有关我的诉讼提出上诉，”希拉·怀特叹息道，“他们对我的名字恨之入骨。”）

2005年12月5日，结果出来了：最高法院批准颁发调卷令。

“如果说我们对于联邦最高法院同意审理此案的决定并不感到惊讶，这听起来可能有些奇怪，但这就是我们的感觉。”唐·多纳蒂在后来写道。[22]他意识到，联邦法院对于报复问题的分歧恰好是典型的“巡回上诉法院分歧”（circuit split），促使最高法院决定在每年收到的数千份调卷令申请中批准该案的申请。法律标准的不统一意味着雇主、雇员和法院都心存困惑。

对这一问题的分歧是近来才出现的。其中一个缘由是1991年《民权法案》，该法不仅允许获得对于现金损失的补偿，如欠付的工资和律师费等，而且将第七章的适用范围扩大至精神损害赔偿金和惩罚性损害赔偿金的索赔。当各个法院开始处理类似希拉·怀特提起的这类诉讼——雇主的报复行为未造成经济损失，但造成了精神损害，对于损失的评估，各法院的标准不一致。

可以说，最高法院要对反报复诉讼的增多负间接责任。在1997年的一个判决中，最高法院认定，第七章的反报复禁令不但保护在职雇员，而且还包括离职人员。在那个案件里，壳牌石油公司的前销售代表查尔斯·鲁宾逊声称，在他被裁员并通过平等就业机会委
199 员会提出种族歧视指控后，壳牌石油公司干涉他寻找新工作，向他未来的雇主说自己的坏话。最高法院判决，第七章可以作为鲁宾逊的诉求依据，即便壳牌石油公司在业界诬蔑他时，他已不再为其效力。最高法院推论称，保护离职雇员免受报复行为的侵害，这对于维护第七章的根本宗旨——纠正歧视行为——至关重要。如果投诉因种族歧视所致的解雇的代价是被排斥，毫无疑问，许多离职的雇员都不希望付出这种代价。被解雇的职员不会投诉，雇主则继续肆无忌惮地进行种族歧视。

1998年，最高法院在两起里程碑式的性骚扰案件中作出判决，这让提出反报复诉讼的原告范围变得更加广泛。在那些判决中，大法官们终于回答了十年前米歇尔·文森案遗留下来的疑问：雇主是否要对管理者的骚扰行为负责，即使雇主从未知晓此事?

第一起案件的当事人是贝丝·安·法拉格。她曾在佛罗里达州波卡拉顿的担任海滩救生员。《华尔街日报》风趣地形容该案“有《海滩游侠》和《法律与秩序》的感觉”。[23] 法拉格称自己经常遭到直属上级的性骚扰。这两个男人经常色情地触碰她，低俗地评论她的身体（“如果你有胸的话，我恨不得马上就上了你。”[24]），做一些色情的动作，并提出粗俗的求欢请求。其中一人曾警告法拉格：“要

么和我约会，要么你就去扫一年厕所。”[25]

第二起案件由金·埃勒特提起。她是纺织业巨头伯林顿实业公司的销售代表，长期忍受着上司的性骚扰。他紧盯着她的胸部不放，挑逗性地抚摸她，还在电话中提出性暗示（“金，你那双美腿怎么样了啊？”），还跟她讲关于无脑金发女郎的黄段子。[26] 在一次出差中，这个男人逼迫埃勒特一起喝酒，然后对埃勒特的胸部大小进行了一番评论，告诉她要“放得开”，并告诫她“金，你懂的，我可以让你在伯林顿过得更轻松，也可以让你更痛苦”。

除了发生于不同的工作地点，这些案子如出一辙。每一位女性都称自己受到管理者肆无忌惮的性骚扰，因而被迫离职，但没有一个受害人对雇主提出过正式的投诉。

在同一天作出的这两个判决中，[27] 最高法院确立了新规则，认定：根据第七章，公司对管理者的骚扰行为承担责任。如果骚扰者利用他的权力针对雇员作出一些实际行动，如开除或降职，那么公 200
司就自动对此负责。但是如果骚扰者仅仅制造了一种恶劣环境，正如法拉格案和埃勒特案中的情况一样（米歇尔·文森案亦是如此），那么雇主如果能够证明自己已经采取预防性措施，如已设立投诉程序，且起诉的雇员没有使用这一程序，则可以赢得诉讼。

最高法院称，其意图旨在鼓励员工上报骚扰行为，因而雇主可以对此进行补救，以免真的发展成为一起联邦层面的案件。因为波卡拉顿并没有这样的预防机制，所以下级法院所作的有利于法拉格的判决得以维持；鉴于相关时期内，柏林顿实业公司确实存在反骚扰政策，故埃勒特案被发回初审法院重审。

虽然大部分人从没有听说过它，但许多员工都切身体会到了所谓法拉格案 / 埃勒特案抗辩的影响。在创设近 20 年之后，性骚扰政策、“人际敏感性训练”以及公司投诉热线就像电子邮件一样已经成为许多美国人工作生活的一部分。凭借这些机制，雇主希望至少能规避一些性骚扰诉讼。当然，在实际操作中，一旦公司采取这些措施，员工便会以此来提出骚扰投诉。更多的投诉也意味着更高概率的报复行为。因此，第七章的反报复条款保护了那些宣称受到歧视——不仅是“基于性别”的歧视——的雇员，而法拉格案和埃勒特案的判决增加了该条款对职场女性的适用性，她们正是提起性骚扰诉讼的主力。[28]

总而言之，20 世纪 90 年代的这些发展不但使各个法院对于“如何才构成非法的报复行为”这一问题更加困惑，而且使得诉讼数量急剧增加：在最高法院同意审理怀特案前，每年通过平等就业机会委员会提出的 75 000 件诉讼中，近三分之一涉及控诉报复行为。[29]

2006 年 4 月一个阴雨的早晨，北伯林顿与圣达菲铁路公司诉怀特案的言词辩论在最高法院举行。希拉·怀特和丈夫安德鲁·帕里什一道，从孟菲斯市赶往庭审现场。从她首次面试北伯林顿与圣达菲铁路公司的岗位到现在，已经过去将近十年。如今她无法胜任
201 “劳累的”铁道工岗位，靠着伤残抚恤金勉强度日。辩论开始前几天，怀特还告诉当地的一名记者，“知道有人关注我，我十分欣慰，尤其是因为他们还关注法院判决和法律”。[30] 那是狂风暴雨的一天，怀特漫步于最高法院的台阶上，穿过大理石柱，她很享受这段经历——作为一名当事人而非游客。“对我来说，这是一次非常棒的体验，”她感叹道，“很多人都没有这样的机会。”出乎怀特的意料，当她在拥挤的法庭走向自己的座位时，旁听席中的很多人都认出了她，甚至还有人向她索要签名。

十余年未经变化的最高法院，其人员配置发生了巨大的改变。首席大法官约翰·罗伯茨接替大法官威廉·伦奎斯特，刚上任六个月，塞缪尔·阿利托大法官则在近期接替了桑德拉·戴·奥康纳。奥康纳的退任使得最高法院仅余一名女性大法官——鲁思·巴德·金斯伯格。由于最高法院新的性别组成以及新增的两名保守派大法官，女权和民权团体联盟均反对提名他们，人们比平时更难预测就业歧视案件的进展。

代理北伯林顿与圣达菲铁路公司的是卡特·菲利普斯。他是全国最大的律师事务所之一盛德的一名资深的诉讼律师，曾是司法部副部长的助理，并担任过沃伦·伯格大法官的助理。北柏林顿案是他第 50 次在最高法院出庭了。

唐·多纳蒂将参与怀特案的辩论。虽然依据孟菲斯市的标准，多纳蒂算得上是资深的诉讼律师，但在他的执业经历中还从未有登上诸如最高法院这样的全国性舞台进行辩论。因此，在调卷令颁布后，多纳蒂马上寻求埃里克·施纳佩尔的帮助。施纳佩尔是全国顶尖的最高法院出庭律师，曾在美国全国有色人种协进会法律辩护与教育基金会工作了 25 年，随后在华盛顿大学任法学教授，撰写过 12 份法律理由书和 80 份辩论意见书，主要集中在劳工法领域。[31] 施纳佩尔的主要职责是准备意见书中的论点，而多纳蒂则准备接受 9 名大法官的拷问。[32] 他参与了两次模拟法庭：一次是由 40 多个女权组织及相关团体的法律顾问组成，这些团体提交了有利于怀特的意见书；另一次则是在乔治城大学法学院著名的最高法院研究所（Supreme Court Institute）进行。[33]

卡特·菲利普斯在辩论的一开始，便明确向大法官们传递自己 202
的意思：考虑一下你们的判决会给“现实生活”带来怎样的影响。

他用开庭陈述的第二句话提醒最高法院："过去十年中此类案件数量已经增加了100%以上，在平等就业机会委员会的待审案件表中，超过30%都是反报复诉讼。处理一件反报复案件的平均成本超过13万美元。"防止此类诉讼"再增长100%"的唯一方法就是遵守"实质性不利"标准。[34]另外，菲利普斯辩称，最高法院应该认定北伯林顿与圣达菲铁路公司针对怀特的行为不足以达到"实质性"标准，[35]正如第六巡回上诉法院最初对希拉·怀特案的判决一样。

菲利普斯的难题在于，大部分大法官似乎都知道，雇主可以轻而易举地让雇员的日常生活变得艰难。布雷耶大法官是第一个开口的，"国会很担心人们不敢再投诉。有成千上万种骚扰他们的方式……你可以做各种事情。你可以排挤他们，可以侮辱他们"。几分钟后，他说："有很多方法可以严重地伤害一个人……以阻止他们去投诉。"[36]金斯伯格大法官提出假设，对于一名提起投诉的女性员工，管理者可以通过改变她的工作时间来惩罚她，因为他知道这么做会打乱她照顾孩子的计划。[37]斯卡利亚大法官认为，两周没有工资收入（即使之后得到补偿），已经足以使"某些人陷入极大的困境"，更不要说像怀特这样37天没有收入了。[38]

菲利普斯徒劳地想将重点集中于雇主报复所导致的最终"经济效益影响"，比如，将怀特从铲车工调为铁道工并没有任何经济影响，肯尼迪大法官插话说："她受到的影响你不知道而已。"[39]苏特大法官称："如果你的论点正确，那么，菲利普斯先生……雇主在界定工作类别时，最好将一个非常棒的工作和一个非常糟糕的工作归入同一工作类别之中。"只要两份工作的工资一样，将雇员调到糟糕的工作岗位，这一惩罚便不算违法，苏特称："我的意思是，在我看来……这是在报复行为的概念上打擦边球。"[40]

马上便轮到唐·多纳蒂进行辩论。他态度诚恳，毫不造作，与菲利普斯形成极大反差。（菲利普斯是一个极其自负的人。在谈及骚扰行为的标准时，斯卡利亚大法官将“恶劣的或是普遍性的”误称为“恶劣的或是诱导性的”，[1] 菲利普斯便指出他的错误。）多纳 203
蒂极力称赞大法官们提出了一个“很棒的问题”，[41] 一个“合理的问题”，[42]“完全正确”。[43] 他在辩论中极力区分非法的报复行为和无关紧要的冷落行为，比如——在斯卡利亚大法官提出的一个假设中——被指控歧视的管理者对提出投诉的下属“不够友好”。多纳蒂称：“报复行为就跟人类的想象力一样丰富。”“对的，我担心这一点，”斯卡利亚撇开话题，“陪审员们有着丰富的想象力。”[44]

但多纳蒂巧妙地引导大法官们关注最高法院判决对“现实生活”的影响，正如菲利普斯所做的那样。多纳蒂按照施纳佩尔在辩论前的指导，[45] 解释了法拉格案和埃勒特案的判决结果如何影响雇员的日常生活。他一站上讲台便说：“这儿有一个……女性，她完全按照最高法院在埃勒特案所提出的要求行事，她在公司内部对性骚扰提出投诉……由于她的投诉……她被调离铲车工岗位。”[46] 25 分钟后，他用类似的话作为结尾：法拉格案和埃勒特案告诉雇员们，要使用雇主的投诉程序，而不要直接向法院提出性骚扰诉讼。如果你要求雇员去投诉，但在他们遭到雇主惩罚时不给予保护，最终只会使雇员不敢大胆说出口。[47]

怀特和多纳蒂一起离开法院，迎接他们的是台阶底部的一排话筒。怀特回忆道，当时仍在下雨，“我全身都湿透了，但这并不重要。今天是属于我的一天。我感到心情愉悦。我感到如释重负。我

[1] 斯卡利亚大法官误将 pervasive（普遍的）记成 persuasive（有诱导性的）。

感觉沉冤得雪”。[48]她也十分乐观。“我觉得他们应该会站在我这边。”她说道。她未预料到的是，大法官们的举止如此不同。她总结道，那天法庭上有“一个话痨和一个打瞌睡的人”。（前者是斯卡利亚大法官，后者是托马斯大法官。）

“希拉！我们胜诉了！我们胜诉了！”当多纳蒂在办公室打电话通知怀特时，怀特才刚睡醒，她努力消化这一好消息。“你没听清楚吗？你现在应该高兴地跳起来大喊大叫才对！”而怀特却十分平静。“在我生命中的这一刻，我感觉心情愉悦，以前所累积的紧张情绪全都放下了。”她后来写道。[49]

204 这是一场全体一致同意的胜诉。陪审团对怀特的胜诉裁决依然有效。更棒的是，最高法院拒绝在以后的案件中适用“实质性不利”标准，而采取平等就业机会委员会《指南》中包含的标准。自此，想要证明报复行为的雇员只需证明雇主采取了不利行为，有可能“阻止一位理性的员工提出或支持反歧视指控”。[50]在由布雷耶大法官执笔的判决意见书中，最高法院强调，报复行为的标准会因个案的工作场所不同而不同。“我们用宽泛的语言来描述这一标准，因为报复行为的意义取决于个案情形。具体情境才是重中之重。”

布雷耶在判决意见中谈到言词辩论时所提及的一些例子。他写道：“雇员工作日程的变动对于许多工人来说影响甚微，但对于一个孩子还在上学的年轻母亲来说或许影响巨大。”他接下来提到《指南》中的一些例子，“管理者不邀请雇员共进午餐，这无关紧要，只是不可诉的轻微的冷落行为。但是，将雇员排除在每周培训的午餐之外，这一报复行为对雇员的职场晋升影响重大，可能会完全阻止一名理性的雇员去投诉歧视行为”。

有一种理念认为，除非雇员被降职、解雇或遭受其他有形的损害，否则她不得提出反报复索赔，最高法院对此表示反对。相反，最高法院认为，雇主事实上可以采取各种形式的惩罚，只要他有意为之。

怀特花了几个月的时间才理解最高法院判决的重要性。部分原因在于，对于她来说，案件并未结束：接下来是有关惩罚性赔偿金的庭审，本来已由第六巡回上诉法院定好时间，但在最高法院审理期间该议程被搁置一旁。在庭审开始前，北伯林顿与圣达菲铁路公司找到多纳蒂，提出要和解。怀特并不觉得这足以补偿自己，但她清楚其中的风险：陪审团对于事实的看法可能不同，赔偿数额可能更少。她决定接受和解，往前看。

随着时间的推移，怀特开始认识到自己的成就意义重大。“我现在意识到这一事件具有的深远影响，比我个人的困难重要得多，”她后来写道，“当我知道最高法院的判决会影响那么多人时，我的内心十分激动。”[51] 如今，怀特经常向全国各地的律师团体、工会和利 205
益倡导者群体宣讲。她热衷于这个新角色。在判决作出近十年后，听众们仍告诉她，她的案件使雇员更有信心去大胆发声。

“这个判决证明了我的清白，”她说，“没有人能夺走这份成就感和满足感。”[52]

第 10 章

“每个女人都应拥有安全分娩的机会”

扬诉美国联合包裹服务公司案

Young v. United Parcel Service, Inc., 2015

206 2014 年 12 月 3 日上午 8 点，联邦最高法院门外人潮涌动。阴冷的天空与法院正面灰白的大理石遥相呼应。围观者大多数是女性，她们挤在一起，相互取暖。她们高举着标语，有些用色彩鲜艳的记号笔手写，其他则是批量印制，上面写有不同女性权利组织的名字——“支持怀孕员工”、“保护人而不是包裹”以及“每个女人都应拥有安全分娩的机会”等。

两个小时后即将开始的言词辩论标志着近四分之一世纪以来，最高法院首次考量因在职期间怀孕而受到歧视的问题。上一次是 1991 年，当时江森自控的女性员工要求法院废除公司的“胎儿保护政策”，该政策将女性排除在最高薪职位之外，除非女性能够证明不孕。最高法院一致作出对女性有利的判决，推动了女性平等之路上的又一进步，赋予女性——而不是他们的雇主——安全处置自己生育后代的职责。

但是 20 余年后，最高法院面临着一个接续江森自控案的问题：

如果安全度过孕期意味着女性希望暂时避免工作场所中的危险，那 207
么她享有哪些权利？她的雇主又要承担哪些责任呢？

在那个12月的早晨，最高法院台阶上的示威者们情绪高涨，各大媒体持续几周热火朝天地报道，说明该案激起了大众对现状的强烈不满——无论是对孕妇还是对母亲的规定。《反怀孕歧视法案》通过35年后，《家庭和医疗休假法案》生效20年后，女性仍然会因为怀孕失去收入或工作。有人曾评论道："有小宝宝是一件简单又幸福的事，现在却变成了一个非常不稳定的经济和事业上的选择。"[1]

站在法院台阶上被人群簇拥的女人名叫佩吉·扬，她是一位开朗活泼的单身母亲。她惊讶地发现，自己被写有"我支持佩吉"的各种标志包围了。佩吉自认为是一个"内向的人"，却不曾想在8年前，自己已然开启了一场成为全国焦点的旅程。那个时候，扬还是一名空运快递员，为航运巨头联合包裹服务公司（United Parcel Service，以下简称"UPS"）运送包裹。每天早上6:30，佩吉将前一天晚上空运抵达的包裹运送到UPS位于马里兰州兰德弗的分拣中心。驾驶线路包括安纳波利斯及周围地区。运送结束后，她就打卡下班，在11点开始另一份工作——为一家名为鲜花速递的公司送花。

从2005年夏天开始，扬和丈夫尝试试管婴儿。第一次成功了，但不久后扬就流产了。第二次尝试也失败了。但是2006年7月，扬在休假期间终于怀孕了。三个月后，扬联系了UPS公司负责她所在片区的职业安全与健康经理卡罗尔·马丁，商讨恢复工作的事宜。

当马丁要求她取得"工作能力受限"的医疗诊断时，扬有些不知所措。她并未被告知有任何限制，而且这次怀孕也没有过高危险（前两次也不是）。她的工作量不大，因为航空运输比陆运更加昂贵，按重量收费，所以邮件既小又轻便。最常见的就是10英寸 ×13英寸的包裹，刚好能放到她旁边的乘客座位上。甚至，她第二次足月
208 妊娠时，还经常举着3岁大的儿子玩耍，他可比邮件重多了。那一次她一直工作到分娩。

但本着妥协的念头，“我实在不知道还有什么更好的方法”，她后来说，她将马丁的要求告诉了助产士。“我向她解释了我的工作：开着小型货车运送小的邮件。”她回忆起助产士充满疑问的回答。“为什么需要注意事项？你的身体没有任何问题。”然而，扬决定妥协，遵守公司的规章制度。“她说：‘我就给你写，**建议**不要举起20磅以上的物品。’”

扬几乎不用搬举那么重的包裹，她的职务要求是70磅，这一重量也是空运快递员需要搬举的最高重量。无论如何，由于她和工友共同工作，在为数不多处理沉重邮件时，扬的搭档总是及时伸出援手。

但是，职业安全与健康经理马丁告诉扬，根据UPS公司的规定，由于有搬举“限制”，她不能再继续工作。该政策包含在UPS公司与扬所在工会达成的集体性协议中，允许公司在三种情况下分配员工从事“轻负荷”工作或转做内勤：因公受伤；根据《美国残障人士法案》为身患残疾的员工提供便利；根据《运输部条例》员工不能再持有商业驾照（可能因一种或多种医疗情况而导致，也可能由于雇员被定罪酒后驾车）。这三种情况中并没有怀孕。

扬苦苦哀求重返岗位，她向马丁保证，愿意全力以赴地工作，不需要公司给予任何照顾，但马丁拒绝了她。绝望的扬找到了负责兰德弗分拣中心的总监迈伦·威廉斯。扬告诉他自己的情况，她非常渴望重新回到工作岗位，不需要听从任何“医嘱限制”。根据扬的

叙述，威廉斯让她“在孕期结束前不要回来上班，因为她的情况实在太麻烦了”。扬恳求的另一个主管用同样的话回绝了她。

2006年末时，扬别无选择。仅仅怀孕14周的她，不得不开始无薪休假。尽管公司在人事部门系统里将她归为“残障”，但她并没有得到“残障人士”应有的津贴，除非她的助产士给她开具一个不宜从事**任何**工作的证明。这完全不符合事实，实际上，扬继续在鲜 209
花速递工作，直到临产。由于UPS没有给她发工资，扬每周的收入少了400至500美元，她的养老金信用不能增加，还失去了医疗保险。尽管扬已经很幸运，能够通过丈夫的军人保险获得医疗费用，但与UPS提供的高标准还是相去甚远。扬不得不更换待产医院，放弃了离家仅15英里、在UPS保险范围内的医院，前往离家两个多小时路程的医院生产。2007年4月末，扬的小女儿特里妮缇出生了。6月末，在UPS停发扬近6个月的工资后，扬重返工作岗位。这一次，她找了一名律师。

1971年，扬出生于南达科他州，是家里5个孩子中最小的。她还是小女孩时，她的父亲是木匠，母亲是家庭主妇，他们将家搬到了得克萨斯州东部斯库里的农场区，当时只有300人在那里居住，扬的父亲让其中一个儿子跟着自己做木匠生意。

扬15岁的时候在三明治商店打工，送报纸。17岁时，她高中辍学，结婚并与正在军队服役的丈夫一起搬到美国驻德军事基地居住。19岁时，扬怀孕了。尽管扬在国外过得十分惬意，在初到德国的几年很享受畅游欧洲，但她怀孕时，丈夫因为第一次海湾战争爆发而随军驻扎伊拉克。怀着初为人母的喜悦和紧张，扬又搬回得州，想离父母家近一些。

扬的儿子蔡斯三个月大时，她的丈夫从前线返回，先是被派往北卡罗来纳，后来又返回德国。扬也跟他同去，并在国外生下了第二个孩子，是个女孩，取名凯西。但是，不久，扬的丈夫又受命前往韩国并不得携带家属。扬只得带着孩子们回到得克萨斯州。两人的感情没能经受住遥远距离的考验，不久就离婚了。

扬独自带着两个孩子生活，急需一个高收入、高福利待遇的工
210 作。最终，她于 1999 年找到了 UPS 的工作，在达拉斯-沃斯堡国际机场做早班兼职工作，开车运送大件包裹上下飞机。除此之外，扬还找了份兼职：在卡丁车赛场卖饮料。就是在那里，扬遇到了她的第二任丈夫，他是美国海军陆战队军乐团的录音师。当时军乐团正在达拉斯的得州盛典上表演。两人在热恋不久后就结婚了。2002 年，扬带着孩子随他去了哥伦比亚特区。她运气很好，不仅保住了在 UPS 的工作（扬觉得在那里工作很棒），而且还可以保留其已经积累了三年的年资。婚后不久，扬跟丈夫打算要一个他们自己的孩子。前两次试管婴儿的失败让他们伤心不已，因此第三次的成功让他们欣喜若狂。

但是正如扬后来作证时所言，“本应甜蜜的孕期却变成了我一生中最焦灼的一段时光”。[2] 随后的六个月，夫妻俩精打细算。少了扬在 UPS 的工资，两人不得不节衣缩食。“我非常、非常担心钱的问题，因为我们正入不敷出，”扬在作证时说，“那段时间我很难入眠。在我醒来后，这就是盘旋在我脑海中的事情。我在情感上极度脆弱。”[3] 她还是不能相信实际上是 UPS 策划了她的解职，首先要求她取得孕期“工作受限”的证明（她的医生甚至认为毫无必要），接着，医生给她提供了所谓“建议”后，UPS 又拒绝为她提供便利，但是公司会给其他暂时性受伤的员工提供便利。“公司这样做是错

的，大错特错，”扬说，“我想去工作，我希望争取我的权益，我希望赚取我的工资，像往常那样。”女性由于怀孕就感到自己无用，这实在是令人不安。“我认为自己由于怀孕而受到了歧视，我感到非常生气。”她作证时说，“我无法冷静，这令我恶心。”[4]

被迫离职期间，扬迫切希望至少能获得暂时性伤残保险的福利。扬感到别无选择，只能去寻求法律援助。她从一个朋友那里知道了一家律师事务所，但是那里的律师告诉扬抽不出人手代理她的案件，而是向她推荐了一名在阿林顿地区的独立执业律师莎伦·古斯塔夫森。随后，两人在古斯塔夫森的小办公室里见了面，办公室由古斯塔夫森屋后的车库改造而成。当时，扬还是孕妇，古斯塔夫森正在照顾她那刚出生的女儿西格莉德，她的第九个孩子。

“我真的没心情再接一个歧视孕妇的案子了。”古斯塔夫森笑着回忆说。古斯塔夫森身材高挑，活泼可爱，一头金发，说话时的元 211
音的发音显示出她是密歇根人。古斯塔夫森在哥伦比亚特区一家为雇主处理歧视案件的大律所开始了自己的执业生涯。在办理一个性质十分恶劣的性骚扰案后，她决定调转方向，帮助另一方。此后的十多年，古斯塔夫森独立执业，主要代理雇员的案件。作为一名原告律师，她解释道，“你必须戴白帽子[1]，你必须抓住违法的坏家伙”。

扬的情况是古斯塔夫森此前从未遇到的。她代理过的许多女性通常提出更加直接的妊娠诉讼，即女性因告知自己怀孕而被开除，但她们从未因为雇主拒绝遵从与怀孕相关的体力限制而提起诉讼。因此当古斯塔夫森与 UPS 谈判，希望公司给予扬暂时性伤残保险（以失败而告终）时，她同时也开始调研：公司拒绝将“轻负荷工

---

[1] 在美国西部片中，好人戴白帽子，坏人戴黑帽子。

作”政策适用于孕妇员工是否违反法律。说服古斯塔夫森代理此案的原因在于，尽管她发现扬的案件将会是一场硬仗，但法律站在扬这一边。

在我们这样一个喜爱“小宝宝”的文化中，人们很容易忘记怀孕是一个重大的医疗事件，常常留下关节松动、肌肉痉挛、血压骤升、腿部肿胀等后遗症。即使在情况毫不复杂的孕期也会出现呕吐、偏头痛、尿路感染、腕骨综合征、背痛、呼吸困难、头晕、慢性疲劳等症状，而更加严重的情况还包括糖尿病、严重的静脉血栓、胎盘前置以及先兆子痫。

所有状况都需要女性离职一段时间，或者至少在工作任务上有所改变，包括时间安排的变动（以适应晨起不适），工作地点需要离洗手间比较近（以应对一天内不定时的呕吐或头晕），偶尔坐在凳子上（如果工作需要长时间站立的话，比如零售店员或收银员），随身携带一个水瓶（预防脱水和尿路感染）。尽管扬的“限制”主要来自 UPS 对其怀孕可能带来不适的猜测，而非助产士的医学建议，但无数孕妇的工作确实有可能给其怀孕带来切实的风险，比如危险的工作环境（烟雾、毒素、过量噪声），需要从事体力劳动（弯腰、攀
212 登、搬举），工作时间不固定（夜班和加班），为了有一个健康的妊娠过程，这些都需要被改变。

有一些统计印证了这些医学现实。目前，约 60% 的女性从事工作。[5] 75% 的职场女性会在职业生涯中至少怀孕一次。[6] 绝大多数孕妇会坚守工作岗位，直至临产。根据美国统计局的一项研究，在过去 40 年里，工作到怀孕 9 个月的女性的人数翻了一倍，2006 年至 2008 年间生产第一胎的女性中，有高达 87% 的孕妇全勤工作至第 9

个月。[7]对怀孕最有害的是一些主要由妇女（特别是有色人种妇女）从事的工作，如护理、家政、零售和服务工作，以及一些多由男性从事的工作，如执法、消防和建筑。[8]

许多像 UPS 这样的雇主，已经不再允许减少孕妇工作任务以使其安全工作。这些雇主中有很多是家喻户晓的大公司，包括沃尔玛[9]、壹号码头[10]和老海军[11]。更多的雇主是一些不太为人所知的小公司。[12]全国妇女和家庭联盟最近的一项研究表明，每年约有超过 25 万女性的住房申请遭到拒绝。[13]这些女性只能作出她们的霍布森选择[1]：承担怀孕期间工作的风险，或不得不离职。扬保住了她的工作，已经足够幸运，她被允许根据所在工会的合同条款，延长休假，但是没有工资，无数其他女性因为缺勤而直接被解雇。对于一个即将做母亲的人，当下个月又多了一个人要养活时，失去一份薪水简直是毁灭性的结果。

这些现实情况汇总在一起，使得向平等就业机会委员会及其在各州的办事处提出的怀孕歧视控诉呈现爆炸式增长。1997—2011 年，向这些机构提出的投诉增加了近 50%，[14]据最新数据统计，大部分这样的控诉都是由从事低收入工作和历来多为男性从事的工作的女性所提出的。[15]

无论一个女性从事何种工作，她的怀孕总会带来或多或少的不便。问题是，带来了多少不利影响，她的雇主必须（或者可以）怎样处理这些不利影响。

---

[1] 霍布森选择（Hobson’s choice），1631 年，英国剑桥商人霍布森贩马时，把马匹放出来供顾客挑选，但附加上一个条件，即只许挑最靠近门边的那匹马。显然，加上这个条件实际上就等于不让挑选。对这种无选择余地的所谓“选择”，后人讥讽为“霍布森选择”。

《反怀孕歧视法案》包括两个条款。第一条明确“基于性别”的歧视意味着“基于怀孕”的歧视。[16]第二条强制要求雇主将孕妇等同于任何具有“同等工作能力”之人。[17]根据《反怀孕歧视法
213 案》，如果雇主制定有帮助员工度过暂时性损伤的政策，例如付给他们一定比例的工资，给予一些其他福利，如为其保留职位或允许其在不工作期间保有一些健康福利，那么该福利也必须适用于怀孕的员工。

尽管《反怀孕歧视法案》看起来可能是扬的制胜法宝，毕竟，UPS承认公司将三个不同种类的、不能履行工作职责的雇员调整工作岗位，但莎伦·古斯塔夫森发现，大部分联邦上诉法庭并不是这样解读该法的。“当我更深入了解法院是如何解决此类案件后，”她说，“我发现：噢，我的天哪。”让这起案件的法律适用问题更加复杂的是如下事实：怀孕造成的不便一般不能被视为“残疾”，不能使该孕妇根据《美国残障人士法案》享有雇主提供的“便利”，因为孕妇的不便是暂时性的，不能适用该法，即使这种不便能威胁生命。

大部分与《反怀孕歧视法案》“未提供合理便利”有关的案件源自像UPS这样的雇主为在工作**中**受伤的雇员提供“轻负荷”工作，而与工作**无关**的“受伤”（包括怀孕）雇员不在此列。（之所以出现这种趋势，是因为很多州的工人赔偿法要求雇主提供合理便利，以减少福利诉讼。哪怕没有法律义务必须这样做，很多雇主还是修改员工的工作职责，尽量减少公司对员工的责任。）

三家联邦上诉法院已处理过此类案件，并都作出了雇主胜诉的判决。他们认为，在工作中受伤的员工与怀孕的员工并不十分“相似”，不足以令《反怀孕歧视法案》要求对二者“等同”视之。相

反，怀孕的员工事实上仅仅与那些在工作之外生病或受伤的员工“相似”，只能获得与这些员工“同等的”待遇。但是有一家上诉法院——第六巡回上诉法院——已经确立了一个更好的先例；十年前，在它审理的某个案件中，雇主给予在工作中受伤的员工以便利，法院判决《反怀孕歧视法案》也要求雇主为孕妇员工提供便利。法院认为，重要的是一个同事的受伤和怀孕造成的工作不便相似，而不是员工**为何**有此不便。[18]

第六巡回上诉法院的判决令古斯塔夫森受到鼓舞，不仅如此， 214
对马里兰州有管辖权的第四巡回上诉法院尚未就《反怀孕歧视法案》是否强制要求雇主为因怀孕而有所不便的员工提供便利作出判决。古斯塔夫森确信，UPS 为那些被吊销驾照的员工提供其他工作职位的相关规定使得扬的案子胜券在握，即便是在那些适用“恶”法的巡回上诉法院也有很大的赢面。UPS 的政策意味着：所有在工作之外受到伤害或患病的工人都可得到轻负荷工作和文案工作，而怀孕员工仍被排除在外。事实上，扬所在工会的一个代表向古斯塔夫森遗憾地叹息，根据她的经验，UPS 唯一拒绝提供便利的员工就是那些怀孕的员工。“法律规定，你应该与那些具有同等工作能力的员工的待遇相同，而她与 UPS 一直以来提供便利的**成百上千**名员工并无不同。”古斯塔夫森说。

2008 年秋，古斯塔夫森代表扬在联邦法院提出起诉。经过一年半的艰难取证，UPS 向法院申请驳回起诉，几乎又过了一年，法院批准了该动议——那一天正是 2011 年情人节。法官认定，不存在怀孕歧视的问题，因为怀孕的员工没有被单独严苛对待。她们只是具有同等工作能力的众多员工中的一员，雇主也拒绝给予这些员工便利，包括那些在工作之外受伤的员工。

古斯塔夫森十分沮丧，身心俱疲，她的家人督促她到此为止，停止代理该案。她把决定权交给了扬，扬则希望再奋力争取。“我就是不希望他们逃脱惩罚，”她回忆道，“仔细想想，确实有点害怕，我感到这是小人物与商业巨头之间的对抗。但这也是他们总能逃脱惩罚的原因：没有人愿意挺身而出。”

由于她不再任职于 UPS，继续诉讼变得容易些了。在特里妮缇出生后，扬又继续工作了近两年。2009 年夏天，她决定辞职。她走的路线比以前要长，运送距离也很难在一班内完成，这些问题虽然没有严重到得采取反击，控告雇主，但足以使她的日常生活变得艰辛。诉讼持续了数月，很快一整年过去了，待在不喜欢的地方所导致的压力与日俱增。她辞去了送花的工作，在奥利弗花园和迈尔堡
215 军事基地的另一家餐厅做两份招待工作，这样，扬才感到经济上有足够保障，可以辞职了。

古斯塔夫森同家人一起前往欧洲旅行。她以一种不寻常的方式指导扬如何向第四巡回上诉法院提出上诉，看扬是否能够照做，以此测试扬继续诉讼的决心。在国外期间，古斯塔夫森查看了电邮，看到了来自法院的通知：上诉已被受理。

古斯塔夫森尚未结束在第四巡回上诉法院进行的言词辩论，就已知道自己输了。三位法官中有两位显然不赞同她的观点，这足以让 UPS 获胜。其中一位是里根任命的 J. 哈维 · 威尔金森三世法官，他是乔治 · W. 布什总统在几年前曾考虑代替奥康纳大法官的人选，但总统最终提名了约翰 · 罗伯茨。（威尔金森向《纽约时报》的一名记者透露了自己与布什总统会面的细节，有传言说正是这一轻率的举动导致数月后，在伦奎斯特大法官去世后，威尔金森在职位上更

进一步的机会“被完全扼杀”，而罗伯茨获得了提名。[19]）威尔金森在古斯塔夫森进行言词辩论时的相当一段时间内都在浏览、整理其他支持 UPS 立场的上诉法院判决。这不是个好兆头。

留给古斯塔夫森的发言时间所剩无几，布什任命的爱利森·凯·邓肯法官感到古斯塔夫森只是在重述书面文件中的观点，故而打断了古斯塔夫森。她提醒古斯塔夫森，在《反怀孕歧视法案》颁布后，自己曾于 20 世纪 70 年代末期在平等就业机会委员会做律师。（邓肯曾短暂地出现在希尔指控克拉伦斯·托马斯性骚扰的事件中，或者说，只是她的名字出现了，托马斯在自传中称，在自己提拔邓肯而非希尔担任办公室主任时，希尔“愤怒地离开我的办公室……抱怨我偏爱皮肤白皙的女性”。[20]希尔则告诉参议院，邓肯的任命减轻了为托马斯工作所产生的焦虑感，因为“我的大部分工作经由她分配，召开员工大会时我才需要面对托马斯”。[21]）邓肯认为，该法从未意在保障扬所追求的“特殊待遇”。“当我听到‘特殊待遇’一词时，就猜到她不会支持我。”古斯塔夫森一脸严肃地回忆道。参与审判的第三名法官罗杰·格雷戈瑞由克林顿总统任命，是 216
第四巡回上诉法院的第一位非裔法官，他在庭审中相对沉默。古斯塔夫森无法猜出他的倾向。

数月后，即 2013 年 1 月 9 日，古斯塔夫森知道了判决结果。判决意见由邓肯法官起草，威尔金森和罗杰·格雷戈瑞也表示赞同，法院支持 UPS。法院认定，扬实际上不“同”于 UPS 允许修改工作职责的三类员工，因此她不能要求与之享有“同等”待遇。支撑这些结论的逻辑绝对是循环的。她不“同”于根据《美国残障人士法案》可被给予便利的员工，因为她没有符合该法的残疾症状。她也不“同”于被交通部取消驾照的员工，因此她并不属于“法律上不能驾驶车辆”的情况。最后，扬也不“同”于在工作中受伤的员工，因为她并未在工作中受伤。而且，因为这些理由都“与怀孕无关”，它们全都不区分性别，所以它们并未有意歧视怀孕员工。

古斯塔夫森给扬打电话，委婉地告诉她这个坏消息。“我能从她的声音中感觉出来，”扬回忆，“我接了电话，马上就明白了。”她们有些沮丧地讨论了剩下的为数不多的选择，现在只能申请第四巡回上诉法院全体法官复审，或者申请最高法院审理，后面这个选择看起来像是对流星许愿。扬十分感谢古斯塔夫森的倾力相助。

但是，第二天，古斯塔夫森再次给扬打了电话。扬告诉她，“我不知道发生了什么，但是你的声音听起来有点不同！”**确实**有事情发生了。有人要伸出援手。

读到第四巡回上诉法院对扬诉UPS案的判决意见时，萨姆·巴根斯托斯正待在密歇根大学法学院的办公室里。作为一个全国闻名的《美国残障人士法案》专家，“我在该案判决后的一两天内几乎读了上诉法院所有的《美国残障人士法案》判例。”他说。（在扬案中，古斯塔夫森一开始将《美国残障人士法案》的诉求作为另一个诉因，称
217 UPS违反了该法，它禁止雇主歧视虽然没有残疾但被雇主**视为**残疾的雇员。地区法院和第四上诉巡回上诉法院都未认同该诉讼请求。）因为《美国残障人士法案》的适用范围自扬提起诉讼以来急剧扩张，第四巡回上诉法院判决中关于这一点的论述对未来的案子影响甚微。但判决中涉及《反怀孕歧视法案》的内容引起了巴根斯托斯的注意。

“我读了判决意见，还研究了法律，”巴根斯托斯说，“我说，这在我看来完全是错的。”他研读了其他巡回上诉法院对《反怀孕歧视法案》关于提供便利的判决，更加确认那些法院也是完全错的。

他认为，这错误太严重了，恐怕即使是以保守派为主的罗伯茨法院也会予以纠正。巴根斯托斯猜测，扬的案子将会是一个特别有影响力的助推器，因为 UPS 甚至慷慨地为被吊销驾驶资格的员工提供便利。这类员工不仅包括和她一样在工作之外受伤的员工，甚至包括那些没有受伤的员工，例如酒后驾车罪名成立之人。第四巡回上诉法院拒绝认定怀孕女性与那些身体健全的醉酒员工享有同等的福利，这让该院对《反怀孕歧视法案》的解读看上去错得更离谱。

巴根斯托斯特别擅于预测最高法院的倾向；他不仅讲授了十余年的宪法和民权诉讼，曾坐过司法部民权司的第二把交椅，还曾担任金斯伯格大法官的助理，并两次在最高法院进行言词辩论。他说："我想（罗伯茨法院）并不十分支持民权，因此我通常都会告诉别人，千万、千万、千万、千万、千万别申请调卷令。"风险在于，如果最高法院同意听审该案，随即用此机会确认不利的意见并使之在全国适用。但就扬案而言，他说："在我看来，为什么不呢？"

巴根斯托斯给古斯塔夫森打了电话。"他问我是否需要帮助，我当时心想'你竟然还要问我是否需要你的帮助'？"她大笑道。在她独自诉讼了近六年，屡屡遭受失败后，答案显而易见。"是的，答案是'**是的**'！"

2013 年 4 月，在巴根斯托斯和古斯塔夫森就扬案向最高法院申请调卷令之际，一些女权倡导者也已在推动解决相似的问题。一年前，平等就业机会委员会就针对怀孕员工遭遇的最常见的歧视举行了一场影响深远的听证会，众多发言者列举了雇主没有为其受限的 218
身体状况提供便利的行为以及法院对《反怀孕歧视法案》的误读，他们认为这是迫在眉睫的问题。全国妇女法律中心[22]与全国妇女和家庭联盟（以前的女性法律辩护基金会）[23] 代表、低收入员工的权益倡导者 [24]、工会 [25] 和学界 [26] 也都就同一问题回应发声。就在扬案申请调卷令的两个月后，两大重要组织公布了一份被广泛援引的报告，资料来源于对“全国不同经济阶层的数十名女性”的调查，她们称“在其怀孕时，雇主甚至向由于残疾或受伤而出现的身体受限的员工提供便利，也不为其提供合理的工作调整，导致其失业，收入减少，出现怀孕并发症或流产”。[27]

然而，很多女权倡导者却试图劝阻巴根斯托斯和古斯塔夫森申请最高法院复审。尽管他们一致认为第四巡回上诉法院的判决是错误的，但这事关策略问题。罗伯茨法院已经作出了好几个对全体雇员或者只对女性雇员不甚友好的判决，在 2007 年推翻了莉莉·莱德贝特诉固特异轮胎公司薪酬歧视案的陪审团裁决，这一判决广受诟病，[28] 女权倡导者感到提心吊胆。他们担心，如果首席大法官与斯卡利亚、托马斯、肯尼迪和阿利托大法官联手，《反怀孕歧视法案》有可能被全盘废弃。他们感到，更妥帖的做法是在尚未对该问题作出判决的巡回上诉法院继续提出孕期便利诉讼，汇总一些有优势的先例，扭转第四巡回上诉法院和其他上诉法院的不利判决。最高法院的不利判决将会扼杀所有可能的有利进展，对更多的女性更加不利。

倡导者们非常乐观地认为，怀孕女性的法律诉求有可能获得法院支持，因为根据新修改的范围扩大的《美国残障人士法案》标准，怀孕导致的身体受限属于“残疾”，适用该法明确规定的“合理便利”权利。也有人希望通过立法解决该问题，即《孕妇雇员公平法案》(Pregnant Workers Fairness Act)。该法 2012 年首次公诸于世，确立了一项单独的权利，即为孕妇雇员提供便利的权利，换言之，孕妇雇员的命运不必再捆绑于那些“具有同等工作能力”之人。很多州和一些城市在两党的广泛支持下，已经出台了某种形式的类似法案。

但巴根斯托斯（和古斯塔夫森）权衡后决定冒险一试。“其他 219
案件可能会被淘汰，它们可能被适用不利的判例法……有各种各样的原因可以说明，为何另一种战略可能意味着五六年进一步但仍旧毫无结果的诉讼，”巴根斯托斯解释道，“我想这个案子非常适合上诉到最高法院，赢的概率很高。”因此2013年4月8日，他和古斯塔夫森申请了调卷令，但仅仅得到一份法庭之友意见书的支持，那是一份激情澎湃而富有学理的意见书，由两名法学教授代表两家女性法律机构、一个社会正义组织和多位法学教授提交。

几个月后，有了消息。最高法院邀请美国首席政府律师唐纳德·维瑞利一起衡量。最高法院应该受理该案还是维持第四巡回上诉法院的判决？（巴根斯托斯认为这是一个积极的信号：如果最高法院征求首席政府律师的意见，“会极大地增加签发调卷令的概率”。）然而，讨论了几个月后，2014年5月，维瑞利提交了自己（相当迂回）的回答，表示第四巡回上诉法院是错误的，其他采纳相同理路的联邦巡回上诉法院也是错误的。尽管对《反怀孕歧视法案》有诸多误读，但维瑞利并不建议最高法院审理该案。[29]

出于两个原因：首先，他认同很多建议放弃寻求最高法院复审的女权组织的观点，认为怀孕的女性可以根据修改后的《美国残障人士法案》要求提供便利，因为该法修改后，“残疾”有了更加宽泛的定义；其次，维瑞利注意到平等就业机会委员会即将对孕期便利的问题颁布新的《指南》，这“减弱”了寻求法院判决的必要。[30]

最高法院开庭期还有一个多月就要结束，巴根斯托斯和古斯塔夫森开始对着最高法院的在线日历默默祈祷，关注是否出现将被大法官们讨论的案件。6月3日，网站通知，佩吉·扬的申请将在6

月 19 日的会议上讨论决定。然而，6 月 19 日到了，却依旧没有任何消息。6 月 23 日，扬的申请被排到了 6 月 26 日的会议上审议。26 日那天依旧没有消息。6 月 30 日，开庭期的最后一天，通知调卷令申请将会被在当天决定。7 月 1 日是最高法院正式开庭期结束的后一天，突然有了消息："批准调卷令。"

220 最高法院作出决定的时间虽然颇为出乎意料，但巴根斯托斯对情况很了解。他对该院审理的一起《反怀孕歧视法案》案件的胜诉概率非常乐观：就在调卷令申请正式通过的前一天，最高法院以 5:4 的投票对伯韦尔诉好必来公司案（*Burwell v. Hobby Lobby Stores, Inc.*）[31] 作出判决，有宗教异议的雇主并不一定要根据医疗保险计划为女性雇员提供避孕用品，用金斯伯格大法官的话来说，这暴露出女性问题的一个"盲区"。[32]

无论女权倡导者们曾对申请最高法院复审扬案持多少保留态度，在调卷令被签发后，他们将这些保留态度统统放下。令巴根斯托斯和古斯塔夫森满意的是，到处是主张提交法庭之友意见书、支持扬的声音。有几个关键之处须涉及：给出怀孕歧视对女性及其家庭的经济造成的具体损失，阐明需要为孕妇员工调整工作职责的医学现实，向法院表明支持用《反怀孕歧视法案》为孕妇员工提供便利的广泛共识。

美国公民自由联盟女性权利项目和"更好的平衡"（A Better Balance）等组织就第一个问题提交了意见书，强调女性日益成为家庭的顶梁柱、照顾子女的唯一经济来源。[33] 很多代表有色人种女性的团体在"关注黑人妇女健康"（Black Women's Health Imperative）组织的带领下，也一并提交意见书，指出有色人种女性日益成为家庭的收入提供者，然而相当一部分女性却从事着低收入、强体力的劳动。[34]就第二个问题，全国妇女和家庭联盟汇总了很多医生、其他医疗服务提供者以及聚焦女性和儿童健康的群体的意见。[35]关于第三个问题，法庭之友包括了工会[36]、保护商业发展的女性商会[37]、曾参与制定《反怀孕歧视法案》的议员[38]以及一些获得两党支持的州和地方议员。[39]

第三类支持者还包括23个反堕胎组织的联盟，他们提交了一份意见书称，如果工作上不被给予便利，一些绝望的女性会为了保住工作而选择堕胎。[40]尽管社会保守派更加倾向于保护商业，但是当女性的家庭责任和工作职责相冲突时，他们就会有不同的选择了。事实上，女权倡导者群体和“反堕胎”组织曾分别在20世纪70年代末、20世纪80年代末90年代初共同推动《反怀孕歧视法案》与 221
《家庭和医疗休假法案》的出台。如巴根斯托斯所言，扬诉UPS一案“让这个团队再次集结”。巴根斯托斯和古斯塔夫森本身就是这个“关爱小分队”的代表（有人这样称呼他们）[41]，巴根斯托斯曾任金斯伯格的助理、奥巴马政府的官员，他与古斯塔夫森这位积极的宗教与反堕胎活动家联手。事实上，正是古斯塔夫森与反堕胎人士的关联促成了众多令人印象深刻的法庭之友签署意见书。有了这些支持，巴根斯托斯希望能够得到最高法院中偏保守的大法官——首席大法官、斯卡利亚、托马斯、肯尼迪和阿利托大法官——的支持。

扬也得到了奥巴马政府的支持。尽管首席政府律师唐纳德·维瑞利之前并不建议签发调卷令，但他与司法部、平等就业机会委员会的一些官员一并提交了支持扬的意见书。[42]（正如维瑞利所预测的，平等就业机会委员会最近公布了新的《反怀孕歧视法案》官方指南，[43]明确不支持第四巡回上诉法院在扬案中的观点。）政府不得不解决自己在脚注中提及的一个棘手问题：美国邮政局就拒绝给自己员工提供修改工作职责之便，仅仅将该福利适用于在工作中受伤的员工。对于这一明显的双重标准，政府只能向法院担保，邮局正在“考量它的选择”。[44]

整个 2014 年的夏秋两季，巴根斯托斯不仅聚集了众多法庭之友的帮助，起草了有利于扬的意见书，还为将于 12 月 3 日进行的言词辩论做好准备。他经历了三场紧张激烈的模拟法庭，一场是在密歇根大学（主要面对他众多持有不同意识形态的同事），一场是在乔治城的联邦最高法院研究所（学者和一些律师共同参加），还有一场是在消费者权益保护组织“大众公民”（由来自不同专业领域的律师参加）。

扬目睹了这些紧张的准备工作，媒体大量报道该案，引发了广泛的公众支持，这一切都让扬惊叹。然而，还有一个喜忧参半的消息：就在最高法院庭审前几个月，UPS 在 2014 年 10 月提交了辩论意见书，表明自己已经修改了便利政策，自 2015 年 1 月 1 日起，也将为怀孕员工提供便利。UPS 称其改变并非基于《反怀孕歧视法案》的要求，只是觉得遵从越来越多的州与地方新制定的孕期提供便利法案，能够减少公司的麻烦。（UPS 提交意见书时，已经有九
222 个州通过了类似法案。）如果公司希望通过修改政策获得一些支持，只能说他们失算了。大部分观察家都没有理会这种变化，认为这不过是午夜 11 点的公关噱头，只能凸显其拒绝为扬提供便利的行为之卑劣。

对于自己的诉讼能够在未来帮助 UPS 的数千名女性，扬感到欣慰，当然，对她本人来说，政策的改变为时已晚。几个月前，她的女儿度过了七岁生日。

“那就是佩吉·扬！她在这里！”扬回忆道，当她穿过最高法

院的门廊时，他听到人们小声说。周围有些人保护着她，将她与围观的人们相隔开。莎伦·古斯塔夫森在她旁边，还有古斯塔夫森的三个女儿，但她还是因备受瞩目而感到有些发慌。“我是个无名小卒！”她笑着说，“这感觉是如此真实，也许这将对女性产生重要影响，你说是吗？”对巴根斯托斯来说，尽管这是他第三次在最高法院出庭，“我从没有这样紧张过，”他后来承认，“这个案件吸引了如此多的注意力，如果我搞砸了，每个人都会知道的。”

庭审时，巴根斯托斯首先发言。他还没说完自己的开场白——“如果佩吉·扬由于身体出现一些其他状况，希望公司为其提供便利，同意其最多搬举 20 磅货物，UPS 一定会同意的。但是因为佩吉·扬最多搬举 20 磅货物的限制源自其怀孕的事实，UPS 拒绝了她的要求。”[45] 肯尼迪大法官突然插话：“你似乎在说公司唯一不提供便利的情况就是因怀孕而产生的搬举限制……我不认为这是案件的重点……在我看来，你一开始就想给我们留下一个错误的印象。”巴根斯托斯温和地表示反对：“UPS 并不能指出还有哪一位有搬举重量限制的、没有身孕的司机和我未被给予便利的客户佩吉·扬一样。”[46] 肯尼迪没有回应。巴根斯托斯想，已经失去一票了。

巴根斯托斯把剩余的时间都用来分析他认为大法官们感到最重要的问题，也是三场模拟法庭中被讨论的最多的问题。如果有两组 223
没有怀孕的雇员，他们与那些怀孕的员工“在有无工作能力方面是相似的”。一组得到了公司给予的便利，而另外一组没有得到，哪一组员工更加符合《反怀孕歧视法案》的初衷呢？怀孕员工的待遇必须与哪一组员工“相同”，是享受优待还是没有优待呢？认为怀孕员工更加接近于受到优待的员工（或反之）的根据是什么？

一如既往，大法官们用各种假定问题来检验一些关键性原则的界限所在。假设雇主同意，最高年资的雇员如果不能自己开车上下班，则可以派驾驶员接送其上下班，斯卡利亚大法官问，那么公司是否也必须接送怀孕的员工？不，巴根斯托斯回答道，除非怀孕的员工由于其年资而符合接送计划。[47] 接下来，布雷耶大法官问：如果雇主允诺某一工种的雇员，称如果他们在工作中受伤，每周给予其 1 000 美元的津贴，那么是否也必须给予怀孕的员工？不，巴根斯托斯说，如果雇主只是对一小部分员工作出“特别的”决定，并不会要求雇主将此适用于怀孕的员工。几分钟后，阿利托大法官也开始提问。如果雇主给予那些仅仅**偶尔**需要搬举的雇员便利，而周围有很多同事会来帮助他们，但是对于大部分时间都独自从事重体力搬举工作的员工却没有给予便利，情况会怎样？是否必须给怀孕的员工提供便利，而不论她们从事何种工作呢？不，巴根斯托斯回答，如果一个怀孕员工的主要职责是独自一人搬举，那么她与那些几乎从不需要搬举货物，或者即使偶尔搬举货物也有很多同事帮忙的雇员也并不“相似”。[48]

巴根斯托斯再次回到他的论述主题：UPS 的政策违反了《反怀孕歧视法案》，因为它为如此多的从事不同工作的非怀孕的员工提供了便利，而将孕妇排除在外。这不仅仅涉及最高年资的几个员工、某一工作职务的员工或者那些从事体力劳动的员工，用他的话来说（言词辩论中多次提及），它涉及的员工“范围非常广泛”，“普遍包括公司的雇员”，“雇员中的许多人”，“如此大规模的雇员”，“三大不同种类”。[49] 巴根斯托斯问，如果不能保证怀孕员工不会比公司其
224 他大部分员工的待遇**差**，那么《反怀孕歧视法案》第二条还有何意义呢？

巴根斯托斯辩称："国会靠第二条做了一件事。"具体而言，它做的就是拒绝承认最高法院对吉尔伯特诉通用电气案（*Gilbert v. General Electric Co.*）的判决，该案正维持了UPS主张的区别待遇，促成了《反怀孕歧视法案》的通过。[50] 正如通用电气决定将残疾人福利给予有除怀孕之外的所有状况的员工，他解释道，UPS决定给予三类受伤的员工以便利，但怀孕的员工却被排除在外，没有这样的待遇。[51]

巴根斯托斯坐下时，无法判断自己是否得到了目标受众——庭上的温和派与保守派大法官——的支持。布雷耶大法官的提问最多，他看上去倾向于支持扬，只是不太确定如何为未来的案子划定底线。肯尼迪大法官在一开始暴躁地提问之后，便不再发言。首席大法官罗伯茨没有问任何问题。阿利托大法官问了一些问题，但都不是很有敌意。然而，斯卡利亚大法官似乎将给出一张"反对"票，反复称扬为怀孕寻求"最惠国"待遇，换言之，优于所有UPS拒绝提供便利的且在工作以外遭遇的医疗境况。[52] 这一表达直接出自UPS的辩论意见书。托马斯大法官如人们预料的那样，一言不发。（只是在某个时候，让助理去帮他拿了件东西，像是字典。）

轮到UPS了，凯特林·哈利根起身发言。她在顶级律所吉布森与邓恩工作，是一名经验丰富的上诉律师。哈利根曾任纽约州的首席政府律师，曾是布雷耶大法官的助理。她还曾被奥巴马总统提名为华盛顿地区巡回上诉法院的法官——被誉为"最荣耀和最重要的"联邦上诉法院[53]——但是，她的提名被长时间搁置，还出现了共和党参议员的程序性阻挠议事，奥巴马最后只得应哈利根的要求撤回了提名。扬案已经是她第六次在最高法院出庭。

在哈利根发言期间，主要由卡根大法官和金斯伯格大法官提问。正如《纽约时报》的亚当·利普泰克后来所言，她们每个人的发问都堪比其他所有大法官在庭审中的提问总和。[54] 哈利根在卡根大法官开始提问前只说了几句话。“你对《反怀孕歧视法案》的解读
225 基本上让它的第二条变得全然多余，”卡根随即又冷冷地说了一句，“我想你也的确是这么认为的，对不对？”[55] 哈利根并不同意。第二条界定了怀孕员工应该类比的员工，在本案中，应该是在工作之外受伤或生病的员工。哈利根提到了斯卡利亚大法官的“最惠国”主题：扬的观点意味着，如果一个女性可以指向任何一个得到便利的非怀孕员工，所有怀孕的女性都能享受该福利。[56] 但那并不是《反怀孕歧视法案》的立法原意，该法并没有说怀孕的女性必须“与**任何**人等同视之”。金斯伯格加入了对话。“所以，你的立场是‘最差国待遇’，对不对？”她问道。“巴根斯托斯先生告诉我们没有任何一例证明，需要搬举重量优待的人没能得到公司的便利，除了孕妇。”哈利根表示反对，说还是有些在工作之外受伤的员工并没有得到他们希望的便利。[57]

哈利根说，《反怀孕歧视法案》所禁止的——也是UPS没有做的——是“特别给予孕妇不利待遇”。在此基础上要求更多的优待将需要制定另一部不同的法律了。而这正是扬和她的律师所应该呼吁的，哈利根解释道。她提到了尚未生效的《孕妇雇员公平法案》、一些州和地方法规都规定应该为孕妇提供更普遍的便利，“这是民主进程正在推进的一个领域”。

“哈利根女士，为了推动民主进程的发展，必须公正地解读《反怀孕歧视法案》，”卡根大法官毫不客气地回应，“我们所知的《反怀孕歧视法案》旨在去除将怀孕员工视为边缘群体的刻板印象。它旨在确保孕妇不会在工作场所被不公平地对待。你说的是为

一些员工提供便利而置孕妇员工于不顾的政策。”[58] 哈利根还没来得及过多回应，金斯伯格大法官也提出了几个问题，与巴根斯托斯被问及的问题恰好相反，“那么只要**每位**没有怀孕的员工与孕妇员工均受到不好的待遇，就没有歧视了吗？”，这时，哈利根的时间用完了。

巴根斯托斯起身予以简短反驳。他基本上用足了自己的时间，以卡根和金斯伯格对哈利根的提问引出自己的结论。是的，金斯伯格大法官，本案中的证据是 UPS 唯一没有提供便利的员工是孕妇员工。[59] 是的，卡根大法官，您对 UPS 错误解读《反怀孕歧视法案》 226
第二条的评价是对的。是的，金斯伯格大法官，UPS 对该法的解读使得孕妇只享有“最差国”待遇。是的，卡根大法官，“该法的目的在于告诉雇主，你们对待孕妇员工必须像对待其他有价值的员工一样”。[60] 接下来，首席大法官说了结束所有言词辩论的话：“本案已经提交。”

在最高法院的台阶上，成群的支持者们正在等待扬，高喊着“我们支持佩吉！”有人送上了粉色、紫色和红色花朵组成的花束。草根组织“天下母亲”带来了厚厚一沓支持者的信件和来自全国各地的几千个签名。一个人把扬拉到一旁告诉她，自己的妻子因为不能调到轻负荷岗位也被迫离职。扬已经准备好面对无数的记者，但没想到有潮水般的支持者和社会活动家在场。扬受宠若惊，她身穿一件领口和袖口都是绒毛的米色大衣，走到一排话筒前。依稀可见她的项链上有一个金色的小十字架。“我就是希望所有女性知道，你们有发言权并且应该发声，”她说，“我们希望繁衍后代，我们应该有权在怀孕的同时继续工作。”[61]

随后，她和古斯塔夫森一起前往后者丈夫的办公室吃午餐，之后到微软全国广播公司[1]接受安德烈亚·米切尔的访问。巴根斯托斯则和他的家人——他的妻子和 15 岁的双胞胎——飞回安娜堡前在机场附近的餐厅庆祝。他们都不知道最高法院将会怎样判决，但这本身就是一个好迹象。

2015 年 3 月 25 日上午，古斯塔夫森给扬打了电话。最高法院以 6∶3 的投票推翻了第四巡回上诉法院的判决。就连首席大法官罗伯茨和阿利托大法官也加入了多数派，阿利托提交了一份独立的协同意见，只有斯卡利亚、托马斯和肯尼迪大法官表示反对。当古斯塔夫森告诉她这个消息时，扬喜极而泣。“我哭了，因为实在太开心了，”她回忆，“因为你知道，这对所有人来说都非常重要。”

“即便是以对扬最不利的角度来看案情记录，也可以发现 UPS 是否向一些自身情况并不能与扬进行合理区分的员工提供了更为优厚的
227 待遇，确实存在争议，”布雷耶大法官代表多数意见写道，“雇主已经为如此多的人提供便利，为何不能也给孕妇员工提供便利呢？”[62]因为第四巡回上诉法院没有考虑那个问题，本案将发回重审。

至于第四巡回上诉法院以及以后所有其他法院应该采用何种标准来决定合法与否的边界，最高法院没有完全支持扬。布雷耶大法官解释道，最高法院需要采取一种方法，允许雇主**有时**给予某些员工工作任务修改之便利，而避免敞开为所有孕妇员工提供便利要求的大门。“我们在一定程度上同意 UPS：我们不认为国会旨在授予孕妇员工‘最惠国’地位。”[63]与此同时，最高法院也拒绝采纳 UPS 的观点，即因为它已经采用了中立标准决定谁能获得便利，所以不

---

[1] 微软全国广播公司（MSNBC）由美国全国广播公司（NBC）和微软公司联合开办。

存在对怀孕女性的歧视。同样的理路使最高法院支持了通用电气的残疾人保险金方案。国会则通过了《反怀孕歧视法案》，以表示对这种理路的反对。

布雷耶说，今后，最高法院在没有根据《反怀孕歧视法案》提供孕妇工作便利的案件中，将采用与没有确切证据体现出歧视而依据《民权法案》第七章提起诉讼的案件同样的分析框架。它被称为麦克唐纳－道格拉斯框架，在 1973 年的案件中首次出现，要求孕妇员工证明“很多”员工都比她们得到了更好的对待，雇主实行区别待遇的原因事实上是歧视的“借口”所在。孕妇员工如果希望证明有此“借口”，必须证明雇主的政策在没有恰当理由的情况下“给孕妇员工增加了极大的负担”。布雷耶强调，这些理由“不包括仅仅因为将孕妇归入雇主能够提供便利的那些（‘具有同等工作能力的’）员工将花费更多、带来更多麻烦的主张”。[64]

不出所料，斯卡利亚大法官撰写了异议意见。“目前对于《反怀孕歧视法案》有两种解释，最高法院一种都没有选择，”他写道，“它创设了一种新法，与《反怀孕歧视法案》的内容甚至立法进程完全没有关联。”[65] 斯卡利亚以一种罕见的形式进行了标志性的嘲讽：“仅仅挥了几下最高魔杖就得到了想要的结果。看！”；“好笑的事情还没完”；“但是（不管你是否相信），结果变得更糟。”斯卡利亚愤怒地谴责多数意见是一份“对法律不同解释的政策导向性妥协，就像国会两院协商委员会在协调参众两院的法案版本”。[66] 228

也许是希望自己与斯卡利亚的轻蔑语气保持距离，肯尼迪大法官单独起草了一份简短的异议意见。看起来这个“关爱小分队”至少获得了一位保守派大法官的支持。他承认：“几乎毫无疑问的是，职场女性，由于个人选择、经济需要或者两者兼而有之，都在怀孕后面临着严重的不利情况。”[67] 他随后援引了两份支持扬的法庭之友意见书，一份来自美国女性商会，另一份来自法学教授和民权组织的联盟。[68] 肯尼迪在结尾处指出，已经有州法明确规定为怀孕相关的情况提供便利，不论这种便利是否及于其他员工。“这些法案尊重、保障女性在工作场所和个人家庭中的重要贡献。”

最高法院作出判决几周之后，扬来到古斯塔夫森临近哥伦比亚特区的家，坐在温馨的客厅里，回味七年多来的诉讼，心潮澎湃。她的女儿特里妮缇忙着用古斯塔夫森镶着花纹的陶瓷茶具奉上茶和点心，兴奋地说着即将开始的国家航空航天博物馆之旅。

扬仍然从事两份兼职，不仅在奥利弗花园工作，还以政府的合同工的身份协助多家联邦机构管理办公室设备。她和古斯塔夫森期待着案件的结果。尽管理论上第四巡回上诉法院接下来要再次听审案件，作出判决，但双方决定就此作罢，达成和解。（几个月后，2015 年 10 月份，他们签署了和解协议，具体条款保密。[69]）

扬逐渐意识到该案意义重大，“我确实意识到这个案子很重要，但是我尽量不把它想得那么重大”，这个案件产生的所有影响中最使她满意的是，它有益于她的女儿们。“我不希望她们也有这种因身为女性或母亲而被人贬损的经历，这不应该发生。”

尾　声

1964 年《民权法案》第七章对法律和文化的影响完全是革命 229
性的。怀孕期间保持受雇权，分娩后的留职权，从事历来被视为“仅供男性”之工作的权利，根据其自身特点而非所属群体的特点被评判的权利，免受屈辱的性骚扰的权利，外貌和举止都可有**自身**特质的权利（且不论这种特质是否属于传统意义上的“女性”特质）——所有这些进步和其他更多的改变都应归功于 1964 年《民权法案》的第七章以及本书收录的各案例。毫不夸张地说，该法改变了人们对职场女性的认识，也改变了对女性本身的看法。

本书收录的这些里程碑式的案例如何继续影响今天的法律呢？就业歧视是如何限制女性的？法律又能做些什么呢？

本书从艾达·菲利普斯的故事开始。作为一个学龄前儿童的母亲，菲利普斯为保住工作努力斗争，以她的故事开始也格外有意义。母亲身份仍然是实现女性身份平等最难攻克的壁垒之一。它迫使她们离开工作岗位，[1] 阻碍她们重返工作，[2] 减少她们的薪金和机会。[3]（最近，讽刺性网站“洋葱”的头条对该情况的精准表述，这已经不能再作为一个笑话来看了：“公司不加掩饰地问女性申请者在她们有孩子前可以为公司做多久贡献。”[4]）

1966 年菲利普斯应聘马丁・玛丽埃塔公司的职位，当时，有 6
230 岁以下孩童的在职母亲仅有大约 25%。今天，这一数字增至近 65%，已逾两倍。[5] 在 40% 有孩子的家庭，母亲是唯一或主要负责养家糊口的人。[6] 但母亲对家庭经济状况责任的增加并没有使她们在工作中得到更多的支持。大多数问题应归结于政策的缺失，而非反歧视法的空白。例如，美国竟然缺少（父母双方都能享有的）留职带薪产假，[7] 缺乏普遍且可负担的儿童保育政策[8]，长期存在期待个人随时工作的“加班”文化[9]。对低收入的工人来说，他们需要做两份工作或为了 10 美分而坚持到最后一刻进行工作交接，这种做法也被称为“刚好准时”排班，以勉强维持其摇摇欲坠、不堪一击的儿童保育制度。[10]

不过，对母亲公然持有偏见仍是该问题的主要症结。法学家们借助社会科学家的研究，发现职场母亲在撞到著名的“玻璃天花板”之前，“母亲墙”（maternal wall）已成为她们工作道路上的一大阻碍。[11] 琼・威廉斯于 2003 年创造了这个词，描述了“母亲墙”包括的一系列刻板印象：

> 当一个无子女的女人不在办公室时，人们推测她正外出办事。但如果是一个母亲不在办公室，却往往被认为是去竭力解决照顾孩子的问题了。经理和同事们可能会认为孕妇和新妈妈们在女性气质的光环下，善解人意，感情充沛，温柔体贴，无

> 攻击性——总而言之，就是不适合工作。如果这些女性摆脱了这种气质光环，保持强硬、冷静、果断，并致力于自己的工作，同事们则可能批评她们是不称职的母亲。[12]

那么法律上的解决方案是什么呢？平等就业机会委员会已将“母亲墙”认定为“看护人歧视”（也称为“家庭职责歧视”），可以依据第七章提起性别歧视诉讼。2007年，该机构针对该问题发布了一份正式指南，[13] 相关的私人诉讼也呈现爆炸式增长。据威廉斯创立的职业生涯法律中心（The Center for WorkLife Law）的记录，此类诉讼于1999年至2008年间几乎增加了400%，且成功率远远高于其他类型的歧视案件。[14] 原因之一是，虽然雇主可能已经学会了不说“我们不想雇用一位母亲担任销售工作”，但他们在表达所谓的仁爱看法时却没有那么谨慎，如“随着新的小家庭成员的到来，我们认为你应该不会对出差很感兴趣”。正如普华案证实的，这种公 231
开禁止母亲从事某种工作的刻板印象，即使出发点是要给予帮助，也属于“基于性别”的歧视。

社会科学进一步证明，职场父亲如果过于公开地表现出对父亲角色的在意而脱离了被社会认可的“男性”角色时，也会面临“处罚”。[15] 正如琼·威廉斯告诉一位记者的，“我曾与那些要求兼职或休假而被称为懦夫的人交谈过”。[16] 法院已经将此类“基于性别”的刻板印象与“母亲墙”偏见归于同一类，均认为是歧视行为。美国有线电视新闻网记者约书亚·列弗起诉其母公司时代华纳的事件一时成为当地头条，他认为母公司时代华纳给孩子生父的带薪陪产假仅有短短两周，却对生母及所有养父母提供长达十周的假期。该公司后来同意改变其政策，为所有初为父母的员工都提供六周的带薪产假，并为女性提供额外休假，便于分娩后的恢复。[17] 在一个广为人知的诉讼中，波士顿的一名男律师起诉其律所，因为他刚根据《家庭和医疗休假法案》规定的休假，照顾其新出生的孩子和患有精神疾病的妻子，在返回工作不久后却被律所解雇。他指责律所的“大男子主义”企业文化贬低了男性看护人的价值。[18] 此案在庭审前已达成和解，但其中反映的问题却不会很快消失。体育电台主持人迈克·弗朗西斯在 2014 年春讽刺纽约大都会棒球队队员丹尼尔·墨菲时，就很生动地展示了男性看护人将面临的嘲讽。那时墨菲刚宣布要退出本赛季的前两场比赛，来陪伴他刚出生的儿子。迈克吹嘘说自己可不会因为孩子出生而请假，还说陪产假只是个噱头和诡计而已，[19] 并以此取笑墨菲长达 20 分钟。“你会怎么做，”针对墨菲缺席比赛，弗朗西斯说。“我的意思是，你要花两天时间坐在那里，看着你妻子躺在医院的床上吗？”[20]

就像对母亲的偏见一样，怀孕歧视也是实现职场女性平等的最有害障碍之一。1997 年至 2011 年间，平等就业机会委员会和相关机构记录在案的指控增加了近 50%，但这个数据在近几年有所下降。[21] 然而，令人头疼的是，公然的违法行为仍存在，例如，休斯顿的联合圣经研究会最近实施的“工作场所无孕妇”政策促使平等就业机会委员会提起诉讼（后来达成了和解）[22]；又如，汽车地带公司对一名怀孕女性经理降职和减薪，她的上司对其怀孕评论道，“我猜……要恭喜你了”，“替你感到遗憾”，后来因该公司花费 3 年的时间用各种办法来辞掉这位女经理，陪审团裁决该公司向她支付
232 1.85 亿美元作为补发工资和损害赔偿金。[23]

有色人种女性和那些在零售、服务和卫生保健等部门低收入工

作岗位上的女性尤其容易遭受这种偏见。[24] 美国人口调查局最近公布，2006—2008 年，初为人母的拉美裔女性在怀孕时被解雇的概率几近白人女性的 200%，非裔女性几近白人女性的 150%。[25] 职业生涯法律中心记录了低收入女员工宣布怀孕后即会面临的、广泛且明显的歧视性行为，从立刻被解雇到受到应该中止怀孕的讥讽。[26] 当然，与怀孕有关的骚扰行为并非只有生存在最底层的女性才会遇到：纽约大都会棒球队前高管最近将遭受到的此类迫害诉诸法庭，称首席运营官因她未婚怀孕而一再羞辱她，后又报复她投诉而解雇她。[27]

显然，值得庆幸的是，江森自控案中那些非常直接、过于宽泛的胎儿保护政策已成过往。然而，促使这些政策产生的父权主义仍有抬头，对于那些从事低收入且由男性主导的重体力工作的女性，尤为如此。[28] 几年前，我有一个从事执法工作的客户，她的雇主制定了一项政策，认为所有怀孕的女性无论工作职责或怀孕阶段如何，都"有腹部受伤的风险"，因而立即解除她们的职务。最终雇主同意改变政策，此案才得以解决。[29]

虽然这些不同种类的怀孕歧视行为属于非法，基本不会引起争议，但更棘手的是最高法院在扬诉美国联合包裹服务公司案中所提出的问题：雇主在面对已经怀孕且的确需要调整工作职责以便健康妊娠的员工时该如何回应。这仍然要看下级法院将如何适用最高法院的指令。虽然《反怀孕歧视法案》要求雇主对待孕妇时，与"相似有工作能力和无工作能力"的员工一样，但扬案认定，只有在"许多"其他员工已经被提供便利，且未能为孕妇提供便利将给其造成"重大负担"时，雇主才有该义务。由于第七章中"基于性别"的用语是极简的，需要法院日后在有关怀孕职场女性生活经验的判决中解释这些术语的意义。

扬案之后，此类案件仍然不断诉至法院，与此同时，女性权益倡导者们也在寻求一个更加直接的解决方法：完全修改《反怀孕歧
233 视法案》。《孕妇雇员公平法案》将要求雇主为怀孕员工提供“合理便利”，而无论雇主为其他处于类似受限情况的员工提供的待遇如何。讽刺的是，一些《孕妇雇员公平法案》最坚定的支持者包括一些在加州联邦案中反对加利福尼亚州的怀孕休假法的组织。2015 年 7 月，148 个组织——包括倡导“平等待遇”的中坚力量，如美国公民自由联盟的女性权利项目，全国妇女法律中心、全美妇女组织、法律动力（前身为法律辩护与教育基金会）以及全国妇女和家庭联盟（前身为女性法律辩护基金会）——致函国会敦促通过该法。从反对到支持这种仅孕妇享有的利益，这种心意的改变有何原因？与 20 世纪 70 年代末 80 年代初加州联邦案上诉法庭时相比，目前的联邦法律基于一种性别中立的基础保护残疾员工，颁布于 1991 年的《美国残障人士法案》要求的“合理便利”包括岗位调整和留职休假。孕妇们不断斗争，希望能够被认定应与其他员工一样，被“同等”对待，赢得《反怀孕歧视法案》中规定的“便利”，但现在她们却成了唯一没有得到保护的群体。[30] 在这种情况下，保护怀孕女性工作的运动不再被污名化为强调“特殊待遇”。它已成为新的“平等待遇”。

直到《孕妇雇员公平法案》颁布，且法院找到了适用扬诉联合包裹公司案的方法，各州才开始弥补空白——与莉莲·加兰于 1982 年到访加利福尼亚州公平就业和住房部时相比，这一发展才成为可能。自 2015 年末，已经有 15 个州和 4 个城市颁布法律要求雇主提供佩吉·扬要求那样的合理便利。其中一些法律也保护那些想要在工

作中泵奶的母亲，令人难以置信的是，这种需要在很多法院都被裁定为不符合《反怀孕歧视法案》中规定的“有关”妊娠和分娩的“医疗情况”。[31] 州和地方政府以这种方式在联邦法律这个不稳定的“地面”上，为孕妇建立了一些加州联邦案式的高“天花板”。

虽然普华案中对坚定自信的女性的偏见仍然根深蒂固，令人恼火，但至少没有人会否认它们的存在了。要么坚持自我，然后被贴上“不是真正女人”的标签，要么降低声调，然后被认为很好对付而被辞掉，职场女性的上述双重束缚已从商学院白皮书中被剔除[32]，并在 2013 年进入主流传媒视野，脸书首席运营官谢丽尔·桑德伯 234
格告诫女性在其事业中要“向前一步”。[33]

作为一项实现具体改变的战略，“向前一步”获得的评价褒贬不一。[34] 一方面，很多人指出，职场中的结构性不平等——这种不平等不只是性别，也包括种族和阶层——使“性别差距仍然存在是由于女性不够努力”这一说法显得太过懦弱。事实上，数以百万计的女性们正在她们即将遇到困难的工作中“向前一步”。[35]

另一方面，有批评者说，在现实世界中，因坚持自我而遭遇的惩罚对很多女性来说代价过高，以至于她们不愿冒险去进行此类社会实验。2015 年被广为宣传（但最终未获成功）的一桩歧视诉讼便是一个尤其残酷的警示。硅谷风险资本家鲍康如提起诉讼，她在审判中被刻画成一个因“犀利”而得到差评的人，而且她声称因反对公司中的性骚扰而被公司报复性辞退。[36] 还有一件事情在 2014 年春天的互联网上被热议。一名年轻学者在博客上详细描述了一个已经到手的工作机会仅因她提出更高的薪水要求而被撤回，该大学不认为她有能力“胜任”这份工作。[37]

鲍康如的败诉表明，想要把这些态度上的现实遭遇转变为歧视意图的证据并不容易。事实上，决策者可能甚至无法意识到他们自身所持有的偏见。[38]（研究表明，雇主可以在此种事件发展为诉讼前提早发现，予以应对，如要求主管对女员工人际交往技能的负面评价进行解释。[39]）但至少，桑德伯格、鲍康如、身为年轻学者的网络博主这样的发言人和各种各样的评论者，[40]已使女性——也许更重要的是使男性[41]——开始坦诚直接地谈论所有职场女性都面对的魅力和能力之间的紧张关系，不论她们身居何种要职。由于安·霍普金斯和普华案，如果原告能够证明这种偏见违背了其雇用“条款、条件或权利”，那么她便可以获得法律救济。

不只是“男性化”的女性，如安·霍普金斯，能得到普华案保护。“女性化”的男性也用它赢过第七章的案件。其中有一位是在宾夕法尼亚州西部智者业务工厂工作的男同性恋者布莱恩·普鲁维。
235 普鲁维有着公认的高嗓门和其他刻板印象中的“女性化”举止。除了其他的一些侮辱外，他的同事嘲笑他是“玫瑰花蕾”“公主”，并在他的工作台留下粉红色的羽毛头饰。初审法院驳回了普鲁维的诉讼，认为该案件属于“基于性取向”的歧视，不在1964年《民权法案》第七章的保护之下。[42]但在2008年，联邦第三巡回上诉法院推翻了该判决，认为普华案可以保护普鲁维：“成文法或判例法中没有任何依据，规定女性化的异性恋男人可以向法院提起性别刻板印象诉讼，也没有规定女性化的同性恋男人不能向法院提起性别刻板印象诉讼。”法院说。“只要雇员——无论他或她的性取向如何——能够取得足够的证据，使一个理性的陪审团得出结论，是‘基于性别’引发了骚扰和歧视”，案件就应该提交陪审团审理。[43]

近几年来受益于普华案的另一群体是变性员工。2012 年，平等就业机会委员会对米亚·梅西案件的处理成了头条新闻，米亚·梅西在首次应聘美国烟酒枪械管理局（U. S. Bureau of Alcohol Tobacco and Firearms）的工作时，是以男性身份应聘的，在告知管理局自己正处于变性阶段后，被管理局取消了工作机会。[44] 平等就业机会委员会援引普华案的规定，认为 1964 年《民权法案》第七章不仅禁止“基于生理性别”的歧视。梅西的案件符合性别歧视案件，因为她的着装、行为举止和生活方式不符合管理局认为的生理意义上的男性的样子。（平等就业机会委员会进一步认定，因为管理局雇用的是另外一名男性，所以梅西的案件也符合更传统的性别歧视案件。）在 2015 年的一项裁决中，平等就业机会委员会也把性取向歧视视为“基于性别”的非法歧视。平等就业机会委员会在代表个体员工进行诉讼时，遵循了对第七章的这一解释。2015 年 4 月，奥巴马总统发布行政命令，禁止联邦承包商基于性取向和性别身份的歧视。[45]

但同性恋、双性恋和跨性别者的权益倡导者们继续要求国会修改第七章，以便明确地将性取向和性别身份划入该法保护的范围。普华案的保护范围已被广泛扩展至那些“看上去”像同性恋的员工，但对那些本身确实为同性恋者所提起的诉讼却置若罔闻，实属荒谬。（毕竟，难道男同性恋、女同性恋或双性恋者不是对性别刻板印象——也就是说，男性应该只被女性吸引，反之亦然——的最终破坏吗？）倡议者们现在希望最高法院 2015 年对同性婚姻宪法权利的认同判决能推动第七章的修改并全力支持《平等法案》（Equality 236
Act），事实也的确如此。正如为争取该法通过的俄勒冈州参议员杰夫·默克雷所说：“人们会发现，你在早上结婚……在下午就被开除。这让人难以接受。”[46]

尽管已有许多积极措施来支持那些外貌和行为不符合雇主期望的员工，但有一个领域的现状自第七章实施以来几乎没有变化：雇主规定的仪表规范。这些政策无一要求女性员工符合绝对的女性特质甚至带有高度性意味的标准，远远超出安·霍普金斯所承受的。虽然也有例外，但这些政策通常都得到了法院的批准，出于所谓维护企业品牌建设的利益考量，这些利益往往被夸大了。[47]

其中一个臭名昭著的案例是2009年位于里诺的哈拉斯赌场女招待达莲娜·叶斯柏森案。尽管已经连续20年在工作中表现良好，叶斯柏森仍然被解雇了，原因在于她拒绝遵守赌场最新的“最佳个人着装”政策，该政策要求她涂脂抹粉，涂睫毛膏、唇膏和指甲油，并且无论头发是“梳理过、卷曲的还是做过造型的”都要始终披垂着。（而另一方面，男性员工被禁止化妆或头发长过衬衫衣领。）“我不得不成为一个性对象，”叶斯柏森后来写道，“虽然这份工作与调酒和接待客户无关，但这种政策正使我的工作越来越符合哈拉斯关于一个女人应该是什么样子的极端、过时的理念。”[48]

第九巡回上诉法院批准了哈拉斯的政策。法院判决，要求女性化浓妆，并不足以证明明显增强了女性作为装饰性性对象的性别刻板印象。相反，女性必须得证明（几乎是不可能的）赌场实际上曾有具体明确的意图，想要贬损女性到边缘化地位。[49]叶斯柏森案这样的判决——或2015年新泽西法院的判决（根据一项借鉴了第六章的州法），它批准了波哥大赌场一项禁止穿着暴露的鸡尾酒服务员（又称为“波哥大宝贝”）增重超过7%的规定[50]——让人回想起众议员玛莎·格里菲思近50年前一番被忽视的话语：她曾大胆地向美国联合航空公司的一名管理者质疑为什么只雇用年轻、苗条、未婚的女性来担任空乘：“你们到底开的是什么公司，是航空公司还 237
是妓院？”[51]

谈及雇主对外貌的要求时，有色人种女性往往面临非常明显的障碍。这样的要求不仅符合“什么是女性气质”的刻板印象，也往往以白人作为标准。对有色人种职业女性来说，打理什么样的发型已经成为其焦虑的中心，也是发生冲突的症结，因为她们担心看起来太具“种族特征”，会阻碍自己的发展。[52]事实上，叶斯柏森案中的“最佳个人着装”政策就推定女性雇员应该是白色皮肤，并指出除了要求头发“梳理、卷曲或做过造型”，也要求“必须一直披着头发，没有例外”。[53]一位学者评论叶斯柏森案时说：“对大多数的黑人妇女来说，披着头发就是要求她们的头发必须是直的，而拉直头发要么用加热直板夹，要么使用化学软化剂。”[54]

黑人女性常有的其他发型，从马尾辫到双线辫到脏辫再到手指波浪发，已被雇主禁止，原因是“太具种族特色”“太狂野”了，更不可思议的理由是太“醒目”了，法院已批准了那些狭隘的标准。[55]最早期的一个案件是美国航空公司的员工蕾妮·罗杰斯质疑航空公司禁止其留玉米垄发型的规定。[56]法院驳回了该案，因为该公司规定不论男性还是女性都不能留辫子。此外，因为她可以留非洲式爆炸头，所以法院认为公司禁止罗杰斯（一个黑人女性）留其认为的最舒适的发型规定，并没有涉及种族歧视问题。[57]美国军队在2014年3月也曾试图实行这种限制性的规定，并发布了新的形象指南，禁止留大部分的黑人女性发型，如马尾辫、双线辫甚至爆炸头。[58]但后来在遭到来自公众、军队成员以及国会黑人同盟的猛烈批评后，军队在几个月后便取消了该规定。[59]

雇主规定的仪表规则对有色人种女性的严重影响反映出反歧视法一个更加宏观的不足：它往往将员工视为拥有单一身份的人——男性、女性，白人、黑人，亚洲人、拉美人，异性恋、同性恋等，而不承认正是因为各种身份的交叉才构成了人类社会，这又会触发几乎各种形式的偏见。例如，亚裔女性、拉美裔女性和其他有色人种女性会遭到不同的特殊敌意，而白人女性永远不会遇到这种问题。而上了年纪的女性，不论是何种种族，都要对抗在工作场所中赞美年轻女性的这种隐形歧视。在法律上，怀孕女性就如同那些失明、
238 坐轮椅或得了癌症的员工，然而，毫无疑问，所有这些情况都是不同的，也都承载着不同的文化影响。

对无数这样的问题提供完整的法律解答，这不在本书的范围之内。但在这无尽多样化的现实世界中，法律必须更好地考虑到偏见到底是如何体现的，很多导致歧视性决策的偏见都是下意识的。对于那些亲身经历的人来说，这种真实性一点也没有减少。

多萨德诉罗林森案、普华诉霍布金斯案以及全美汽车工人联合会诉江森自控有限公司案的综合影响已经使更多女性涉足历史上一直由男性从事的领域。同样极其宝贵的是，1987 年最高法院判决，当某项工作有“明显的”性别不平衡时，雇主可采取基于性别的平权措施。[60] 数以百万计的女性，尤其是那些从事在历史上只有男性才可从事的工作的女性，多亏了这些平权措施，她们才领到了薪水。[61]（但和许多工作场所一样，白人女性从此类政策中受益最大。[62]）

在一些历来由男性从事的工作部门中，特别是警察局和消防局，雇主往往用一些设计不周密的体能测试来挑选申请者。多萨德案中的差别性影响模式在解决此类问题时尤为重要。[63] 从 1977 年多

萨德案判决公布到 2012 年间，一半以上对此类部门体能测试的法律质疑都成功了。[64] 像布伦达·米耶斯和金·罗林森在 40 年前的案件一样，那些成功的案例证明，雇主不能表明此类测试实际上是为挑选更好的申请者所设计的。

尽管如此，进展仍然缓慢。虽然一项 2008 年的研究发现，在美国一些最大的消防部门，像密尔沃基、旧金山和迈阿密戴德[65] 等有女性出任消防队长的地区中，女消防员占总人数的 10%，而在其他一些地区，该比例则仍低得可怜，全国超过一半的消防部门根本没有女性成员。[66] 执法部门中的女性占比相对较高一点：2014 年，全国大约有 12% 的女性警察和巡警、21% 的女性侦探和刑事调查员，而在这些岗位中有 16% 的女性是上司。狱警、法警和监狱看守中也有近 30% 的女性。[67]

当然，仅仅是拥有进入这些以往仅限男性的工作领域的法律权利，并不意味着女性在那里会受到欢迎。女性在这种工作环境中受到骚扰很普遍，甚至可能尤为严重，这使得很多女性对此类工作望 239
而却步，只能保持这种隔离的现状。这种骚扰可能与性欲高度相关，如展示淫秽作品或涂鸦，以此提醒女性，在此工作场所，男性只欢迎她们作为性对象而非同事；有些骚扰也可能与性欲无关，但仍然深怀敌意，甚至很危险，如辱骂性的绰号、人身攻击或故意破坏工作工具。[68] 希拉·怀特在被惩罚性地转岗至轨道工作后，其在职培训的所有努力都白费了，此外她还经常被要求执行应由两人完成的任务且无法使用清洁的卫生间，所有这一切都很形象地解释了这种现象。事实上，最近一份关于全国女消防员的调查研究发现，相比受到淫秽物品或求爱行为的骚扰，更多的女性都有过在消防站更衣室被侵犯个人隐私的情况，有超过 30% 的女性则面临着这两种形式的骚扰。[69]

全国首个性骚扰集团诉讼，简森诉埃弗莱斯燧岩公司案[70]——后来被改编为图书[71]、电影《北方风云》[72]——比以往在更大程度上使该原则深入人心。该案尤为生动地展示了当只有几个女性来到一个男性人数远超她们的环境中（在埃弗莱斯矿山中男女比例为400∶4）可能发生的事情。原告洛伊斯·简森第一天上班时，一名男性员工把她逼到角落并靠得很近。“你们他妈的这些女人不属于这里，”他说，“你们为什么不回家？”[73]简森和她的3个女同事还遭到跟踪，工作台上方被悬挂了绞索，衣服上被洒了精液。[74]（坦率地说，在这种传统上的男性环境中，用此类体液来骚扰女性的频率之高让人触目惊心，更别说反胃作呕了，这似乎以某种非常原始的方式来标记某一领地。我听到不止一名女消防员说在自己的靴子里发现过粪便，还有，我曾经的一个客户是一家汽车修理厂唯一的女工，她大约有200个工友，有一天来工作时发现她所有的工具都被浸泡在尿液中。）

好消息是，所有这些行为——如果符合文森案中创立、哈里斯案中阐明的“严重或普遍”标准——都属于非法骚扰。该原则在最高法院1998年的判决中得到强化，同性骚扰也构成“基于性别”
240 的歧视。[75]石油钻塔员工约瑟夫遭受其（异性恋）男同事的恶意骚扰，除了戏弄和侮辱他之外，他们还对他进行人身攻击并威胁要强奸他。斯卡利亚大法官执笔全体一致的判决意见，他写道：“基于性别的歧视，无须性欲驱使的骚扰行为佐证。”[76]

除了在男性主导的领域内工作的女性，在低收入工作场所工作的女性——其中有色人种女性所占比例过高——也经常遭到骚扰。其中一类便是拿小费的工作人员，这类工作人员中60%为女性，且每小时仅挣 2.13 美元。[77] 纽约餐馆机会中心最近一项研究发现，竟有 80% 领小费的餐厅员工有过被客人骚扰的经历。[78] 虽然那些员工只占了全国雇员的 7%，但是在平等就业机会委员会记录在案的性骚扰指控中，37% 由她们提起。[79]

经法院和平等就业机会委员会的解释，第七章要求雇主应保护雇员免遭客户的骚扰，但这不能阻止餐厅经理鼓励或甚至要求女性服务员故意穿着性感，以此招揽生意。[80] 服务人员向经理汇报客人的猥亵、下流行为和过分请求时，往往陷入第二十二条军规的困境：她们的大部分收入正是依靠客户的满意。为此，增加拿小费的工作人员的基本工资，从而减少经济压力，不必对客人强颜欢笑和忍受客人不安分的小动作，这已成为女性权益倡导者的主张。[81]

农场也是性骚扰普遍存在的另一重灾区。全国大约 200 万农业工人中近四分之一都是女性，[82] 她们大部分是非法移民，多为拉丁裔，据保守估计，其中至少半数都是非法移民。[83] 人权观察组织 2012 年的一份报告认定：“性暴力和性骚扰在女性农场工人中极其常见，一些女工已经认为这种侮辱是从事农业工作不可避免的一种情况。”[84] 其他权益倡议团体的研究也得出了同样的结论。[85] 平等就业机会委员会一位曾代理过多起农场工人遭受骚扰案件的高级官员称，加利福尼亚州一家公司的一个场所被称为“内裤领域”，因为有无数的工人在那里遭遇过强奸。[86]

远离亲友的支持，长期在偏远地区辛苦工作，英语还不熟练，担心一旦投诉即会被驱逐出境，农场女工是美国最弱势的劳动力群体之一。第七章并不要求雇员必须为美国公民才能得到法律的保护，
但对非法劳工来说，就算他们很幸运地知晓第七章，向一个美国政 241
府机构提起歧视诉讼也简直是天方夜谭。

为此，平等就业机会委员会已经将向此类工人和雇主普及第七章的知识作为首要任务，并针对这些骚扰问题开展一些诉讼项目（因而这些农场工人不用费力去寻找自己的代理律师）。[87] 一些著名的案件由此出现，最终帮助工人们得到了数以百万计美元的赔偿。[88] 其中最大的一宗案件是在 2015 年 9 月，陪审团裁定迈阿密莫雷诺农场包装厂向 5 位在该厂工作时遭 3 名员工恐吓、强奸并最终被辞退的女性支付 1 700 万美元赔偿金。[89] 这种大笔赔偿金额的裁决使农场雇主逐渐认识到他们的法律责任。一些州已主动承担起保护这些弱势群体的责任。例如，加利福尼亚州 2015 年通过了一部法律，要求所有农场——并不仅限于规模大的农场——从业人员以及劳力承包人对其员工进行反骚扰政策的培训。[90]

尽管工作场所的性骚扰依然普遍存在，最高法院近年来却使追究雇主的法律责任变得更难。法院 1998 年对法拉格案和埃勒特案的判决允许雇主通过证明已采取合理措施防止和救济这种不当行为，而免于为主管的敌意工作环境性骚扰承担赔偿责任。（另一方面，如果主管进行的是交换型性骚扰——辞退、降级或明确地对反抗他的员工进行惩罚——那么，根据法拉格案和埃勒特案判决中的观点，雇主自动承担法律责任。）

自最高法院创设“法拉格 / 埃勒特抗辩”近 20 年来，这无疑鼓励了善意的雇主主动发现主管的骚扰行为并予以处理。但在许多情况下，法官对于法拉格 / 埃勒特抗辩的分析往往更看重受到骚扰的员工是否尽其所能地投诉，而较少关注于雇主是否对此不当行为有所回应。把责任转移到**员工**身上来证明她已经尽其所能避免法律诉讼，完全改变了本应属于**雇主**的责任——采取措施制裁主管对员工的欺压行为。此外，它也导致雇主采取一个被权益倡议团体称为“文件柜合规”的原则[91]：发布一项反对骚扰的政策，进行一次敏感度训练（收集员工签名确认他们参加），然后袖手旁观，等待听取违规的投诉。

即使确实有员工挺身提出投诉，一些法院已经找到最敷衍的分 242
析方法来满足法拉格 / 埃勒特抗辩。[92] 雇主可能只是简单地询问一下投诉方和被投诉方，得出结论：这是一个各说各话，谁都有错的事情，然后合上调查文件，放回文件柜。也就是说，直到原告起诉，文件被公布，使法官能够了解雇主是如何“煞费苦心”地解决员工投诉的。然后该案被驳回。

使雇主为主管的性骚扰承担法律责任在最近已变得更加艰难，立法救济的呼声高涨。在 2013 年万斯诉鲍尔州立大学案（*Vance v. Ball State University*）[93] 中，阿利托大法官主笔投票结果为 5∶4 的判决意见，将法拉格案和埃勒特案中符合“主管”资格的人员范围被缩小。判决书指出，只有那些具有雇用、解雇的正式权威以及能够作出类似决定的雇员才能被称为主管。阿利托大法官还写道，仅有权决定他人的工作安排并监督其日常工作的人则不足以被认为是主管。相反，这种骚扰将被认定为同事骚扰。但同事骚扰对原告来说更难举证，因为这要求原告证明雇主存在疏忽，换言之，雇主“知道或者应当知道”骚扰，但没有采取任何行动。

金斯伯格大法官，连同布雷耶大法官、索托马约尔大法官和卡根大法官，撰写了一份异议意见。她写道：“这个来自法院的对‘主管’一职的晦涩新定义，忽略了员工的工作环境。”[94] 在今天的职场中，一个员工的日常生活可能受到不同层级的主管实施的不同程度的管控，尽管他们没有最终的雇用或解雇权。正如金斯伯格所解释的那样，“雇员若告发了主管对她的骚扰，则可能被安排不如意或不安全的工作任务或者被迫转岗”，或者，“她可能会被强加超量工作，或安排给她的轮班工作时间可能导致其家庭生活遭到破坏”。[95] 金斯伯格敦促国会插手纠正万斯案，正如 1991 年对第七章进行修改，并否定了最近一系列“任性”的法院判决。“球又在国会的场地了，”她说，“来纠正本院曾犯下的错误，恢复被当今最高法院削弱的对工作场所性骚扰受害者的保护。”[96] 自万斯案判决以来，《公平就业保护法案》（Fair Employment Protection Act）就已被引入国会来实现这种目的。

金斯伯格大法官对万斯案将给原告带来难以逾越的负担的预测实属先见。2014 年秋天，即判决后一年多，全国妇女法律中心统
243 计，有 43 个性骚扰案件之所以被驳回是因为根据新出台的严格标
准，骚扰者不属于主管且原告也无法证明雇主存在疏忽。[97]

就在最高法院对万斯案作出判决的同一天，还公布了另一案件的判决，再次限制了第七章中的雇员权利，促使金斯伯格大法官发表了一份义愤填膺的异议意见，布雷耶、索托马约尔和卡根大法官也加入其中。在得克萨斯大学西南医学中心诉纳塞尔案（*University of Texas Southwestern Medical Center v. Nassar*）中，最高法院裁定“混合动机”的证明结构不能用于声称遭到报复的员工。虽然在普华案中，多数法官已经裁定，如果雇主对雇员有纳塞尔案中的行为，即使是出于其他因素或有效动机，提起歧视索赔的雇员也能取得胜诉，该判决得到了 1991 年《民权法案》的肯定，然而，安东尼·肯尼迪大法官领导的法院保守派对宣称遭到报复的原告制定了更高的标准。对这些人来说，从现在开始，赢得诉讼的唯一方法就是证明报复是

雇主的**唯一**动机。

纳塞尔案代表了最高法院从以往对第七章反报复保护的过度宽泛解读的一个转向。当然，最值得一提的是2006年北伯林顿案的判决，指出非法报复包括任何“有可能劝阻”雇员对偏见提起诉讼的行动。但最高法院在多年前也曾判决，第七章保护前雇员免受报复，也保护了提供佐证支持其他员工诉讼的员工[98]以及和诉讼员工同在一家公司工作的家庭成员。[99]（在后面的案件中，一名女性雇员的歧视诉讼使得该公司解雇了与其是同事关系的未婚夫。）

普罗大众认为，最高法院之所以逐渐收紧报复性诉讼，是因为此类案件不断增长。纳塞尔案审判时，反报复性指控就占了平等就业机会委员会案件的近40%，而最高法院听审北伯灵顿案时该比例仅为30%。然而，更多观察家对此冷嘲热讽，认为是曾反对普华案创建的“混合动机”框架的肯尼迪大法官利用该机会对普华案判决反手回击。[100]金斯伯格大法官肯定也是这样认为的。“今天的判决意见，”她讽刺地写道，“不过是普华案否定过的观点的改头换面。”[101]

金斯伯格在结束对纳塞尔案的异议意见前再次请求国会采取措 244
施予以纠正：“今天被误导的判决，以及（万斯）案的判决，应该促进对第七章的修改。”[102]作为回应，《保护老年工人免受歧视法案》（Protecting Older Workers Against Discrimination Act）出台，以解决纳塞尔案和另一涉及《反就业年龄歧视法案》下混合动机的类似判决中存在的问题。

谈到女性和退休储蓄，曼哈特案和诺里斯案依旧没有变化。尤其曼哈特案，仍旧是检验第七章基本原则的试金石，它规定雇主必须把员工当成独立的个体，而非某个群体的成员。事实上，由于雇主们不再采用原有的养老金模式（还有部分原因是工会组织的逐渐消亡），而是转向 401（k）s 养老金计划及其他相关形式，这两个案件的意义已经被削弱了。但这种转变还是不能改变女性在退休储蓄上远远落后于男性的事实。退休金与实际收入直接挂钩，持续存在的工资差距——男性赚得 1 美元时，白人女性只有 77 美分，而有色人种女性的处境更加糟糕——最终导致女性在有生之年的收入比男性平均少 53 万美元，即女性从社会福利金中得到的更少，放在她们 401（k）s 养老金计划中的金额也更少。[103]

最高法院 2009 年对诺里斯案中的退休金问题重新讨论过一次，对所涉及的女性而言，这并不是一个好的结果。诺琳・赫尔滕、埃利诺拉・克里特、琳达・波特和伊丽莎白・斯奈德都是美国电话电报公司（AT&T）及其前身关联公司的长期雇员，她们在 20 世纪 60 年代末、70 年代初请假生养孩子。根据公司当时的政策，因暂时性残障而请假的员工仍可获得其缺席期间的服务信用，这最终会被用来计算其退休后的养老金。然而，与当时许多其他雇主的政策一样，请孕假和哺乳假的女性则基本不会得到这种服务信用。

国会于 1978 年通过《反怀孕歧视法案》之后，美国电话电报公司也采用了新政策，废除了计算工作年限的旧方法，并对请孕假和因暂时性残障及其他原因需要请假的员工授予相同的信用。但公司并没有恢复那些根据旧政策请假而失去信用的女性的信用值。这
245 些女性退休后便向法院提起诉讼，声称即使美国电话电报公司不再拒绝给现在请产假的员工工作信用，但在计算她们的退休福利金时，所依据的仍旧是《反怀孕歧视法案》通过前的政策，这构成了持续性歧视。

最高法院并不赞同这一观点，判决只有证明美国电话电报公司

否认授予服务信用的**最初**政策属于歧视，才能考虑其不平等的养老金计算方法是否构成持续性歧视。最高法院得出的答案是否定的。为什么呢？因1978年国会通过《反怀孕歧视法案》之前，怀孕歧视并不属于非法歧视，法案出现的时间远远晚于赫尔滕等原告们请假的时间。

金斯伯格大法官写了一篇慷慨激昂的异议意见，布雷耶大法官也加入其中。在第七章通过之前，该法在最高法院的帮助下利用妇女能够妊娠的生理特征使工作妇女边缘化，回顾完这段历史后，她感叹法院是在重蹈这些可耻传统，是对国会权力的蔑视。法院这样做基本上是在允许美国电话电报公司继续惩罚女性雇员孕育子女。

赫尔滕案的判决与两年前公布的另一争议性判决非常相似。两个判决由同一法院作出，另一判决也是关于是否以及如何解决雇主过往决定的现时影响：莱德贝特诉固特异轮胎与橡胶有限公司案（*Ledbetter v. Goodyear Tire & Rubber Company*）。[104] 莉莉·莱德贝特在亚拉巴马州的固特异轮胎公司工作了将近20年，是那里唯一的女性经理。就在她离开公司前，她收到了一封匿名信，信中告知她的薪水要比所有其他男性经理的薪水都低。调查显示写这封匿名信的人说得没错，莱德贝特提起诉讼。最高法院裁定，由于固特异轮胎公司过去的不公平决定导致如今支付给莱德贝特的薪水相对较低的事实并不足以触发第七章所规定的法律责任。事实上，早在多年前公司决定支付给她相比其他男同事较少的薪水时，就已经构成歧视，而对该问题的诉讼时效早已过期。她不知情，只是她运气不好。

国会采取措施，应对莱德贝特案的判决，正如1978年一样通过《反怀孕歧视法案》应对吉尔伯特案的判决，1991年又颁布《民权法案》以纠正一系列其他判决。2008 年国会又颁布了《莉莉・莱德贝特公平薪酬法案》，法案明确规定，无论最初决定于何时作出，每一次雇主支付了不公平的薪酬，就可以重新起算歧视诉讼的“时
246 间点”。权益倡导者们也继续推动《公平薪酬法案》(Paycheck Fairness Act) 的通过，将撤销许多跳过 1963 年《薪酬平等法案》的判决，有力打击工资的性别鸿沟。法案中有一条对莱德贝特以及与她情况类似的千百万女性极其有帮助：允许同事们公开讨论并比较他（她）们的工资。

尽管莉莉・莱德贝特最终没有从固特异轮胎公司得到一分钱的赔偿，但她下定决心纠正发生在自己身上的不公，使人们意识到一个女性能怎样改变社会。莱德贝特顽强不屈地去斗争，她的名字理应家喻户晓。

从艾达・菲利普斯到佩吉・扬，过去 50 年产生了许许多多这样的女英雄，我们也应该记住她们的名字。当我们从不平等的泥淖里，从国会中、从法庭上、从工作中向前迈出步伐，我们也必须像这些女英雄们一样努力斗争，对抗偶尔的倒退，推动法律不断进步——这种进步缓慢，坚定，不可阻挡。

致 谢

虽然有点陈词滥调，但用在这里确实恰如其分：完成这本书的 ix
写作美梦成真。在这么多人的帮助下，它终于成真了。在我寻求帮助的时候，人们都没有拒绝。

首先，实现这个写作计划的前提是，这些素不相识的人们同意我走进他们的生活，甚至是前往他们的家中，回答我有关他们过往经历的私人性问题。甚至在十分不愿重新开启那段记忆时，他们还是友善慷慨地为我提供了那些过往细节。特别是特蕾莎·哈里斯·威尔逊和她的律师威尼克，大概四年前，我贸然致电，告诉他们我有写作本书的想法，需要提供一个样章以便邀请其他受访者，联系出版商，他们同意了采访的请求。我也要感谢本书记录的其他女性：莉莲·加兰、安·霍普金斯、布伦达·米耶斯、金·罗林森、希拉·怀特和佩吉·扬；还有艾达·菲利普斯的三个子女——佩姬·勃兰特、艾尔弗雷德·麦卡利斯特、薇拉·撒普（及其丈夫马克·撒普），他们用自己的回忆帮助我了解他们的母亲。本书中记录的以及我未曾谋面的所有女性都是我的女英雄。能够讲述她们的故事是我的荣幸。我希望她们对我的作品还算满意。

同样不可或缺的是这些甘于奉献的律师们，抽出时间为我们重述了他们在一系列标志性案件中的角色：除了前文提及的欧文·威尼克，还有萨姆·巴根斯托斯、帕特里夏·巴里、琼·伯廷、约翰·卡罗尔阁下、卡琳·克劳斯、罗伯特·多尔曼（他居然还保留着40年之前曼哈特案的材料，令人感到不可思议）、莎伦·古斯塔夫森、帕姆·霍洛维茨、米利亚姆·霍维茨、道格·休伦、琳达·克里格尔、乔·莱文、朱迪丝·路德维克、小约翰·马歇尔·迈斯堡阁下、里斯·马歇尔、威廉·鲁宾逊、帕特里夏·绍和马利·韦斯。我非常喜欢听他们栩栩如生地还原每个细节，听他们
x 讲述如何意识到自己所经手的案件居然如此重要。苏珊·费斯克博士也同样不吝分享了她为安·霍普金斯担任专家证人的经历。

我将永远感谢圣马丁出版社的编辑伊丽莎白·戴西斯高尔给我的这个机会，她是一名律师，曾发表过法律评论文章，我要感谢她决心使这些故事为公众知晓而表现出的不知疲倦的激情。在艰苦的写作过程中，她的助手劳拉·阿皮曼总是沉着而欣然地帮助我。圣马丁团队其他成员的精力也着实让我惊叹不已，其中最引人注目的是负责宣传和营销的传奇前辈加布里埃尔·甘茨、劳拉·克拉克、克里斯汀·卡特里诺和克里斯·谢埃纳。负责印刷出版的艾伦·布拉德肖和他的团队成员从容镇静，他们如有鹰眼神助，更不用说拥有一丝不苟的耐心了。

没有我的代理人罗伯·麦克奎尔金，我绝不可能有这样的成果。他富有见地，笔触敏锐，为我提供了“连珠妙语”，在我写作的高潮和低谷中一直鼓励我。他所做的一切都使这本书锦上添花。还要感谢利皮科特·马西·麦奎尔金出版代理团队的成员，特别是阿曼达·潘奇、克莱尔·毛和吉纳维夫·布佐。

我也非常感恩在调研中予以协助的朋友们，包括纽约公共图书馆的杰·巴克斯代尔和梅拉妮·洛凯、佛罗里达中区联邦地区法院的萨拉·博斯韦尔、亚拉巴马州执法机构的罗布·布莱德利·布莱恩、国会图书馆的艾米莉·卡尔、耶鲁大学法学院图书馆的玛格丽特·奇斯霍尔姆、地方18国际电工兄弟会的珍妮弗·哈德利、亚拉巴马州惩教署的鲍勃·霍顿、哥伦比亚地区联邦地区法院的布莱恩特·约翰逊、美国劳工部女性事务处的戴维·塔克与米歇尔·瓦卡、南方反贫穷法律中心的佩妮·韦弗。还要感谢佐雅娜·布吕耶和米歇尔·杜伯特将数小时的访谈录音耐心细致、准确无误地转为文字稿。

日复一日敲击键盘的工作因女性作家社区“火药桶”（Powderkeg）而变得更加有效率。非常感谢莫妮卡·张介绍我到这个特别的地方，感谢沙龙·莱纳和霍莉·莫里斯两位创始人同意我来到这里。在此期间，我亲爱的“邻桌”露西·怀特豪斯给我带来了刻薄的幽默感和鼓励，最重要的是，她给了我很多碳水化合物。

我很幸运地结识了一些非常聪明、有远见卓识并且心地善良的人，他们在繁忙的生活中抽出了大量时间来帮我审校书稿，不仅提供了反馈意见，还给了我真诚的鼓励。在此我首先要感谢米歇尔·霍斯特，她对本书的贡献不亚于我本人。她作为读者和朋友表 xi
现出的慷慨支持，我无以为报。戴维·富兰克林是一个严格而有趣的编辑，他也读了完整的手稿并且出于好意对书稿进行了删减。珍妮弗·西格尔和莫里斯·萨缪尔斯是经验丰富的作家，更是老友，也为本书贡献了智慧、关心与敏锐的洞察力，最令我难忘的是我们一起在东汉普顿侨民区居住时，他们给予的支持。同样不可或缺的一些读者包括夏娃·鲍文、乔安娜·格罗斯曼、朱莉·凯、沙龙·勒纳、安娜·波尔、歌·施瓦茨、加伦·谢温和卡特琳·范·达姆，他们提升了本书的品质。

其他朋友和同事也以多种方式为此项目做了贡献。有些人提供了旅行中的食宿，有些人提供了道德上的大力支持，引领我进入全新的写作和出版世界，还有人提供了资金支持。他们是（来自里贝尔路和666号卡罗尔作家休闲公寓的）佐伊·艾伦和埃里克·赫克、杰西卡·阿伦斯、梅琳达·阿龙斯、迪娜·巴克斯特、康拉德·巴特古、丹尼尔·鲍曼、杰西卡·班内特、朱利安·比恩鲍姆、朱利安·邦德、艾米莉·布拉德福德、迈克尔·康特威尔、多洛雷斯·卡维里亚-费舍尔、德博拉·克拉克和丹·基夫、凯文·克雷明、赫伯特·艾森伯格、珍妮弗·恩廷-马茨、本杰明·费尔德曼、托尼·弗罗斯、吉姆·加托、玛莎·加托、梅琳达·加托、杰森·格利克、珍妮丝·古德曼、盖尔·戈夫和约旦·扬、玛丽亚·兰迪和马特·海默尔、格林伯格·戴维、林恩·哈里斯、艾米莉·胡、莎拉·伊夫里、马乔·乔尔斯和马修·皮尔森、莱诺拉·拉皮迪、汤姆·莱帕克、戴莉亚·利托维克、P. 戴维·洛佩兹、玛姬·马洛、米兰达·马西、路易斯·梅林、贾斯汀·穆拉雷、丹尼尔·莫尔科夫、金格尔·亚当·奥的斯、玛雅·拉古、贾迪拉·里维拉、亚历山大利亚·赛奇、艾米·赛格威、吉尔·萨维特、珍妮弗·舒斯勒、劳拉·施奈尔、埃琳娜·塞伯特、珍妮弗·谢里丹、雅各布·索尔和艾伦·韦兰史密斯、阿梅利亚·图米那罗、卡罗琳·韦伯、卡罗琳·韦斯林、艾米莉·惠特菲尔德、维尔纳·威廉斯、苏珊·威廉姆森和萨沙·齐尔。

我的父母——约翰·托马斯和南希·托马斯——总是让我感到

生活中一切皆有可能，而且他们会倾尽所有帮助我实现梦想。事实证明，他们和我一样，都很喜爱读本书中的故事。他们因这本书所生之骄傲是对我最大的褒奖。

杰夫·加托与我一起见证了这本书从无到有的点点滴滴。我所取得的成绩也有他的贡献。他扮演了很多角色——卓有见地的读者、永不疲惫的啦啦队长、无与伦比的调酒师、睿智的治疗师、人体工程学专家、不是一次而是两次的公寓搬迁统筹者、财务顾问和无与伦比的调酒师（是的，我说了两次）。但最重要的是，他一直是并将继续是我的朋友。我为此而爱他。

注 释

导 论

1. Todd Purdum, *An Idea Whose Time Has Come: Two Presidents, Two Parties, and the Battle for the Civil Rights Act of 1964* (New York: Henry Holt & Co., 2014), 195.

2. Caroline Bird, *Born Female* (New York: Pocket Books, 1968), 5.

3. 同上，4。参见 Gail Collins, *When Everything Changed* (New York: Little, Brown & Co., 2009), 76。

4. Bird, *Born Female,* 4.

5. Clay Risen, "The Accidental Feminist," *Slate*, February 7, 2014, http://www.slate.com/articles/news_and_politics/jurisprudence/2014/02/the_50th_anniversary_of_title_vii_of_the_civil_rights_act_and_the_southern.html.

6. 转引自 Sheryl James, "Civil rights, Women's rights," *Law Quadrangle* (Fall 2014), http://quadrangle.law.umich.edu/features/civil-rights-womens-rights/。

7. 同上。

8. 同上。

9. Bird, *Born Female*, 5.

10. Louis Menand, "The Sex Amendment," *The New Yorker*, July 21, 2014, http://www.newyorker.com/magazine/2014/07/21/sex-amendment.

11. Clay Risen, *The Bill of the Century: The Epic Battle for the Civil Rights Act* (New York: Bloomsbury Press, 2014), 160; Purdum, *An Idea Whose Time Has Come*, 196–197; Collins, *When Everything Changed*, 76–77, 78–79; Risen, *The Accidental Feminist*.

12. Risen, *The Bill of the Century*, 161; Menand, "The Sex Amendment."

13. 因为属于“点数计票”(teller vote)，而非“唱票表决”(roll call vote)，所以不可能精确记录下谁投了赞成票，谁投了反对票。但玛莎・格里菲思正是一名“点票员”，负责统计唱票表决中投下赞成票和反对票的情况。见 Jo Freeman, “How ‘Sex’ Got into Title VII: Persistent Opportunism as a Maker of Public Policy,” *Women, Law and Public Policy*, 2004, http://www.jofreeman.com/lawandpolicy/titlevii.htm。

14. Risen, *The Bill of the Century*, 160; Purdum, *An Idea Whose Time Has Come*, 198.

15. 42 U. S. C.§ 2000e−2(a).

16. 见，例如，Cary Franklin, “Inventing the ‘Traditional Concept’ of Sex Discrimination,” *Harvard Law Review* 125 (April 2012): 1307; Freeman, “How ‘Sex’ Got into Title VII”; Carl M. Brauer, “Women Activists, Southern Conservatives, and the Pro-hibition of Sex Discrimination in Title VII of the 1964 Civil rights Act,” *Journal of Southern History* 49, Issue 1 (February 1983): 37; Michael Evan Gold, “A Tale of Two Amendments: The reasons Congress Added Sex to Title VII and Their Implication for Comparable Worth,” *Duquesne Law Review* 19 (1981): 453。

17. U. S. Department of Labor, Women’s Bureau, *1965 Handbook on Women Workers*, Bulletin 290 (Washington, DC: 1965), 2, https: //fraser.stlouisfed.org/docs/publications/women/b0290_dolwb_1965.pdf.

18. Pauli Murray and Mary O. Eastwood, “Jane Crow and the Law: Sex Discrimination and Title VII,” *George Washington Law Review* 34 (1965): 232.

19. U. S. Department of Labor, Women’s Bureau, “Latest Annual Data,” 2013, http://www.dol.gov/wb/stats/recentfacts.htm.

20. Catalyst, “Women Leaving and re-entering the Workforce,” March 28, 2013, http://www.catalyst.org/knowledge/women-leaving-and-re-entering-workforce#footnoteref1_pks1j3w.

21. Stephanie Coontz, *A Strange Stirring: The Feminine Mystique and American Women at the Dawn of the 1960s* (New York: Basic Books, 2011), 14. 如今联邦法官中有四分之一是女性。Dina refki, Abigya Eshete, and Selena Hajiani, “Women in Federal and State-Level Judgeships,” A report by the Center for Women in Government and Civil Society / Rockefeller College of Public Affairs and Policy at University of Albany (2012), http://www.albany.edu/womeningov/publications/summer2012_judgeships.pdf.

22. Menand, “The Sex Amendment” ; Risen, “The Accidental Feminist.”

23. Hugh Davis Graham, *The Civil Rights Era: Origins and Development of National Policy 1960−1972* (New York: Oxford University Press, 1990), 223.

24. John Herbers, “For Instance, Can She Pitch for Mets?” *The New York Times*, August 20, 1965.

25. 同上。

26. “Shaping Employment Discrimination Law,” U. S. Equal Employment Opportunity Commission, *EEOC History: 35th Anniversary: 1965–2000*, http://www.eeoc.gov /eeoc/history/35th/1965-71/shaping.html.

27. Caroline Frederickson, *Under the Bus: How Working Women Are Being Run Over* (New York: Free Press, 2015), 40.

28. 见，例如，Shelley J. Correll, Stephen Benard, and In Paik, “Getting a Job: Is There a Motherhood Penalty?” *American Journal of Sociology* 112, No. 5 (March 2007)。

29. American Association of University Women, *The Simple Truth About the Gender Wage Gap*, Fall 2015 edition, 11 (Fig. 4),http://www.aauw.org/files/2015/09/The-Simple-TRuth-Fall-2015.pdf.

30. Catalyst, “Statistical Overview of Women in the Workplace: Women at the Top,” Mar. 3, 2014, http://www.catalyst.org/knowledge/statistical-overview women-work place.

31. Kathleen Peratis, “Severe and Pervasive,” in Amy Richards and Cynthia Greenberg, eds., *I Still Believe Anita Hill* (New York: The Feminist Press, 2011), 157.

第 1 章

除非另有说明，本章中的直接引语、传记和历史细节、心理印象来自以下来源：Interview with reese Marshall in Jacksonville, Florida on April 21, 2015; interview with Ida Phillips's children—Peggy Brandt, Vera Tharp, and Al McAlister — in Jacksonville, Florida on April 21, 2015; interview with Bill robinson in Washington, DC, on April 6, 2015。

1. 1966 年 9 月 6 日，艾达 · 菲利普斯给林登 · 约翰逊总统的信，引自 “It Happened Here: Phillips v. Martin Marietta” (2010) (on display at George C. Young United States Courthouse, Orlando, FL)。

2. Richard Burnett, “Missiles Spark Half-Century of High-Tech,” *The Orlando Sentinel*, September 24, 2006, http://articles.orlandosentinel.com/2006-09-24/news/MArTIN24_1_1_martin-central-florida-orlando.

3. 同上。

4. 1966 年 9 月 6 日，艾达 · 菲利普斯给林登 · 约翰逊总统的信，《发生在这里的事》(It Happened Here)。

5. Serena Mayeri, *Reasoning from Race: Feminism, Law, and the Civil Rights Revolution* (Cambridge, MA: Harvard University Press, 2011), 51.

6. Judith Michaelson, "The Justices Saw It Her Way," *The New York Post*, January 30, 1971.

7. 转引自同上。

8. 1966 年 9 月 6 日，艾达·菲利普斯给林登·约翰逊总统的信，《发生在这里的事》(It Happened Here)。

9. 转引自 Michaelson, "The Justices Saw It Her Way"。

10. 同上。

11. Appendix at 9a–10a, Phillips v. Martin Marietta Corp., 400 U. S. 542 (1971) (No. 73).

12. Michaelson, "The Justices Saw It Her Way."

13. Appendix at 11a–12a, Phillips v. Martin Marietta Corp., 400 U. S. 542 (1971) (No. 73).

14. 转引自 Michaelson, "The Justices Saw It Her Way"。

15. 同上。

16. 同上。

17. 347 U. S. 483 (1954).

18. Gail Collins, *When Everything Changed: The Amazing Journey of American Women from 1960 to the Present* (New York: Little, Brown & Co., 2009), 86.

19. Phillips v. Martin Marietta Corp., No. 67-290-OrL-Civil, 1968 U. S. Dist. LEXIS 8595 (M.D. Fla.July 9, 1968).

20. 同上，*2。

21. Allison Herren Lee, William W. Shakely, and J. Robert Brown Jr., "Judge Warren L. Jones and the Supreme Court of Dixie," *Louisiana Law Review* 59 (1998): 209 & n.4.

22. 29 C. F. R.§ 1604.1(a)(1)(i) (1965).

23. 同上，§ 1604.1(a)(1)(ii)。

24. 同上，§ 1604.3(a)。

25. Phillips v. Martin Marietta Corp., 411 F.2d 1, 4 (5th Cir. 1969).

26. 同上。

27. Appendix, Phillips v. Martin Marietta Corp., 400 U. S. 542 (1971) (No. 73).

28. Phillips v. Martin Marietta Corp., 416 F.2d 1257 (5th Cir. 1969). 多数意见中的法官 G. 哈罗德·卡斯韦尔可能已经开始后悔他的决定了。因为他曾投票反对艾达·菲利普斯，女权主义者猛烈地反对他的最高法院提名（未成功）。全国妇女组织创始人贝蒂·弗莱顿在参议院司法委员会前宣誓作证，表示反对他的提名，称他"通常对性别偏见问题视而不见"。Betty Friedan, *It Changed My Life* (New York: random House, 1976), 170.

29. Phillips, 416 F.2d at 1259 (Brown, J., dissenting).

30. 同上，1260。

31. 同上。

32. 372 U. S. 335 (1963).

33. Anthony Lewis, *Gideon's Trumpet* (New York: Random House, 1964), 25.

34. Timothy S. Bishop, Jeffrey W. Sarles, and Stephen J. Kane, "Tips on Petitioning for *Certiorari* in the U. S. Supreme Court," *The Circuit Rider*, June 2007, https: //www.mayerbrown.com/files/Publication/34891e80-a15d-4b25-84a2-d3c8573d23da/Pre sentation/PublicationAttachment/5f64270f-6be0-4cec-8cc8-10e6bed6988b/ArT_CIrCUITrIDEr_JUN07.PDF, 28.

35. 同上。

36. Petition for Certiorari at 7–8, Phillips v. Martin Marietta Corp., 400 U. S. 542 (1971) (No. 73).

37. Phillips, 1968 U. S. Dist.LEXIS 8595 at *2.

38. Petition for Certiorari at 6, Phillips v. Martin Marietta Corp., 400 U. S. 542 (1971) (No. 73).

39. 同上，7。

40. 同上，11。

41. 同上，10–11。

42. 同上，10。

43. Michaelson, "The Justices Saw It Her Way."

44. 转引自同上。

45. 转引自 Elizabeth Heddericg, "Florida Woman's Discrimination Case May Open Up Jobs," *The St. Petersburg Times*, May 4, 1970。

46. Brief of the American Civil Liberties Union, Amicus Curiae at 14, Phillips v. Martin Marietta Corp., 400 U. S. 542 (1971) (No. 73).

47. 同上。

48. 同上。

49. 见，例如，Bart Landry, *Black Working Wives: Pioneers of the American Family Revolution* (Oakland: University of California Press, 2002)。

50. Brief Amicus Curiae for National Organization for Women at 8-9, Phillips v. Martin Marietta Corp., 400 U. S. 542 (1971) (No. 73).

51. 同上，9。

52. Brief of the American Civil Liberties Union, Amicus Curiae at 8, Phillips v. Martin Marietta Corp., 400 U. S. 542 (1971) (No. 73).

53. Collins, *When Everything Changed*, 20.

54. American Airlines advertisement, *DC Magazine*, Vol. 1, Issue 1, June 12, 1965, 2.

55. Amicus Curiae Brief of Air Line Stewards and Stewardesses Association in Support of Petitioner at 3–4, Phillips v. Martin Marietta Corp., 400 U. S. 542 (1971) (No. 73).

56. Timothy r.Johnson, Paul J. Wahlbeck, and James F. Spriggs, "The Influence of Oral Arguments on the U. S. Supreme Court," *American Political Science Review* 100, No. 1 (February 2006), 99, 101（内部引文省略）（原文强调）, http://home.gwu.edu/~wahlbeck/articles/Johnson-Wahlbeck-Spriggs%202006%20APSr.pdf。

57. 401 U. S. 424 (1971).

58. Michaelson, "The Justices Saw It Her Way."

59. 转引自同上。

60. Oral Argument at 15； 7:16; 8:15; 9:24; 10:27; 10:50; 9:40, Phillips v. Martin Marietta Corp., 400 U. S. 542 (1971) (No. 37), available at http://www.oyez.org/cases/1970-1979/1970/1970_73.

61. 同上，11:30。

62. 同上，11:40。

63. 同上，21:25；25:38；26:14。

64. 同上，5:26；5:50。

65. 同上，23:41。

66. 同上，34:18；34:35。

67. 同上，46:22。

68. 同上，49:44；48:06；48:52；49:30。

69. 同上，74:50；75:25；75:39；75:46。

70. 转引自 Mayeri, *Reasoning from Race*, 53。

71. Oral Argument at 76: 42, Phillips v. Martin Marietta Corp., 400 U. S. 542 (No. 37), available at http://www.oyez.org/cases/1970-1979/1970/1970_73.

72. August 11, 2015, email message from reese Marshall to author.

73. Phillips v. Martin Marietta Corp., 400 U. S. 542, 497-498 (1971) (per curiam).

74. 同上，544。

75. 同上，498。

76. 同上，545 (Marshall, J., concurring)。

77. 同上，545–546。

78. Bob Woodward and Scott Armstrong, *The Brethren* (New York: Simon & Schuster, 1979), 123.

79. 同上。

80. 转引自 Mayeri, Reasoning from Race, 53–54。

81. Michaelson, "The Justices Saw It Her Way."

82. 转引自同上。

83. United Press International, "Woman Rightist Plans Spending," *The St. Petersburg Times*, July 30, 1971.

84. 转引自同上。

85. 转引自 Michaelson, "The Justices Saw It Her Way"。

86. 同上。

第2章

除非另有说明，本章中的直接引语、传记和历史细节、心理印象来自以下来源：Interview with John Carroll in Birmingham, Alabama on August 8, 2014; interview with Pamela Horowitz in Washington, DC, on September 29, 2014; interview with Joe Levin in Montgomery, Alabama, on August 7, 2014; interview with Brenda Mieth in Amissville, Virginia, on September 26, 2014 and by phone with the author on November 26, 2014; and interview with Kim Rawlinson in Montgomery, Alabama, on August 6, 2014, and by phone with the author on October 21, 2014。

1. Associated Press, "E .C.Dothard, State Trooper, 58," December 17, 1989, http://www.nytimes.com/1989/12/17/obituaries/e-c-dothard-state-trooper-58.html. 据其同事说明，多萨德"在中枪这种情况下依然高声下达命令"。同上。

2. Dothan Area Convention & Visitors Bureau website, dothanalcvb.com.

3. Bureau of Labor Statistics, "Labor Force Statistics from the Current Population Survey: A Databook," Bulletin 2096 (September 1982): 657.

4. Carl Nink, "Women Professionals in Corrections: A Growing Asset," MTC Institute (August 2008), available at https: //www.mtctrains.com/sites/default/files/Women ProfessionalsInCorrections-Aug08.pdf, 3.

5. "Unhired Women Sue Alabama on Minimum Sizes for Officers," *The New York Times*, December 10, 1975, http://timesmachine.nytimes.com/timesmachine/1975/12/10/80101361.html?pageNumber=50.

6. Jerome J. Suich, "Height Standards in Police Employment and the Question of Sex Discrimination: The Availability of Two Defenses for a Neutral Employment Policy Found Discriminatory Under Title VII," *Southern California Law Review* 47 (1974): 586-587.

7. 同上，585, 587 n.9。

8. Jo Freeman, "The revolution for Women in Law and Public Policy," in Jo Freeman, ed., *Women: A Feminist Perspective*, 5th ed. (Mountain View, CA: Mayfield, 1995), 356-404.

9. 见，例如，Bart Landry, *Black Working Wives* (Oakland: University of California

Press, 2002)。

10. Bradwell v. State, 83 U. S. 130, 141–142 (1872).

11. Muller v. Oregon, 208 U. S. 412, 421 (1907).

12. Goesaert v. Cleary, 335 U. S. 464 (1948).

13. 同上，466。虽然该法如此规定的官方理由是女性需要男性的权威形象来保护她们免受酒精作用下的酒吧顾客的猥亵，但有些学者认为，之所以现在骑士精神越来越少，是因为酒吧服务员多由男性担任，他们的工会极力游说通过法律，以为他们自己保留这些报酬丰厚的职位。Amy Holtman French, "Mixing It Up: Michigan Barmaids Fight for Civil rights," *Michigan Historical Review* 40, No. 1 (Spring 2009): 27–48.

14. 见，例如，Nink, *Women Professionals in Corrections*; James B. Jacobs, "The Sexual Integration of the Prison's Guard Force: A Few Comments on 'Dothard v. Rawlinson,'" *Toledo Law Review* 10 (Winter 1979): 389; Suich, "Height Standards in Police Employment and the Question of Sex Discrimination"。

15. Equal Employment Opportunity Act of 1972, Public Law 92–261 (86 Stat.103).

16. Jordan v. Wright, 417 F. Supp.42 (M. D . Ala.1976).

17. 401 U. S. 424 (1971).

18. 同上，428。

19. 同上，432。

20. 同上，431。

21. 同上，431，432。

22. 同上，431–432。

23. 同上，430。

24. Officers for Justice v. Civil Service Comm'n, 395 F. Supp.378 (N. D. Cal. 1975). 法院还认定五英尺六英寸的最低身高对拉丁裔和亚裔美国人即具有的差别影响属于非法。这两个族群里不论男性还是女性都比白人或黑人要矮。

25. 同上。

26. 州惩教机构还包括劳改所或囚犯工作释放中心，加上一个青少年拘留中心和一个女子监狱。

27. James v. Wallace, 406 F. Supp.318 (M.D. Ala.1976).

28. McCray v. Sullivan, 399 F. Supp.271 (S.D.Ala.1975).

29. Newman v. Alabama, 349 F. Supp.278 (M.D. Ala.1972).

30. James, 406 F. Supp. at 323–324.

31. 同上，324。

32. 同上，325。约翰逊法官进一步指出，"警卫很少进入牢房和囚室，尤其是在晚上最需要他们在场的时候。犯人与狱警相差悬殊的比例使两者间的个人互动几乎是不可能的，因为工作人员不得不花费他们所有的时间来控制秩序，进行自卫”。法院说，但警卫也应对这种紧张局势负责；他们基本上都是白人，囚犯则大多是非洲裔美国人，且“一些目击证人作证，守卫们对黑人囚犯使用种族歧视的用语，使得本已紧张的守卫囚犯关系更加紧张”。的确，由约翰逊法官下令执行的各种救济措施中，主要是要求惩教委员会不仅要雇用足够多的守卫并充分训练他们，还要确保守卫更好地反映囚犯的“种族与文化”构成。James, 406 F. Supp. at 325, 335.

认为亚拉巴马州抵制执行这些命令实在是轻描淡写。事实上，华莱士州长嘲笑法院是想要在州监狱中创造一种“酒店”气氛。“U. S. relinquishes Alabama Prisons,” *The New York Times*, January 15, 1989, http://www.nytimes.com/1989/01/15/us/us-relinquishes-alabama-prisons. html. 三年后，州被认定藐视法庭命令，并使监狱系统置于破产管理状态。Newman v. Alabama, 466 F. Supp.628 (M. D . Ala.1979). 直到 1989 年，该州才最终免于法院监督。“U. S. relinquishes Alabama Prisons.”

然而，2014 年初，一项司法部的调查发现，亚拉巴马州女子监狱的违宪行为源于监狱守卫对囚犯普遍的性虐待和性骚扰。Eric Tucker, “Justice Department reports on Abuse of Female Inmates, Questions Alabama's Work,” *The Washing-ton Post*, October 5, 2014, http://www.washingtonpost.com/politics/justice-depart ment-reports-on-abuse-of-female-inmates-questions-alabamas-work/2014/10/05/c260adde-4caa-11e4-8c24-487e92bc997b_story.html. 联邦最近也开始着手解决其他体系中存在的人满为患问题和猖獗的骚扰行为。Kala Kachmar, “Justice Department Asked to Investigate State Prisons,” *Montgomery Advertiser,* November 11, 2014, http://www.montgomeryadvertiser.com/story/news/local/alabama/2014/11/11/justice-department-asked-investigate-state-prisons/18891299/.

33. Phillips v. Martin Marietta, 400 U. S. 542, 545 (1971) (Marshall, J., concurring).

34. Bowe v. Colgate-Palmolive Co., 416 F.2d 711 (7th Cir. 1969).

35. Weeks v. Southern Bell Tel. & Tel. Co., 408 F.2d 228 (5th Cir. 1969).

36. Diaz v. Pan American World Airways, Inc., 442 F.2d 385 (5th Cir. 1971).

37. Rosenfeld v. Southern Pacific Co., 444 F.2d 1219 (9th Cir. 1971).

38. Mieth v. Dothard, 418 F. Supp.1169, 1173 (M.D.Ala.1976).

39. 同上，1182。

40. Brief in Opposition by respondent at 53, Dothard v. Rawlinson, 433 U. S. 321 (1977) (No. 76−422).

41. Brief of Petitioners at 6, Dothard v. Rawlinson, 433 U. S. 321 (1977) (No. 76−422).

42. 同上，7。

43. Dothard v. Rawlinson, 433 U. S. 321, 335 n.22 (1977).

44. Brief of Petitioners at 11, Dothard v. Rawlinson, 433 U. S. 321 (1977)

(No. 76–422).

45. Brief in Opposition by respondent at 53–54, Dothard v. Rawlinson, 433 U. S. 321 (1977) (No. 76–422).

46. 见，例如，Jacobs, “The Sexual Integration of the Prison’s Guard Force”。

47. Peter B. Bloch and Deborah Anderson, “Policewomen on Patrol: Final report” (Washington, DC: Police Foundation, May 1974), http://files.eric.ed.gov/fulltext/ED102369.pdf.

48. 同上，2。

49. 同上，61。

50. 同上，3。值得注意的是，虽然男性和女性都必须满足五英尺七英寸的最低高度，但报告指出，“一个警官越高，他或她越有可能被给予工作表现差评”。同上，60。

51. Thomas W. White and Peter B. Bloch, “Police Officer Height and Selected Aspects of Performance” (Washington, DC: Police Foundation, International Association of Chiefs of Police, and Urban Institute, October 1975), http://www.policefoundation.org/wp-content/uploads/2015/08/206509288-White-T-W-Bloch-P-B-Police-Offi cer-Height-And-Selected-Aspects-Of-Performance.pdf.

52. 同上。

53. Mieth, 418 F. Supp. at 1184.

54. 不太为人所知的是，乔治·华莱士州长也算是米耶斯及其丈夫的社交对象。提起诉讼几天后，她在接电话时吃惊地发现是州长打来的。他很生气。“该死，你竟然起诉我！你为什么要这么做？”米耶斯花了几个月才认识到，起诉亚拉巴马州公共安全部门相当于间接起诉了州长华莱士。米耶斯为自己的无知感到脸红并致电道歉，重申她只是渴望得到一份州警工作。华莱士只是告诉她，他明白她这么做自有她的道理，对话到此为止。

55. 转引自 Clare Cushman, ed., *Supreme Court Decisions and Women's Rights: Milestones to Equality* (Washington, DC: CQ Press, 2001), 26。

56. 347 U. S. 483 (1954).

57. 早在七年前，正是布朗法官强烈反对第五巡回上诉法院拒绝重新考虑对艾达·菲利普斯诉玛丽埃塔公司性别歧视案的驳回判决。

58. Armstrong v. Board of Education, 323 F.2d 333, 353 n.1 (5th Cir. 1963). 见 Jack Bass, “The ‘Fifth Circuit Four’: How Four Federal Judges Brought the rule of reason to the South,” *The Nation*, May 3, 2004, https: //www.thenation.com/article/fifth-circuit-four。

59. 142 F. Supp.707 (M.D. Ala.1956), aff’ d, 352 U. S. 950 (1956).

60. 转引自 Robert D. McFadden, “Frank M. Johnson Jr., Judge Whose rulings Helped Desegregate the South, Dies at 80,” *The New York Times*, July 24, 1999, http://

www.nytimes.com/1999/07/24/us/frank-m-johnson-jr-judge-whose-rulings-helped-desegregate-the-south-dies-at-80.html。

61. 转引自同上。

62. Mieth, 418 F. Supp. at 1182.

63. 同上，1181。

64. 同上，1179。

65. 同上，1183。

66. 同上，1180。

67. Serena Mayeri, *Reasoning from Race* (Cambridge, MA: Harvard University Press, 2011), 132.

68. Mayeri 详细介绍了米耶斯诉多萨德案的后续结果。该案关于女性想要成为亚拉巴马州州警。近两年后，没有女性被雇用。约翰·卡罗尔和南方反贫穷法律中心向法院申请暂停对退伍军人的优待，但被驳回。同上，132–133。

69. “Patrolling Alabama’s Highways,” *Ebony*, December 1979, 55.

70. 411 U. S. 677 (1973).

71. 同上，684。

72. Reed v. Reed, 404 U. S. 71 (1971).

73. 见，例如，*Sisters in Law: How Sandra Day O’Connor and Ruth Bader Ginsburg Went to the Supreme Court and Changed the World* (New York: HarperCollins, 2015), 71–73; Fred Strebeigh, *Equal: Women Reshape American Law* (New York: W. W. Norton, 2009), 50–52。从美国公民自由联盟女性权利项目的律师和南方反贫穷法律中心之间的信件中可以清晰地看到，前者认为莱文“否认”了曾经的许诺——给予金斯伯格及其团队对该案的管理权。见，例如，Hirshman, *Sisters in Law*, 71; Strebeigh, *Equal*, 51。莱文承认，在谁来负责提交意见书上，他的确有些摇摆不定，但就言词辩论而言，他记得金斯伯格作为首席律师发言只是被提议出来，作为一种可能性，双方并没有明确达成一致。无论如何，莱文认为双方尽快达成了一种相对的和平来准备言词辩论，强调他和金斯伯格及其先夫马丁曾于辩论的前一天在华盛顿共进晚餐。

74. Brief Amicus Curiae of American Civil Liberties Union, Dothard v. Rawlinson, 433.U. S. 321 (1977) (No. 76–422).

75. Linda Greenhouse, *Becoming Justice Blackmun: Harry Blackmun’s Supreme Court Journey* (New York: Henry Holt & Co., 2005), 106.

76. 同上。

77. Joan Biskupic, “Enforcing the Sartorial Code,” *The Washington Post*, December 6, 1999, http://www.washingtonpost.com/wp-srv/WPcap/1999-12/06/008r-120699-idx .html.

78. 同上。

79. Oral Argument at 2: 56, Dothard v. Rawlinson, 433 U. S. 321 (1977) (No. 76-422), available at http://www.oyez.org/cases/1970-1979/1976/1976_76_422.

80. 同上，17:31；18:48；18:57；20:53。

81. 同上，33:21；33:28。

82. 同上，35:24，35:39；35:50；38:14。

83. 同上，45:18；50:23；49:03。

84. Dothard v. Rawlinson, 433 U. S. 321, 331 (1977).

85. 同上，330。

86. 同上，332。

87. 同上，335-336。

88. 同上，341 (Marshall, J., concurring in part and dissenting in part)。

89. 同上，342。

90. 同上，345。

91. 同上，346。

92. Dothard, 433 U. S. at 335.

93. 2015 年 2 月 6 日亚拉巴马州惩教署的新闻官鲍勃·霍顿给作者发送的邮件。

第 3 章

除非另有说明，本章中的直接引语、传记和历史细节、心理印象来自以下来源：Phone interview with Robert Dohrmann on July 24, 2014; interview with Bob Dohrmann in Los Angeles on February 13, 2015。

1. Kenneth A. Kochanek, M.A., Elizabeth Arias, Ph.D., & Robert N. Anderson, Ph.D., "How Did Cause of Death Contribute to racial Differences in Life Expectancy in the United States in 2010?," NCHS Issue Brief, No. 125, July 2013, Centers for Disease Control and Prevention, http://www.cdc.gov/nchs/data/databriefs/db125.htm. 基于种族的死亡率表长久以来为人寿保险行业使用，但在 20 世纪 60 年代，由于各种压力而被废除，包括"来自民权组织的压力，第二次世界大战后人们对种族的科学和社会观点发生了转变，战后市场的变化，专业精算组织发展出标准化的且不区分种族的死亡率表，私人性诉讼以及 20 世纪后期国家保险管理局的调查"。Mary L. Heen, "Nondiscrimination in Insurance: The Next Chapter," *Georgia Law Review* 49 (Fall 2014): 12.

2. Appendix at 45, Manhart v. City of Los Angeles Dep't of Water & Power, 435 U. S. 702 (1977) (No. 76-8610).

3. "In Memory," DWP retirees Newsletter, Vol. 14, No. 5, Nov. / Dec.1995, case

files of Schwartz, Steinsapir, Dohrmann & Sommers.

4. Dec. 17, 1968 letter from Alice Muller to Board of Administration, Water and Power Employees retirement Plan, case files of Schwartz, Steinsapir, Dohrmann & Sommers: "In Memory," DWP retirees Newsletter.

5. Appendix at 45, Manhart v. City of Los Angeles Dep't of Water & Power, 435 U. S. 702 (1977) (No. 76-8610).

6. May 3, 1973 letter from Alice Muller to Ruth Blanco, case files of Schwartz, Steinsapir, Dohrmann & Sommers.

7. Appendix at 44, Manhart v. City of Los Angeles Dep't of Water & Power, 435 U. S. 702 (1977) (No. 76-8610).

8. 同上。

9. Undated note from Alice Muller, case files of Schwartz, Steinsapir, Dohrmann & Sommers.

10. Appendix at 17, Manhart v. City of Los Angeles Dep't of Water & Power, 435 U. S. 702 (1977) (No. 76-8610).

11. November 30, 1972, letter from Margaret D. Davis to Secretary to the retirement Board, DWP Board of Commissioners, case files of Schwartz, Steinsapir, Dohrmann & Sommers.

12. November 30, 1972, letter from Carol J. rastall to Allan F. Larson, Secretary of the retirement Board, DWP Board of Commissioners, case files of Schwartz, Steinsapir, Dohrmann & Sommers.

13. Appendix at 1314, Manhart v. City of Los Angeles Dep't. of Water & Power, 435 U. S. 702 (1977) (No. 76-8610).

14. Hugh Davis Graham, *The Civil Rights Era: Origins and Development of National Policy* (New York: Oxford University Press, 1990), 229.

15. 见，例如，Caroline Bird, *Born Female: The High Cost of Keeping Women Down* (New York: Pocket Books, 1969), 64-65。同样的假设——所有男人负责养家，妇女不工作并依靠其丈夫——也反映在社会保障规则中，在该规则下，向男性支付的遗属福利要比向女性支付的遗属福利少；事实上，鳏夫需要适用更加严苛的审查标准，而寡妇则自动收到补助。20 世纪 70 年代，时任哥伦比亚大学法学院教授、现为最高法院大法官的金斯伯格进行的两起诉讼中，最高法院废除了这些规定。Califano v. Goldfarb, 430 U. S. 199 (1977); Weinberger v. Wiesenfeld, 420 U. S. 636 (1975).

16. 29 C. F. R.§ 1604.9(f) (1972).

17. Robert reinhold, "Opening New Freeway, Los Angeles Ends Era," *The New York Times*, October 14, 1993, http://www.nytimes.com/1993/10/14/us/opening-new-freeway-los-angeles-ends-era.html?pagewanted=print.

18. 同上。

19. Editorial, "Sex-Segregated Actuarial Tables Discriminate," *The Las Vegas Sun*, June 16, 1974.

20. EEOC Decision No. 74-118 at 3–4 (1974).

21. Manhart v. City of Los Angeles Dep't of Water & Power, 387 F. Supp.980, 982 (C.D. Cal. 1975).

22. 110 Congressional record 13663–13664 (June 12, 1964), quoted in Defendant's Memorandum in Opposition to Motion for Preliminary Injunction, Manhart v. City of Los Angeles Dep't of Water & Power, 387 F. Supp.980 (C.D.Cal. 1975).

23. Manhart, 387 F. Supp. at 980,

24. 同上，983–984。

25. 同上，984。

26. 同上。

27. Flyer dated June 23, 1975, case files of Schwartz, Steinsapir, Dohrmann & Sommers.

28. Manhart v. City of Los Angeles Dep't of Water & Power, 553 F.2d 581, 590–591 (9th Cir. 1976).

29. 同上，588。

30. 同上，592。

31. 转引自 Robert rawitch, "Appeals Court Backs Women on Pensions," *The Los Angeles Times*, December 1, 1976。

32. 429 U. S. 125 (1976).

33. "DWP to Fight ruling on Employe Pensions," *The Los Angeles Times*, December 9, 1976.

34. Brief Amici Curiae of American Civil Liberties Union and American Association of University Professors, City of Los Angeles Dep't of Water & Power v. Manhart, 435 U. S. 702 (1977) (No. 76–1810).

35. Brief for the United States and the Equal Employment Opportunity Commission as Amici Curiae, City of Los Angeles Dep't of Water & Power v. Manhart, 435 U. S. 702 (1977) (No. 76–1810).

36. Brief for the International Union, United Automobile, Aerospace and Agricultural Implement Workers of America (UAW) and American Federation of Labor and Congress of Industrial Organizations as Amici Curiae, City of Los Angeles Dep't of Water & Power v. Manhart, 435 U. S. 702 (1977) (No. 76–1810).

37. Brief for the Association for Women in Mathematics and the Women's Equity Action League as Amici Curiae at 7–8, City of Los Angeles Dep't of Water & Power v. Manhart, 435 U. S. 702 (1977) (No. 76–1810).

38. 同上，9。

39. Brief Amici Curiae of American Civil Liberties Union and American Association of University Professors at 7–8, City of Los Angeles Dep't of Water & Power v. Manhart, 435 U. S. 702 (1977) (No. 76–1810).

40. Brief of American Nurses' Association, as Amicus Curiae, in Support of respondents, City of Los Angeles Dep't of Water & Power v. Manhart, 435 U. S. 702 (1977) (No. 76–1810).

41. Brief of Teachers Insurance and Annuity Association of America and College Retirement Equities Fund, as Amici Curiae, in Support of Petitioners, City of Los Angeles Dep't of Water & Power v. Manhart, 435 U. S. 702 (1977) (No. 76–1810).

42. Brief Amicus Curiae of American Council of Life Insurance on Behalf of Petitioners at 3, City of Los Angeles Dep't of Water & Power v. Manhart, 435 U. S. 702 (1977) (No. 76–1810) (原文强调)。

43. Brief of the State of Oregon as Amicus Curiae, in Support of Defendants-Petitioners; Brief of the City of New York as Amicus Curiae; and Brief for the New York State Teachers' retirement System as Amicus Curiae, City of Los Angeles Dep't of Water & Power v. Manhart, 435 U. S. 702 (1977) (No. 76–1810).

44. Oral Argument at 7:10; 11:35; 1:57; 18:48, City of Los Angeles Dep't of Water & Power v. Manhart, 435 U. S. 702 (1977) (No. 76–1810), available at http://www.oyez.org/cases/1970-1979/1977/1977_76_1810.

45. 同上，5:05；7:13；9:38；2:10。

46. 同上，27:49；42:54；43:00；37:54。

47. 同上，35:30；36:35；37:10；37:20；37:25。

48. 同上，41:40。

49. 同上，61:46。

50. City of Los Angeles Dep't of Water & Power v. Manhart, 435 U. S. 702, 711 (1977).

51. 同上，709。

52. 同上，711。

53. 同上，714。

54. 同上，717–718。

55. 同上，726, 728 (Burger, C. J., dissenting)。

56. Mary L. Heen, "Sex Discrimination in Pensions and retirement Annuity Plans after Arizona Governing Committee v. Norris: recognizing and remedying Employer Non-Compliance," *Women's Rights Law Reporter* 8 (Summer 1985): 156,n.5,http://scholarship.richmond.edu/cgi/viewcontent.cgi?article=1260&context=law-faculty-publications.

57. 463 U. S. 1073 (1983).

58. 同上，1081。

59. Mary L. Heen, “Nondiscrimination in Insurance: The Next Chapter,” *Georgia Law Review*: 49 (Fall 2014): 49, http://scholarship.richmond.edu/cgi/viewcontent.cgi?article=2049&context=law-faculty-publications.

60. 同上，50，54。

第4章

除非另有说明，本章中的直接引语、传记和历史细节、心理印象来自以下来源：Interview with Patricia Barry in Los Angeles, California, on February 16, 2015; phone interview with Judith Ludwic on June 23, 2015; phone interview with John Marshall Meisburg on June 23, 2015。

1. 转引自 Fred Strebeigh, *Equal: Women Reshape American Law* (New York: W. W. Norton & Co., 2009), 213。

2. 同上，213。

3. Mary Battiata, “Mechelle Vinson' s Long road to Court,” *The Washington Post*, August 12, 1986, http://www.washingtonpost.com/archive/lifestyle/1986/08/12/mech elle-vinsons-long-road-to-court/b5fa7c5b-c0cf-412b-b40f-a3811e042884/.

4. 转引自同上。

5. 同上。

6. 转引自 Kathy Hacker, “A Bank-Sex Case Becomes Cause Celebre,” *The Philadelphia Inquirer*, June 1, 1986, http://articles.philly.com/1986-06-01/living/26042804_1_teller-case-caps。

7. 转引自 Battiata, “Mechelle Vinson' s Long road to Court”。

8. Joint Appendix at 14, Meritor Sav.Bank, FSB v. Vinson, 477 U. S. 57 (1986) (No. 84-1979).

9. Vinson v. Taylor, No. 78-1793, 1980 U. S. Dist.LEXIS 10676 *3-*4 (D.D.C.Feb. 26,1980); Hacker, “A Bank-Sex Case Becomes Cause Celebre.”

10. Vinson, 1980 U. S. Dist.LEXIS 10676 at *4. 在文森案的判决意见中，就文森被泰勒“强奸”与文森因惧怕而屈服于泰勒，被迫与其发生性关系进行了区分。鉴于文森明确表示不同意与泰勒发生任何性关系，这样的区分并无意义，此处所有的性交行为都将被认为是强奸。

11. 转引自 Mary Battiata, “Mechelle Vinson' s Tangled Trials,” *The Washington Post*, August 11, 1986, http://www.washingtonpost.com/archive/lifestyle/1986/08/11/mech elle-vinsons-tangled-trials/40688848-d73c-4856-8a41-cff3e74277ba/。

12. Hacker, “A Bank-Sex Case Becomes Cause Celebre.”

13. Philip Hager, “Supreme Court to rule on Sexual Harassment at Work,” *The Los Angeles Times*, June 8, 1986, http://articles.latimes.com/1986-06-08/news/mn-9645_1_supreme-court-ruling.

14. 转引自 Battiata, “Mechelle Vinson's Tangled Trials”。

15. Strebeigh, *Equal,* 218.

16. 同上，225，223。

17. 转引自 Enid Nemy, “Women Begin to Speak Out Against Sexual Harassment at Work,” *The New York Times*, August 19, 1975。

18. 同上。参见 Strebeigh, *Equal*, 232–233; Carrie N. Baker, “He Said, She Said: Popular representations of Sexual Harassment and Second-Wave Feminism,” in Sherrie A. Inness, ed., *Disco Divas: Women and Popular Culture in the 1970s* (Philadelphia: University. of Pennsylvania Press, 2003), 42–43。

19. Rhoda Koenig, “An Ardent Plea for Sexual Harassment,” *Harper's*, February 1, 1976, 90.

20. Mary Bralove, “A Cold Shoulder: Career Women Decry Sexual Harassment by Bosses and Clients,” *The Wall Street Journal*, January 29, 1976.

21. Baker, “He Said, She Said,” 43.

22. 同上，49。

23. Augustus B. Cochran III, *Sexual Harassment and the Law: The Mechelle Vinson Story* (Lawrence: University of Kansas Press, 2004), 47.

24. Baker, “He Said, She Said,” 49.

25. Barnes v. Train, No. 1828–73, 1974 U. S. Dist.LEXIS 7212 at *3 (D.D.C.Aug. 9, 1974), rev'd sub nom, Barnes v. Costle, 561 F.2d 983 (D.C. Cir. 1977).

26. Corne v. Bausch & Lomb, Inc., 390 F. Supp.161, 163 (D. Ariz. 1975), rev'd, 562 F.2d 55 (1977).

27. Miller v. Bank of America, 418 F. Supp.233, 236 (N.D.Cal. 1976), rev'd, 600 F.2d 211 (9th Cir. 1979).

28. Tomkins v. Public Service Electric & Gas Co., 422 F. Supp.553, 556 (D.N.J.1976), rev'd, 568 F.2d 1044 (3d Cir. 1977).

29. 弗雷德详细叙述了代表卡尔米塔・伍德的琳・法莉、苏珊・美耶及卡伦・索维涅的激进主义是如何与麦金农的著作相吻合的，早在就读耶鲁大学法学院时，她就将此作为独立的研究项目。Strebeigh, *Equal*, 225–234.

30. Catharine MacKinnon, *Sexual Harassment of Working Women* (New Haven, CT: Yale University Press, 1979), 89–90.

31. 同上，60，63–74，75–77。

32. Williams v. Saxbe, 413 F. Supp.654, 658 (D.D.C.1976), rev'd in part, vacated

in part sub nom, Williams v. Bell, 587 F.2d 1240 (D.C. Cir. 1978).

33. 见，例如，Garber v. Saxon Bus. Prods., Inc., 552 F.2d 1032 (4th Cir. 1977); Heelan v. Johns-Manville Corp., 451 F. Supp.1382 (D. Colo.1978); Munford v. James T. Barnes & Co., 441 F. Supp.459 (E.D.Mich. 1977)。

34. 在撤销巴恩斯案件时，哥伦比亚特区巡回上诉法院审判庭的三名法官中的一位认为保莉特·巴恩斯曾被非法骚扰，但是不同意判决多数意见中雇主应完全对上司的骚扰负法律责任的观点。该法官是乔治·麦金农法官——凯瑟琳·麦金农的父亲。

35. 正如麦金农在《对职业女性的性骚扰》第33页中描述的："到目前为止，所有胜诉的性骚扰案件已形成了某种三部曲：非礼、拒绝、报复。"

36. 同上，32–40。

37. 同上，40，44。

38. Battiata, "Mechelle Vinson's Tangled Trials."

39. 转引自同上。

40. Transcript of Trial, January 22, 1980 at 33, 34, Vinson v. Taylor, No. 78 –1793, 1980 U. S. Dist.LEXIS 10676 (D.D.C.Feb. 26, 1980).

41. Strebeigh, *Equal*, 211–212.

42. Opposition of Plaintiff to Defendant's Motion to Dismiss, Declaration of Christine Malone, Vinson v. Taylor, No. 78–1793, 1980 U. S. Dist.LEXIS 10676 (D.D.C.Feb. 26, 1980).

43. Plaintiff's Motion to File First Amended Complaint and to Add Parties, Declara-tion of Mary Levarity, Vinson v. Taylor, No. 78–1793, 1980 U. S. Dist. LEXIS 10676 (D.D.C.Feb. 26, 1980).

44. Joint Appendix at 14–15, Meritor Sav.Bank, FSB v. Vinson, 477 U. S. 57 (1986) (No. 84–1979).

45. 转引自 Hacker, "A Bank-Sex Case Becomes Cause Celebre"。

46. 第七章中含有这种"模式化或惯常性"的语言，通常被用来提起涉及大量员工的集体歧视诉讼。巴里努力以此夯实其关于"工作环境"的论述，由此符合法律中的恶意环境规定，但尚未被任何联邦法院承认。

47. Transcript of Trial, January 23, 1980 at 16, 22, Vinson v. Taylor, No. 78–1793, 1980 U. S. Dist. LEXIS 10676 (D.D.C.Feb. 26, 1980).

48. 347 U. S. 483 (1954).

49. Adam Bernstein, "U. S. District Court Judge John Garrett Penn, 75," *The Washington Post*, September 12, 2007. http://www.washingtonpost.com/wp-dyn/content/article/2007/09/11/Ar2007091102335.html.

50. Strebeigh, *Equal*, 263–264.

51. 同上；Cochran, *Sexual Harassment and the Law*, 70–71。

52. Strebeigh, *Equal*, 264.

53. Cochran, *Sexual Harassment and the Law*, 70-71.

54. Answers of Plaintiff to Interrogatories Propounded by Defendant at 23, Vinson v. Taylor, No. 78-1793, 1980 U. S. Dist. LEXIS 10676 (D.D.C.Feb. 26, 1980).

55. Battiata, "Mechelle Vinson's Tangled Trials."

56. Transcript of Trial, January 22, 1980 at 82, Vinson v. Taylor, No. 78-1793, 1980 U. S. Dist. LEXIS 10676 (D.D.C.Feb. 26, 1980).

57. Transcript of Trial, January 31, 1980 at 8, Vinson v. Taylor, No. 78-1793, 1980 U. S. Dist. LEXIS 10676 (D.D.C.Feb. 26, 1980).

58. Cochran, *Sexual Harassment and the Law*, 71.

59. Transcript of Trial, January 31, 1980 at 14, Vinson v. Taylor, No. 78-1793, 1980 U. S. Dist. LEXIS 10676 (D.D.C.Feb. 26, 1980).

60. Jane H. Aiken, "Protecting Plaintiffs' Sexual Pasts," *Emory Law Journal* 51 (2002): 561-563.

61. Vinson, 1980 U. S. Dist.LEXIS 10676 at *23.

62. 同上，*20。

63. Strebeigh, *Equal*, 268-269.

64. 29 C. F. R.§ 1604.11(c) (1980) (rescinded Oct. 29, 1999).

65. 同上。§ 1604.11(a) (1980) (emphasis added).

66. 641 F.2d 934 (D.C. Cir. 1981).

67. 同上，945。

68. Philip Smith, "Court Eases rule on Sex Harassment," *The Washington Post*, January 26, 1985, http://www.washingtonpost.com/archive/local/1985/01/26/court-eases-rule-on-harassment/6c4eaf93-a091-4b46-bcc1-88f360effa8c/.

69. Eric Pace, "Spottswood W. robinson 3d, Civil rights Lawyer, Dies at 82," *The New York Times*, October 13, 1988, http://www.nytimes.com/1998/10/13/us/spottswood-w-robinson-3d-civil-rights-lawyer-dies-at-82.html.

70. Barnes v. Costle, 561 F.2d 983 (D.C. Cir. 1977). 弗雷德有力地证明了，鲁宾逊在哥伦比亚特区巡回上诉法院判决巴恩斯案时看到了麦金农《对职业女性的性骚扰》（当时只是一篇研究论文）的早期版本。麦金农的父亲乔治·麦金农法官当时与鲁宾逊法官同在一个审判庭。麦金农碰巧在父亲办公室做研究时，一名不认识的女子借走了该论文，而她据说是鲁宾逊法官的一个助理。见 Strebeigh, *Equal*, 241-245, 250-258。

71. Marjorie Hunter, "Judge J. Skelly Wright, Segregation Foe, Dies at 77," *The New York Times,* August 8, 1988, http://www.nytimes.com/1988/08/08/obituaries/judge-j-skelly-wright-segregation-foe-dies-at-77.html.

72. 同上。

73. Ruth Bader Ginsburg, "Four Louisiana Giants in the Law," Judge Robert A. Ain-sworth Jr. Memorial Lecture, February 4, 2002, Loyola University New Orleans School of Law, http://www.supremecourtus.gov/publicinfo/speeches/sp_02-04-02.html.

74. Strebeigh, *Equal*, 269.

75. Hacker, "A Bank-Sex Case Becomes Cause Celebre."

76. Strebeigh, *Equal*, 269.

77. Vinson v. Taylor, 753 F.2d 141, 145 (D.C. Cir. 1985) (emphasis in original).

78. 同上，146。

79. 同上。

80. 同上，146 & n.36。

81. 同上，150。

82. Ronald J. Ostrow, "Law Center Opposes Nomination: Bork Termed a Peril to the rights of Women," *The Los Angeles Times*, August 19, 1987, http://articles.latimes.com/1987-08-19/news/mn-826_1_judge-Robert-h-bork.

83. M. L. Nestel, "Conservative Scold Ken Starr Got a Billionaire Pedophile Off," *The Daily Beast*, January 30, 2015, http://www.thedailybeast.com/articles/2015/01/30/conservative-scold-ken-starr-got-a-billionaire-pedophile-off.html.

84. Vinson v. Taylor, 760 F.2d 1330, 1331 (D.C. Cir. 1985) (per curiam) (Bork, J., dissenting).

85. 同上。

86. 同上。

87. Hacker, "A Bank-Sex Case Becomes Cause Celebre."

88. Georgia Dullea, "Sexual Harassment at Work: A Sensitive and Confusing Issue," *The New York Times*, October 24, 1980, http://timesmachine.nytimes.com/timesmachine/1980/10/24/111303733.html?pageNumber=20.

89. *9 to 5* (Twentieth Century Fox, 1980).

90. Rebecca Traister, "If You Want to See What Revolutionary Workplace Policies Really Look Like, Watch '9 to 5,'" *The New Republic*, May 13, 2015, http://www.new republic.com/article/121785/enduring-relevance-9-5.

91. Hacker, "A Bank-Sex Case Becomes Cause Celebre."

92. Battiata, "Mechelle Vinson's Tangled Trials."

93. 弗雷德曾详细描述，托马斯曾向里根过渡团队写信，强烈反对执行该《指南》。"消除个人蔑视和非礼行为——构成了'威吓性、敌意的或冒犯性的工作环境'——是一个不可能达到的目标。"他写道。"Expenditure of the EEOC's limited resources in pursuit of this goal is unwise." Strebeigh, *Equal*, 283.

94. 同上，282–284。

95. 同上，283。

96. 巴里告诉弗雷德，她糟糕的表现正是由不安全感引发的自毁。转引自 Strebeigh, *Equal*, 290。

97. Interview with Carin Clauss, Madison, Wisconsin, August 26, 2014.

98. Lehman v. Nakshian, 453 U. S. 156 (1981).

99. Oral Argument at : 33, Meritor Sav.Bank, FSB v. Vinson, 477 U. S. 57 (1986) (84–1979), available at http://www.oyez.org/cases/1980-1989/1985/1985_84_1979.

100. 同上，13:18；13:52；14:25；21:30。

101. 同上，7:10；8:10；9:37；9:47。

102. 同上，26:40。

103. 同上，28:20；35:52。

104. 同上，36:12；37:48；47:33。

105. 同上，56:00。

106. Strebeigh, *Equal*, 299.

107. Meritor Sav.Bank, FSB v. Vinson, 477 U. S. 57, 64 (1986).

108. 同上，67。

109. 同上。

110. 同上。

111. 同上，68。

112. 同上，69。虽然这方面的判决令女性权益倡导者沮丧，但它的影响在联邦证据法规的变动中有所削弱。1994 年，适用于民事案件的规则被加入了刑法中的所谓“保护强奸受害者”规则，根据联邦证据法规 412 条，性犯罪受害者的衣着和举止无关紧要，除非该衣着和举止是指向被指控的对象。根据这种标准，文森案中许多有争议的证据将可能被排除。值得注意的是，伦奎斯特大法官给国会写信，明确反对将“保护强奸受害者”规则扩展到民事案件中，因为这将与文森案中被告可用的“欢迎性”抗辩理由相冲突（“一些大法官明确表达了把联邦证据规则第 412 条扩展到民事案件有可能侵害到一些被告权利的担忧”）。见 Aiken, “Protecting Plaintiffs’ Sexual Pasts,” at 573 (and citations contained therein)。

113. Meritor, 477 U. S. at 72. 马歇尔大法官与布伦南大法官、布莱克门大法官和史蒂文斯大法官提交了一份协同意见，反对最高法院有关雇主责任的判决。马歇尔写道，上诉法院的严格责任标准吸收了平等就业机会委员会的《指南》，是正确的。平等就业委员会（以及司法部副部长）的意见书偏离了《指南》，是站不住脚的。477 U. S. at 76（“主管的责任并不限于雇用、解雇和惩罚员工，或建议其他人这么做。相反，主管应该对工作环境进行日常监管，确保一个安全高效的工作场所。没有理由，滥用前者的权力与滥用后者的权力有不同结果。”）

114. Meritor, 477 U. S. at 72–73.

115. Battiata, “Mechelle Vinson’s Tangled Trials.”

116. 转引自同上。

117. 同上。

118. 同上。

119. 同上。

120. Judith Resnik, "Old and New Depictions of Justice: reflections, Circa 2011, on Hill-Thomas," in Amy Richards and Cynthia Greenberg, eds., *I Still Believe Anita Hill* (New York: The Feminist Press, 2013), 53.

121. Catharine MacKinnon, "Voice, Heart, Ground," in Richards and Greenberg, *I Still Believe Anita Hill*, 72 (引文省略)。

122. United States v. Taylor, 867 F. 2d 700 (D.C. Cir. 1989).

123. Tanya Kateri Hernandez, "'What Not to Wear' — race and Unwelcomeness in Sexual Harassment Law: The Story of Meritor Savings Bank v. Vinson," in Elizabeth M. Schneider and Stephanie M. Wildman, eds., *Women and the Law: Stories* (New York: Thomson reuters/Foundation Press, 2011), 293.

124. 转引自 Sheila Weller, "These Women Changed *Your* Life," *Glamour*, September 2005, 268。

第 5 章

除非另有说明，本章中的直接引语、传记和历史细节、心理印象来自以下来源：Interview with Carin Clauss, Madison, Wisconsin, August 25, 2014; interview with Lillian Garland, Dale City, Virginia, April 8, 2015; interview with Patricia Shiu, Washington, DC, April 9, 2015; and phone interview with Linda Krieger, June 1, 2015。

1. 转引自 Tamar Lewin, "Maternity Leave: Is It Leave, Indeed?" *The New York Times*, July 22, 1984, http://www.nytimes.com/1984/07/22/business/maternity-leave-is-it-leave-indeed.html?pagewanted=all。

2. 同上。

3. Montgomery Brower, "A Working Mother's Fight for Job Security Goes to the Last round," *People*, February 10, 1986.

4. 转引自 Carol Kleiman, "Court Victory in War on Sex Bias Was Not Without Seri-ous Casualties," *The Chicago Tribune*, June 22, 1987。

5. Brower, "A Working Mother's Fight."

6. Kleiman, "Court Victory in War on Sex Bias."

7. Amy Wilentz, "Garland's Bouquet," *Time*, January 26, 1987.

8. Kleiman, "Court Victory in War on Sex Bias."

9. 42 U. S.C. § 2000e(k).

10. Henry Weinstein, "Controversial Federal Judge Steps Down from L.A.Post," *The Los Angeles Times*, January 7, 1994, http://articles.latimes.com/1994-01-07/news/mn-9326_1_chief-judge.

11. Carol J. Williams, "Critics Want to Bench Judge Manuel L. real," *The Los Angeles Times*, August 16, 2009, http://articles.latimes.com/2009/aug/16/local/me-judge-real16.

12. Weinstein, "Controversial Federal Judge Steps Down."

13. 同上。

14. 同上。

15. Terry Carter, "Real Trouble," *ABA Journal*, September 1, 2008, http://www.aba journal.com/magazine/article/real_trouble.

16. Bill Farr, "Contempt Charges Against Flynt Dismissed," *The Los Angeles Times*, March 29, 1985, http://articles.latimes.com/1985-03-29/local/me-20456_1_larry-flynt.

17. United States v. Flynt, 756 F.2d 1352 (9th Cir. 1985).

18. *The People vs. Larry Flynt* (Columbia Pictures, 1996).

19. 优先原则源于宪法最高效力条款，该条款规定"本宪法及依照本宪法所制定之合众国法律……应为美国的最高法律。任何一州宪法或法律中的任何内容与之抵触时无效"。U. S. Constitution, Article VI.

20. California Federal Sav.& Loan Ass'n v. Guerra, No. 83–4927r, 1984 U. S. Dist. LEXIS 18387 at *2 (C.D.Cal., Mar. 21, 1984).

21. 同上。

22. Jack Jones, "Court Overturns Maternity Leave Job Protection," *The Los Angeles Times*, March 20, 1984.

23. Lewin, "Maternity Leave: Is It Leave, Indeed?"

24. Linda J. Krieger and Patricia N. Cooney, "The Miller-Wohl Controversy: Equal Treatment, Positive Action and the Meaning of Women's Equality," *Golden Gate University Law Review* 13 (1983): 515.

25. Patricia A. Shiu and Stephanie M. Wildman, "Pregnancy Discrimination and So-cial Change: Evolving Consciousness About a Worker's right to Job-Protected, Paid Leave," *Yale Journal of Law & Feminism* 21 (2009): 134.

26. Mont. Code Ann.§§ 39–7–201 (pre-1983 amendment).

27. Wendy W. Williams, "Equality's riddle: Pregnancy and the Equal Treatment/Special Treatment Debate," *N.Y.U.Review of Law and Social Change* 13 (1984–1985): 325.

28. 同上，327。

29. *60 Minutes: Maternity Leave* (CBS television broadcast, December 2, 1984).

30. Krieger and Cooney, "The Miller-Wohl Controversy," 518–519 (内部引文省略)。

31. 同上，519 (内部引文省略)。

32. 见 Fred Strebeigh, *Equal: Women Reshape American Law* (New York: W. W. Norton & Co., 2009)。

33. Krieger and Cooney, "The Miller-Wohl Controversy," 520 (内部引文省略)。

34. 同上，519。

35. Katharine T. Bartlett, "Pregnancy and the Constitution: The Uniqueness Trap," *California Law Review* 62 (1974): 1532.

36. Muller v. Oregon, 208 U. S. 412 (1907).

37. 转引自 Gail Collins, *When Everything Changed* (New York: Little, Brown & Co., 2009), 70。

38. 同上。

39. 当时，卡琳·克劳斯是劳工部的一位年轻律师。(后来被任命为检察长。) 她想起史密斯提议在 1964 年《民权法案》第七章添加"性别"时，时任消费者事务部特别助理的彼得森一脸错愕的表情，

> 埃斯特·彼得森闯进我的办公室。"卡琳，你必须行动起来。国会将通过一项法律，而这项法律将撤销所有我们的保护性立法！"(她) 正在 (前劳工部长) 弗朗西斯·帕金斯身边，当时三角内衣厂火灾 (发生，夺去该血汗工厂里 145 名辛苦工作的年轻女工的生命)。……他们打算废除所有这些法律，你得做点什么！

40. Williams, "Equality' s riddle," 325.

41. 见，例如，Rosenfeld v. Southern Pacific Co., 444 F.2d 1219, 1223 (9th Cir. 1971); Bowe v. Colgate-Palmolive Co., 416 F.2d 711 (7th Cir. 1969); Weeks v. Southern Bell Tel. & Tel. Co., 408 F.2d 228 (5th Cir. 1969)。

42. 见，例如，Deborah A. Widiss, "Gilbert redux: The Interaction of the Pregnancy Dis-crimination Act and the Amended Americans with Disabilities Act," *University of California Davis Law Review* 46 (2013): 979–980 (引文也包含在其中)。

43. 见 General Elec. Co. v. Gilbert, 429 U. S. 125, 142 (1976) (内部引文省略)。

44. 同上，143 (内部引文省略)。

45. Strebeigh, *Equal*, 116.

46. 同上，116–118。

47. 29 C. F. R.§ 1604.10(a)–(b) (1973). 此外，如果一个孕妇需要休假，且她已经用尽了雇主之前根据其他政策所能提供的孕假，如果雇主拒绝，则会对孕妇产生"差别性影响"——也就是说，如果与其他需要请假暂离的员工相比，将导致不当比例的孕妇被解雇——那么雇主依然得为她提供额外的假期，同上。§ 1604.10 (c).

48. Cleveland Bd. of Educ. v. LaFleur, 414 U. S. 632 (1974).

49. Turner v. Department of Employment Security, 423 U. S. 44 (1975).

50. Nashville Gas Co. v. Satty, 434 U. S. 136 (1977).

51. Deborah L. Brake and Joanna L. Grossman, "Unprotected Sex: The Pregnancy Discrimination Act at 35," *Duke Journal of Gender Law & Policy* 21 (2013): 73.

52. Geduldig v. Aiello, 417 U. S. 484 (1974).

53. 429 U. S. 125 (1976).

54. Widiss, "Gilbert Redux," 993.

55. Deborah Dinner, "The Costs of reproduction: History and the Legal Construction of Sex Equality," *Harvard Civil Rights-Civil Liberties Law Review* 46 (2011): 469–470.

56. 42 U. S. C. § 2000e(k).

57. 同上。

58. Coleman v. Court of Appeals, 132 S. Ct.1327, 1342 (2012) (Ginsburg, J., dissenting).

59. Troupe v. May Dep't Stores Co., 20 F.3d 734, 738 (7th Cir. 1994).

60. Shiu and Wildman, "Pregnancy Discrimination and Social Change," 129 (内部引文省略)。

61. Miller-Wohl Co. v. Commissioner of Labor and Industry, 692 P.2d 1243 (Mont. 1984), vacated by 479 U. S. 1050 (1987), remanded to 744 P.2d 871 (Mont. 1987).

62. 387 F. Supp.980 (C.D.Cal. 1975).

63. Bruce Weber, "Warren J. Ferguson, 87, Federal Judge, Is Dead," *The New York Times*, July 12, 2008, http://www.nytimes.com/2008/07/12/washington/12ferguson.html.

64. Just the Beginning—A Pipeline Organization, "Earl B. Gilliam," http://www.jtb.org/index.php?src=directory&view=biographies&srctype=detail&refno=66.

65. California Federal Sav.& Loan Ass'n v. Guerra, 758 F.2d 390, 393 (9th Cir. 1985).

66. 同上，396。

67. 当加利福尼亚联邦储蓄信贷银行提起诉讼时，马克·格拉为加利福尼亚州公平就业和住房部的主任，因此以他作为该州的代表。

68. Stephanie M. Wildman, "Pregnant and Working: The Story of California Federal Savings & Loan Association v. Guerra," in Elizabeth M. Schneider and Stephen M. Wildman, eds., *Women and the Law: Stories* (New York: Thomson reuters/Foundation Press, 2011), 267.

69. Coleman, 132 S. Ct. at 1341 (Ginsburg, J., dissenting).

70. Margaret Wolf Freivogel, "Woman Wins Her Fight for Job rights," *St. Louis*

Post-Dispatch, December 13, 1987.

71. 133 S. Ct. 2562 (2013).

72. Kenji Yoshino, *Speak Now: Marriage Equality on Trial—The Story of Hollingsworth v. Perry* (New York: Crown Publishers, 2015), 23.

73. Oral Argument at 3:27–6:07; 22:35, 23:18–24:30, California Federal Sav.& Loan Ass' n v. Guerra, 479 U. S. 272 (1987) (85–494), available at http://www.oyez.org/cases/1980-1989/1986/1986_85_494#argument.

74. 同上，8:20；8:42–9:29；9:55–10:17。

75. 同上，28:53–29:15；34:13-34:27；34:45–34:56。

76. 同上，37:20–38:09。

77. 同上，40:33–41:02。

78. 同上，50:34–50:48。

79. Patt Morrison, "Job Litigant Asked God to Guide Justices," *The Los Angeles Times*, January 14, 1987, http://articles.latimes.com/1987-01-14/news/mn-3375_1_custody.

80. California Federal Sav.& Loan Ass' n v. Guerra, 479 U. S. 272, 285 (1987).

81. 同上，289。

82. 同上，290（内部引文省略）。

83. 转引自 Al Kamen, "Court Upholds Pregnancy Leave Laws," *The Washington Post*, January 14, 1987, http://www.washingtonpost.com/archive/politics/1987/01/14/cou rt-upholds-pregnancy-leave-laws/89065d62-c58a-4517-bcd2-9f9eac4fda43/。

84. 转引自 Wilentz, "Garland's Bouquet"。

85. 转引自 Kamen, "Court Upholds Pregnancy Leave Laws"。

86. 转引自同上。

87. Steven K. Wisensale, "Two Steps Forward, One Step Back: The Family and Medical Leave Act as retrenchment Policy," *Review of Policy Research* 20, No. 1 (March 2003): 135.

88. "Clinton Signs His First Legislation," *The New York Times*, February 6, 1993, http://www.nytimes.com/1993/02/06/us/clinton-signs-his-first-legislation.html; Felicity Barringer, "Family-Leave Bill: Peace of Mind Issue," *The New York Times*, February 4, 1993, http://www.nytimes.com/1993/02/04/garden/family-leave-bill-peace-of-mind-issue.html.

89. Bill Clinton, "Remarks at the Signing of the Family and Medical Leave Act" (February 5, 1993), The Miller Center, University of Virginia, http://millercenter.org/president/clinton/speeches/speech-4562.

90. Family and Medical Leave Act of 1993, Pub.L. No. 103–103, 107 Stat.6 (codified as amended at 29 U. S.C. §§ 2601–2654 (2006)).

91. Lauren Sandler, "Taking Care of Our Own," *The New Republic*, May 18, 2015, http://www.newrepublic.com/article/121822/paid-leave-goes-progressive-pipe-dre am-political-reality.

92. Clinton, "Remarks."

93. Barringer, "Family-Leave Bill."

94. Wilentz, "Garland' s Bouquet."

第6章

除非另有说明，本章中的直接引语、传记和历史细节、心理印象来自以下来源：interview with Ann Hopkins, Washington, DC, September 30, 2014; interview with Doug Huron, November 7, 2014; May 5, 2015 e-mail from Doug Huron to author; phone interview with Susan Fiske, Ph.D., April 15, 2015。

1. 转引自 Tamar Lewin, "Winner of Sex Bias Suit Set to Enter Next Arena," *The New York Times*, May 19, 1990, http://www.nytimes.com/1990/05/19/us/winner-of-sex-bias-suit-set-to-enter-next-arena.html。

2. Ann Branigar Hopkins, *So Ordered: Making Partner the Hard Way* (Amherst: University of Massachusetts Press, 1996), 9.

3. 转引自 Dorothy Storck, "Beating Men at Their Own Game: Ann Hopkins Is Not a Feminist.But She Shook Up the Old Boys in the Boardroom When She Decided to Fight for Her rights," *The Philadelphia Inquirer*, May 22, 1990, http://articles.philly.com/1990-05-22/news/25885434_1_ann-hopkins-discrimination-suit-courts。

4. Hopkins, *So Ordered*, 4.

5. *Makers: Women in Business* (PBS television broadcast, October 28, 2014), www.makers.com/documentary/womeninbusiness.

6. Hopkins, *So Ordered*, 25.

7. August 18, 2015, 霍普金斯与作者的邮件。

8. Hopkins v. Price Waterhouse, 825 F.2d 458, 462 (D.C. Cir. 1987).

9. Hopkins, *So Ordered*, 216.

10. 由于兼并和破产，如今它们被称为"四大"。见，例如，Paul Danos, "Back to the Big Eight Again," Forbes.com, Apr. 12, 2007, http://www.forbes.com/2007/04/12/danos-accounting-bigeight-oped-cx_pd_0413danos.html。

11. Eric N. Berg, "The Big Eight: Still a Male Bastion," *The New York Times*, July 12, 1988, http://www.nytimes.com/1988/07/12/business/the-big-eight-still-a-male-bas tion.html.

12. Hopkins, *So Ordered*, 137.

13. 同上，140。

14. 同上。

15. Hopkins v. Price Waterhouse, 618 F. Supp.1109, 1113, 1116–1117 (D.D.C. 1985).

16. 同上，1116。

17. Ann Branigar Hopkins, "Price Waterhouse v. Hopkins: A Personal Account of a Sexual Discrimination Plaintiff," *Hofstra Labor & Employment Law Journal* 22 (Spring 2005): 361.

18. Hopkins, *So Ordered*, 138, 147.

19. Hopkins, 618 F. Supp. at 113.

20. Hopkins, 825 F. 2d at 462.

21. Hopkins, *So Ordered*, 152.

22. *Makers: Women in Business.*

23. Hopkins, *So Ordered*, 153.

24. 同上，138。

25. 同上，153–154。

26. Hopkins, "A Personal Account of a Sexual Discrimination Plaintiff," 368.

27. Hopkins, *So Ordered*, 156.

28. 同上，163。

29. Hopkins, 618 F. Supp. at 1117.

30. 同上。

31. Timothy S. Robinson, "Sparks May Fly as Lawyers Pick Best, Worst Federal Judges," *The Washington Post*, May 30, 1980, http://www.washingtonpost.com/archive/business/1980/06/30/sparks-may-fly-as-lawyers-pick-best-worst-us-federal-judges/cd265f9a-06ab-4805-a1af-3fccd452acd4/.

32. 转引自 Bruce Lambert, "Judge Gerhard Gesell Dies at 82; Oversaw Big Cases," *The New York Times*, February 21, 1993, http://www.nytimes.com/1993/02/21/us/judge-gerhard-gesell-dies-at-82-oversaw-big-cases.html?pagewanted=1。

33. "Gerhard A. Gesell; Iran-Contra Judge," *The Los Angeles Times*, February 21, 1993, http://articles.latimes.com/1993-02-21/news/mn-752_1_arnold-gesell.

34. 该诊所后来改名为耶鲁儿童研究中心，http://medicine.yale.edu/childstudy/about/history.aspx。此外，一个位于康涅狄格州纽黑文市的非营利性组织致力于对儿童健康发展的研究和宣传。盖泽尔儿童发展诊疗中心就是以盖泽尔博士的名字命名的。见 http://www.gesell institute.org。

35. Bart Barnes, "James Heller Dies," *The Washington Post*, November 28, 2001, http://www.washingtonpost.com/archive/local/2001/11/28/james-heller-dies/416ee 2f3-4efc-4c77-9cd8-66843c2324fc/.

36. 转引自 Hopkins, *So Ordered*, 211。

37. 同上，212。

38. Hopkins, "A Personal Account of a Sexual Discrimination Plaintiff," 366.

39. Hopkins, *So Ordered*, 197.

40. 同上，221。

41. 同上，225。

42. Joint Appendix at 14, Price Waterhouse v. Hopkins, 490 U. S. 228 (1989) (No.87–1167).

43. 同上，20–33。

44. 同上，58–59。

45. Hopkins, 618 F. Supp. at 1120.

46. 同上，1118–1120。

47. 同上，1114。

48. 同上，1120。

49. 同上，1121。

50. Hopkins, 825 F. 2d at 466, 472.

51. 同上，473。

52. 转引自 Lewin, "Winner of Sex Bias Suit Set to Enter Next Arena"。

53. Hopkins, 825 F.2d at 477, 478 (Williams, J., dissenting).

54. Petitioner's Brief at 73, Price Waterhouse v. Hopkins, 490 U. S. 228, 251 (1989) (No. 87–1167).

55. Brief for Amicus Curiae American Psychological Association in Support of Respondent at 37, Price Waterhouse v. Hopkins, 490 U. S. 228 (1989) (No.87–1167).

56. 转引自 Brief of Amici Curiae NOW Legal Defense and Education Fund, et al., in Support of respondent at 16, Price Waterhouse v. Hopkins, 490 U. S. 228 (1989) (No. 87–1167)。

57. Hopkins, "A Personal Account of a Sexual Discrimination Plaintiff," 369.

58. Oral Argument at 1:35–2:50; 15:44–17:14, Price Waterhouse v. Hopkins, 490 U. S. 228 (1989) (No. 87–1167), available at http://www.oyez.org/cases/1980-1989/1988/1988_87_116.

59. 同上，9:15。

60. 同上，19:00–19:30。

61. 同上，27:30–32:03。

62. 同上，32:06–32:24。

63. 同上，29:47–30:23。

64. 同上，43:37。

65. Hopkins, *So Ordered*, 293, 294, 296.

66. Price Waterhouse v. Hopkins, 490 U. S. 228, 251, 256 (1989). 不过这六位大法官不同意的是，原告到底需要呈现多少偏见证据才能够将证明责任转至被告，由被告证明无论如何都会作出同样的决定。当国会在 1991 年修订《民权法案》第七章时，澄清了其标准将原告的举证责任降至最低。

67. Hopkins, *So Ordered*, 310.

68. 同上，350。

69. 转引自 Lewin, "Winner of Sex Bias Suit Set to Enter Next Arena"。

70. Hopkins v. Price Waterhouse, 737 F. Supp.1202, 1210–1211 (D.D.C.1990).

71. 转引自 Tamar Lewin, "Partnership in Firm Awarded to Victim of Sex Bias," *The New York Times*, May 16, 1990, http://www.nytimes.com/1990/05/16/us/partnership-in-firm-awarded-to-victim-of-sex-bias.html。

72. Hopkins, *So Ordered*, 377.

73. 同上，381。

74. *Makers: Women in Business*.

75. Hopkins, "A Personal Account of a Sexual Discrimination Plaintiff," 412.

76. "The 100 Best Companies for Working Mothers," *Working Mother*, October 2002, 108.

77. 转引自 Reed Abelson, "If Wall Street Is a Dead End, Do Women Stay to Fight or Go Quietly?" *The New York Times*, August 3, 1999, http://www.nytimes.com/1999/08/03/business/if-wall-street-is-a-dead-end-do-women-stay-to-fight-or-go-quietly.html。

第 7 章

除非另有说明，本章中的直接引语、传记和历史细节、心理印象来自以下来源：interview with Joan Bertin, January 8, 2015, New York, New York; interview with Carin Clauss, Madison, Wisconsin, August 25 and 26, 2014; interview with Miriam Horwitz, Milwaukee, Wisconsin, August 25, 2014; interview with Marley Weiss, October 3, 2014, Bethesda, Maryland; interview with Patricia Shiu, April 9, 2015; phone interview with Judith Nason, July 15, 2015。

1. Joint Appendix at 106, International Union, UAW v. Johnson Controls, Inc., 499 U. S. 187 (1991) (No. 89–1215).

2. 同上，88。

3. 转引自 Eileen McNamara, "Factory and Fertility Suit raises Issues of Bias, Fetal rights," *The Boston Globe*, October 17, 1989。

4. Peter T. Kilborn, "Employers Left with Many Decisions," *The New York Times*,

March 21, 1991.

5. 转引自 McNamara, “Factory and Fertility Suit raises Issues of Bias”。

6. 转引自 Florence Estes, “Supreme Friends: Battery Workers Pulled Together to Pursue the right to Their Jobs,” *The Chicago Tribune*, April 28, 1991, http://articles.chicagotribune.com/1991-04-28/features/9102070557_1_johnson-controls-fetal-protection-policy-supreme-court。

7. David L. Kirp, “Fetal Hazards, Gender Justice, and the Justices: The Limits of Equality,” *William & Mary Law Review* 34 (Fall 1992): 105.

8. Tamar Lewin, “Battery Manufacturer Loses a Bias Case,” *The New York Times*, March 3, 1990.

9. 29 C. F. R.§ 1910.1025 (1978).The Preamble to the Lead Standard appears at 43 Fed. reg. 52952 (1978) and the Attachments appear at 43 Fed. reg. 54353 (1978).

10. 29 C. F. R.§ 1910.1025, Appendix A, Section II.B.2.

11. 同上。

12. 43 Fed. reg. at 52959–52960, 52966.

13. 43 Fed. reg. 52966.

14. 29 C. F. R.§ 1910.1025(d)–(j).

15. Carin Ann Clauss, Marsha Berzon, and Joan Bertin, “Litigating reproductive and Developmental Health in the Aftermath of UAW Versus Johnson Controls,” *Environmental Health Perspectives Supplements* 101, Suppl. 2 (1993): 207.

16. 同上，207。

17. Mary E. Becker, “From Muller v. Oregon to Fetal Vulnerability Policies,” *University of Chicago Law Review* 53 (1986): 1226; Gail Bronson, “Chemical Companies Move to Protect Women from Substances That May Harm Fetuses,” *The Wall Street Journal*, November 7, 1977.

18. Becker, “From Muller v. Oregon to Fetal Vulnerability Policies.”

19. 同上。

20. Gail Bronson, “Bitter reaction: Issue of Fetal Damage Stirs Women at Chemical Plants,” *The Wall Street Journal*, February 9, 1979.

21. Deborah Stone, “Fetal risks, Women’s rights: Showdown at Johnson Controls,” *The American Prospect* (Fall 1990), http://prospect.org/article/fetal-risks-womens-rights-showdown-johnson-controls.

22. National Governors Association Center for Best Practices, Issue Brief, “Healthy Babies: Efforts to Improve Birth Outcomes and reduce High risk Births,” June 28, 2004, http://www.nursefamilypartnership.org/assets/PDF/Journals-and-reports/N AHealthyBabiesBrief; Associated Press, “Poverty and Infant Mortality,” February 21, 1982, http://www.nytimes.com/1982/02/21/style/poverty-and-infant-

mortality.html.

23. Bronson, "Bitter reaction."

24. Kirp, "Fetal Hazards, Gender Justice, and the Justices"; Becker, "From Muller v. Oregon to Fetal Vulnerability Policies."

25. Centers for Disease Control and Prevention, "Reproductive Health and the Workplace," http://www.cdc.gov/niosh/topics/repro/solvents.html.

26. Jim Morris, "A Toxic Legacy," *Slate*, July 2, 2015., http://www.slate.com/articles/business/moneybox/2015/07/toxic_substances_in_electronics_manufacturing_the_u_s_does_tragically_little.html.

27. National Institute for Occupational Safety and Health, "The Effects of Workplace Hazards on Female reproductive Health," Publication No. 99-104 (February 1999), 4; Kirp, "Fetal Hazards, Gender Justice, and the Justices."

28. Susan Faludi, *Backlash: The Undeclared War on American Women* (New York: Crown Publishers, 1991), 438; Kirp, "Fetal Hazards, Gender Justice, and the Justices," 116.

29. 见，例如，Becker, "From Muller v. Oregon to Fetal Vulnerability Policies"; Carolyn Marshall, "An Excuse for a Workplace Hazard," *The Nation*, April 25, 1987, 532。

30. 转引自 McNamara, "Factory and Fertility Suit raises Issues of Bias"。

31. 同上。

32. 同上。

33. Bronson, "Bitter reaction."

34. Faludi, *Backlash*, 439.

35. Jane E. Brody, "Sperm Found Especially Vulnerable to Environment," *The New York Times*, March 10, 1981, http://www.nytimes.com/1981/03/10/science/sperm-found-especially-vulnerable-to-environment.html.

36. Brody, "Sperm Found Especially Vulnerable to Environment"; Becker, "From Muller v. Oregon to Fetal Vulnerability Policies," 1237.

37. Joint Appendix at 84, International Union, UAW v. Johnson Controls, Inc., 499 U. S. 187 (1991) (89-1215).

38. 见，例如，Duren v Missouri, 439 U. S. 357 (1979); Califano v. Goldfarb, 430 U. S. 199 (1977); Weinberger v. Wiesenfeld, 420 U. S. 636 (1975); Kahn v. Shevin, 416 U. S. 351 (1974); Frontiero v. Richardson, 411 U. S. 677 (1973)。

39. Joint Appendix at 75-88, International Union, UAW v. Johnson Controls, Inc., 499 U. S. 187 (1991) (No. 89-1215).

40. Ellen Goodman, "The Easy Way Out," *The Baltimore Sun*, October 16, 1990.

41. 410 U. S. 113 (1973).

42. Faludi, *Backlash*, 441.

43. Bill Richards, "Women Say They Had to Be Sterilized to Hold Jobs," *The Washington Post*, January 1, 1979, http://www.washingtonpost.com/archive/politics/1979/01/01/women-say-they-had-to-be-sterilized-to-hold-jobs/74f7104e-8449-48d2-9592-c5 2d496dfffc/.

44. Faludi, *Backlash*, 448.

45. Bronson, "Bitter reaction" ; Faludi, *Backlash*, 447.

46. Oil, Chem.& Atomic Workers Int'l Union v. American Cyanamid Co., 741 F.2d 444, 447, 450 (D.C. Cir. 1984).

47. 同上。

48. Christman v. American Cyanamid Co., 92 F.r.D.441 (N.D.W. Va. 1981).

49. 见，例如，Jim Morris, "How Politics Gutted Workplace Safety," *Slate*, July 7, 2015, http://www.slate.com/articles/business/moneybox/2015/07/osha_safety_standards_how_politics_have_undermined_the_agency_s_ability.html; Clauss, Berzon, and Bertin, "Litigating reproductive and Developmental Health," 206 ("自 1980 年后，劳工部便不再继续积极反对胎儿保护政策")。

50. Julianna Gonen, *Litigation as Lobbying: Reproductive Hazards and Interest Aggregation* (Columbus: Ohio State Press, 2003), 38.

51. International Union, UAW v. Johnson Controls, Inc., 680 F. Supp. 309, 310 (E.D.Wisc.1988).

52. Wolfgang Saxon, "Robert W. Warren, Wisconsin Federal Judge," *The New York Times*, August 22, 1998, http://www.nytimes.com/1998/08/22/us/Robert-w-warren-72-wisconsin-federal-judge.html.

53. U. S. Equal Employment Opportunity Commission, "Policy Statement on Reproductive & Fetal Hazards Under Title VII," Fair Employment Practice Manual (BNA) 401: 6013, 6015 n.11 (October 3, 1988).

54. 同上，6015–6016 (脚注已省略)。

55. Jan Uebelherr, "Courtroom revealed the Passionate Side of Judge Coffey," *The Milwaukee Journal-Sentinel*, November 13, 2012, http://www.jsonline.com/news/obitu aries/courtroom-revealed-the-passionate-side-of-coffey-pl7k0ju-179121421.html.

56. 转引自 Kirp, "Fetal Hazards, Gender Justice, and the Justices," 119。

57. International Union, UAW v. Johnson Controls, Inc., 886 F.2d 871, 896 (7th Cir. 1989) (全院庭审)。

58. 同上，898–899。

59. 同上，871, 920 (7th Cir. 1989) (Easterbrook, J., dissenting)。

60. 同上，912。

61. 同上，912–913。

62. U. S. Equal Employment Opportunity Commission, “Policy Guidance on United Auto Workers v. Johnson Controls, Inc.,” No. 915–1047, EEOC Compliance Manual (CCH) Vol. II § 624 (January 24, 1990).

63. Caroline Bettinger-Lopez and Susan Sturm, “International Union, U.A.W. v. Johnson Controls: The History of Litigation Alliances and Mobilization to Challenge Fetal Protection Policies,” Columbia Law School Public Law & Legal Theory Working Group, Paper No. 07–145 (2007), http://www2.law.columbia.edu/ssturm/pdfs/Johnson_Controls_4.22.07.pdf.

64. Brief Amici Curiae of Equal rights Advocates, NOW Legal Defense and Education Fund, National Women’s Law Center, and Women’s Legal Defense Fund in Support of Petitioners, International Union, UAW v. Johnson Controls, Inc., 499 U. S. 187 (1991) (No. 89–1215).

65. McNamara, “Factory and Fertility Suit Raises Issues of Bias.”

66. Oral Argument at 13:23–13:52, International Union, UAW v. Johnson Controls, Inc., 499 U. S. 187 (1991) (No. 89–1215), available at http://www.oyez.org/cases/1990-1999/1990/1990_89_1215#argument.

67. 同上，2:30–2:54；1:02–1:20。

68. 同上，6:30–6:57。

69. 同上，10:00–10:50。

70. 2004 年之前，言词辩论记录中并不能体现出确切的提问者，但是一些声音可从辩论录音中立刻辨别出，例如奥康纳大法官的声音具有特质。其他人可能因为律师在回答问题时称呼了大法官的名字而被识别出。

71. 同上，16:29–19:40。

72. 同上，24:03–25:20。

73. 同上，28:00–29:54。

74. 同上，31:13–31:53。

75. 同上，38:10–39:15。

76. 同上，44:04–46:46。

77. 同上，51:19–51:54。

78. International Union, UAW v. Johnson Controls, Inc., 499 U. S. 187, 204 (1991).

79. 同上，199。

80. 同上，206。

81. 同上，203。

82. 同上，545 (Scalia, J., concurring)。

83. 同上，545 (Scalia, J., concurring)。

84. 同上，211。

第8章

除非另有说明，本章中的直接引语、传记和历史细节、心理印象来自以下来源：interview with Teresa (Harris) Wilson and Irwin Venick, Nashville, Tennessee, May 19, 2012。

1. Joint Appendix at 47, 50–52, Harris v. Forklift Sys., Inc., 510 U. S. 17 (1993) (No. 92–1168).

2. 同上，44–46。

3. 同上，52–53。

4. 477 U. S. 57 (1986)。

5. 同上，67。

6. 805 F.2d 611 (6th Cir. 1986).

7. 同上，623–624。

8. 同上，619–621。

9. Harris v. Forklift Sys., Inc., No. 3: 89–0557, 1990 U. S. Dist. LEXIS 20115 at *5, *11 (M.D. Tenn. Nov. 28, 1990).

10. 同上，*18。

11. 转引自 Ellen Goodman, "Insensitive Man or Oversensitive Woman?" *The Baltimore Sun*, October 12, 1993, http://articles.baltimoresun.com/1993-10-12/news/1993285101_1_harassment-teresa-harris-charles-hardy。

12. Harris v. Forklift Sys., Inc., Nos. 91–5301, 5871, 5822, 1992 U. S. App. LEXIS 23779 (6th Cir. Sept. 17, 1992).

13. 401 U. S. 424 (1971).

14. Petition for Certiorari at 10-12, Harris v. Forklift Sys., Inc., 510 U. S. 17 (1993) (No. 92–1168).

15. Marcia D. Greenberger, "What Anita Hill Did for America," CNN.com, October 22, 2010, http://www.cnn.com/2010/OPINION/10/21/greenberger.anita.hill/.

16. Brief for the United States and the Equal Employment Opportunity Commission as Amici Curiae at 20–22, Harris v. Forklift Sys., Inc., 510 U. S. 17 (1993) (No. 92–1168).

17. Brief for Amicus Curiae American Psychological Association in Support of Neither Party at 6–17, Harris v. Forklift Sys., Inc., 510 U. S. 17 (1993) (No. 92–1168).

18. 同上，18–20。

19. Oral Argument at 15:28–17:21, Harris v. Forklift Sys., Inc., 510 U. S. 17 (92–1168), available at http://www.oyez.org/cases/1990-1999/1993/1993_92_1168.

20. 同上，18:16–19:04。

21. 同上，30:06–30:40。

22. 同上，30:49–35:52。

23. 同上，39:02–41:39。

24. 同上，46:10–46:33。

25. 同上，46:42–51:25。

26. Harris v. Forklift Sys., Inc., 510 U. S. at 17, 22 (1993).

27. 同上。

28. 同上，25–26。(Ginsburg, J., concurring). 见，例如，Irin Carmon and Shana Knizhnik, *Notorious RBG: The Life and Times of Ruth Bader Ginsburg* (New York: Dey Street Books, 2015); Linda Hirshman, *Sisters in Law: How Sandra Day O' Connor and Ruth Bader Ginsburg Went to the Supreme Court and Changed the World* (New York: HarperCollins, 2015)。

29. Harris, 510 U. S. at 22–23.

30. 同上，23。

第 9 章

除非另有说明，本章中的直接引语、传记和历史细节、心理印象来自以下来源：interview with Sheila White, Memphis, Tennessee, August 5, 2014。

1. Shaila Dewan, "Forklift Driver's Stand Leads to Broad rule Protecting Workers Who Fear retaliation," *The New York Times*, June 24, 2006, http://www.nytimes.com/2006/06/24/us/24white.html.

2. Burlington Northern & Santa Fe rwy.Co. v. White, 364 F.3d 769, 792 (6th Cir. 2004).

3. 转引自 Dewan, "Forklift Driver's Stand Leads to Broad rule"。

4. Transcript of Trial, August 31, 2000 at 292 –293, White v. Burlington Northern & Santa Fe Rwy. Co., No. 99–2733, 2000 U. S. Dist.LEXIS 22799 (W.D.Tenn. Aug. 28, 2000).

5. 同上，154。

6. March 5, 1998 note from D. Annice Golden, Ph.D., Exhibit 11, Marvin Brown Deposition, White v. Burlington Northern & Santa Fe Rwy. Co., No. 99–2733, 2000 U. S. Dist. LEXIS 22799 (W.D.Tenn. Aug. 28, 2000).

7. November 4, 1998 note from D. Annice Golden, Ph.D., Exhibit 14, Marvin Brown Deposition, White v. Burlington Northern & Santa Fe Rwy. Co., No. 99–2733, 2000 U. S. Dist. LEXIS 22799 (W.D.Tenn. Aug. 28, 2000).

8. Louis Graham, "Lawyer Examines McCalla' s Behavior; Sixth Circuit Looks into Judicial Conduct," *The Commercial Appeal*, July 15, 2001.

9. United States v. Whitman, 209 F. 3d 619, 624 (6th Cir. 2000).

10. Transcript of Trial, September 1, 2000 at 521, 537, White v. Burlington Northern & Santa Fe Rwy. Co., No. 99 −2733, 2000 U. S. Dist.LEXIS 22799 (W.D.Tenn. Aug. 28, 2000).

11. 同上，519。

12. 同上，479−480，555−560。

13. 42 U. S.C. § 2000e−2(a)(1)−(2).

14. White v. Burlington Northern & Santa Fe Rwy. Co., No. 99−2733, 2000 U. S. Dist. LEXIS 22799 at *15 (W.D.Tenn. Aug. 28, 2000).

15. Transcript of Trial, September 1, 2000 at 697-698, White v. Burlington Northern & Santa Fe Rwy Co., No. 99−2733, 2000 U. S. Dist. LEXIS 22799 (W.D.Tenn. Aug. 28, 2000).

16. White v. Burlington Northern & Santa Fe Rwy. Co., No. 99−2733, 2000 U. S. Dist.LEXIS 22798 at *5, *6 (W.D.Tenn. Nov. 16, 2000).

17. White v. Burlington Northern & Santa Fe Rwy. Co., 310 F.3d 443, 451 (6th Cir. 2002).

18. 同上，454。

19. Sheila White, *Fighting the Giant: From the Railyards of Tennessee All the Way to the Supreme Court* (Los Gatos, CA: Robertson Publishing, 2007), 54.

20. EEOC Compliance Manual § 8−II.D.3 (May 20, 1998).

21. 同上。

22. Donald J. Donati, "Insights from an Advocate: Burlington Northern & Santa Fe Railway Co. v. White," *University of Memphis Law Review* 41 (Summer, 2011), 713.

23. Edward Feisenthal, "Beach Dispute May Bring a Pivotal Harassment ruling," *The Wall Street Journal*, January 7, 1998, http://www.wsj.com/articles/SB884126032492704000.

24. Faragher v. City of Boca Raton, 864 F. Supp.1552, 1557 (S.D.Fla.1994).

25. Faragher v. City of Boca Raton, 524 U. S. 775, 780 (1998).

26. Ellerth v. Burlington Indus., 912 F. Supp.1101, 1106−1109 (N.D.Ill. 1996).

27. Ellerth v. Burlington Indus., 524 U. S. 742 (1998); Faragher v. City of Boca raton, 524 U. S. 775 (1998).

28. U. S. Equal Employment Opportunity Commission, "Sexual Harassment Charges, EEOC and FEPAs Combined: FY 1997−FY 2014," http://www.eeoc.gov/eeoc/statis tics/enforcement/sexual_harassment.cfm.

29. U. S. Equal Employment Opportunity Commission, "EEOC Charge Statistics: FY 1997 through FY 2014," http://www.eeoc.gov/eeoc/statistics/enforcement/charges.cfm.

30. 转引自 Bartholomew Sullivan, "Memphian Has Day at Supreme Court-Harass-

ment Case May Be Precedent-Setting," *The Commercial Appeal*, April 16, 2006。

31. Tony Mauro, "Appellate Lawyer of the Week: Eric Schnapper, University of Washington Law School," *The National Law Journal*, October 27, 2010, http://www.law.washington.edu/News/Articles/Appellate_Lawyer_of_the_Week.pdf.

32. Donald A. Donati, remarks, National Employment Lawyers Association, 2014 Annual Conference, "Blazing the Trail: Courage, Challenge, Change," June 26, 2014, Boston, MA.

33. 同上。

34. Oral Argument at: 13–:49, Burlington Northern & Santa Fe Rwy. Co. v. White, 548 U. S. 53 (2006) (No. 05-259), available at http://www.oyez.org/cases/2000-2009/2005/2005_05_259.

35. 同上，3:27–3:35。

36. 同上，5:05–5:25。

37. 同上，15:45–16:58。

38. 同上。

39. 同上，8:24–8:33。

40. 同上，8:56–9:31。

41. 同上，48:43。

42. 同上，34:11。

43. 同上，41:33。

44. 同上，38:26–39:01。

45. Donald A. Donati, remarks, National Employment Lawyers Association, 2014 Annual Conference.

46. Oral argument at 35:59–36:27, Burlington Northern & Santa Fe Rwy. Co. v. White, 548 U. S. 53 (2006) (No. 05–259), available at http://www.oyez.org/cases/2000-2009/2005/2005_05_259.

47. 同上，56:20–57:35。

48. White, *Fighting the Giant*, 57.

49. 同上。

50. Burlington Northern & Santa Fe Rwy. Co. v. White, 548 U. S. 53, 68 (2006).

51. White, *Fighting the Giant*, iv.

52. 同上，58。

第 10 章

除非另有说明，本章中的直接引语、传记和历史细节、心理印象来自以下来源：Telephone interview with Sam Bagenstos on April 22, 2015; interview with Sharon

Gustafson and Peggy Young in Arlington, Virginia, on April 10, 2015。

1. Rebecca Traister, "Labor Pains," *The New Republic*, February 3, 2015, http://www.newrepublic.com/article/120939/maternity-leave-policies-america-hurt-working-moms.

2. Plaintiff's Memorandum in Opposition to Defendant's Motion for Summary Judgment at 22, Young v. United Parcel Service, Inc., No. DKC 08−2586, 2011 U. S. Dist. LEXIS 14266 (D. Md.February 14, 2011).

3. 同上。

4. 同上。

5. U. S. Department of Labor, Women's Bureau, "Facts Over Time: Labor Force Participation Rates—Labor Force Participation Rates by Sex and Race or Hispanic Ethnicity, 1972−2012," http://www.dol.gov/wb/stats/facts_over_time.htm.

6. Jeanette M. Cleveland, Margaret Stockdale, and Kevin Murphy, *Women and Men in Organizations: Sex and Gender Issues at Work* (New York: Psychology Press, 2000), 208.

7. Lynda Laughlin, "Maternity Leave and Employment Patterns of First Time Mothers: 1961−2008," U. S. Census Bureau, Current Population reports, P7−128 (October 2011) at 6−7 & Table 4, http://www.census.gov/prod/2011pubs/p70−128.pdf.

8. 见，例如，Joanna L. Grossman and Gillian L. Thomas, "Making Pregnancy Work: Overcoming the Pregnancy Discrimination Act's Capacity-Based Model," *Yale Journal of Law & Feminism*: 21 (2009): 19−22。

9. Lydia DiPillis, "Under Pressure, Wal-Mart Upgrades Its Policy for Helping Pregnant Workers," *The Washington Post*, April 5, 2014, http://www.washingtonpost.com/blogs/wonkblog/wp/2014/04/05/under-pressure-walmart-upgrades-its-policy-for-helping-pregnant-workers/.

10. Bryce Covert, "Pregnant Worker at Pier 1 Put on Unpaid Leave Even Though She Wanted to Continue Working," *ThinkProgress*, April 17, 2014, http://thinkprogress.org/economy/2014/04/17/3427898/pregnant-worker-pier-1/.

11. Leahy v. Gap, Inc., No. 07-2008, 2008 U.S Dist. LEXIS 58812 (E.D.N.Y.July 29, 2008).

12. Rachel L. Swarns, "Doctor Says No to Overtime; Pregnant Worker's Boss Says No Job," *The New York Times*, October 19, 2014, http://www.nytimes.com/2014/10/20/nyregion/doctors-letter-spells-end-of-job-for-pregnant-employee.html?sm prod=nytcore-iphone&smid=nytcore-iphone-share; Brigid Schulte, "Pregnant Women Fight to Keep Jobs via 'Reasonable Accommodations,'" *The Washington Post*, August 4, 2014, https://www.washingtonpost.com/national/health-science/pregnant-women-fight-to-keep-jobs-via-reasonable-accommodations/2014/08/04/9eb13

654-1408-11e4-8936-26932bcfd6ed_story.html; Rachel L. Swarns, "Placed on Unpaid Leave, a Pregnant Worker Finds Hope in a New Law," *The New York Times*, February 2, 2014, http://www.nytimes.com/2014/02/03/nyregion/suspended-for-be ing-pregnant-an-employee-finds-hope-in-a-new-law.html?ref=rachellswarns&_r=1.

13. National Partnership for Women & Families, "Listening to Mothers: The Experiences of Expecting and New Mothers in the Workplace," January 2014, http://www.nationalpartnership.org/research-library/workplace-fairness/pregnancy-discrimina tion/listening-to-mothers-experiences-of-expecting-and-new-mothers.pdf, 3.

14. U. S. Equal Employment Opportunity Commission, "Charge Statistics: FY 1997 Through FY 2014," http://www.eeoc.gov/eeoc/statistics/enforcement/pregnancy.cfm.

15. Brigid Schulte, "New Statistics: Pregnancy Discrimination Claims Hit Low-Wage Workers Hardest," *The Washington Post*, August 5, 2014, http://www.washingtonpost.com/blogs/she-the-people/wp/2014/08/05/new-statistics-pregnancy-discrimina tion-claims-hit-low-wage-workers-hardest/.

16. 42 U. S.C. § 2000e(k).

17. 同上。

18. Ensley-Gaines v. Runyon, 100 F.3d 1220 (6th Cir. 1996).

19. Peter Baker, "Once More, Bush Turns to His Inner Circle," *The Washington Post*, October 4, 2005, http://www.washingtonpost.com/wp-dyn/content/article/2005/10/03/Ar2005100301781.html; 参见 Elisabeth Bumiller, "Court in Transition: The President; An Interview By, Not With, the President," *The New York Times*, July 21, 2005, http://query.nytimes.com/gst/fullpage.html?res=9800E5DC153CF932A15754C0A9639C8B63。

20. Clarence Thomas, *My Grandfather's Son: A Memoir* (New York: Harper Collins, 2007).

21. Nomination of Judge Clarence Thomas to Be Associate Justice of the Supreme Court of the United States, Day 1, Before the Committee on the Judiciary, 102nd Cong. 38 (1991) (Testimony of Anita F. Hill, Professor of Law, University of Oklahoma, Norman, OK), http://www.loc.gov/law/find/nominations/thomas/hearing-pt4.pdf.

22. U. S. Equal Opportunity Employment Commission, "Written Testimony of Emily Martin, Vice President and General Counsel, National Women's Law Center," Meeting of the Commission, February 15, 2012, http://www.eeoc.gov/eeoc/meet ings/2-15-12/martin.cfm.

23. U. S. Equal Opportunity Employment Commission, "Written Testimony of Judith L. Lichtman, Senior Advisor, National Partnership for Women and Families," Meeting of the Commission, February 15, 2012, http://www.eeoc.gov/eeoc/meetings/

2-15-12/lichtman.cfm.

24. U. S. Equal Opportunity Employment Commission, "Written Testimony of Sharon Terman, Senior Staff Attorney, Gender Equity and LGBT rights Program, Legal Aid Society-Employment Law Center," Meeting of the Commission, February 15, 2012, http://www.eeoc.gov/eeoc/meetings/2-15-12/terman.cfm.

25. U. S. Equal Opportunity Employment Commission, "Written Testimony of Maryann Parker, Associate General Counsel, Service Employees International Union," Meeting of the Commission, February 15, 2012, http://www.eeoc.gov/eeoc/meetings/2-15-12/parker.cfm.

26. U. S. Equal Opportunity Employment Commission, "Written Testimony of Joan C. Williams, Professor of Law & Director, Center for WorkLife Law, UC-Hastings," Meeting of the Commission, February 15, 2012, http://www.eeoc.gov/eeoc/meet ings/2-15-12/williams.cfm.

27. National Women's Law Center and A Better Balance, "It Shouldn't Be a Heavy Lift: Fair Treatment for Pregnant Workers," June 18, 2013, http://www.nwlc.org/sites/de fault/files/pdfs/pregnant_workers.pdf.

28. Ledbetter v. Goodyear Tire & Rubber Co., 550 U. S. 618 (2007).

29. Brief for the United States as Amicus Curiae, Young v. United Parcel Service, Inc., 135 S. Ct.1338 (2015) (No. 12–1226).

30. 同上，32–34。

31. 134 S. Ct.2751 (2014).

32. Sean Sullivan, "Justice Ruth Bader Ginsburg Says Male Justices Have a 'Blind Spot' on Women's Issues," *The Washington Post*, July 31, 2014, http://www.washington post.com/blogs/post-politics/wp/2014/07/31/justice-Ruth-bader-ginsburg-says-male-justices-have-a-blind-spot-on-womens-issues/.

33. Amicus Curiae Brief of the American Civil Liberties Union and A Better Balance, et al., in Support of Petitioner, Young v. United Parcel Service, Inc., 135 S. Ct.1338 (2015) (No. 12–1226).

34. Brief of Amicus Curiae Black Women's Health Imperative, Joined by Other Black Women's Health Organizations, in Support of Petitioner, Young v. United Parcel Service, Inc., 135 S. Ct.1338 (2015) (No. 12–1226).

35. Brief of Health Care Providers, National Partnership for Women & Families, and Other Organizations Concerned with Maternal and Infant Health as Amici Curiae in Support of Petitioner, Young v. United Parcel Service, Inc., 135 S. Ct.1338 (2015) (No. 12–1226).

36. Brief of Amicus Curiae National Education Association, et al. in Support of the Petitioner, Young v. United Parcel Service, Inc., 135 S. Ct.1338 (2015)

(No.12–1226).

37. Brief of U. S. Women's Chamber of Commerce, et al. as Amici Curiae Supporting Petitioner, Young v. United Parcel Service, Inc., 135 S. Ct.1338 (2015) (No.12–1226).

38. Brief of Members of Congress as Amici Curiae in Support of Petitioner, Young v. United Parcel Service, Inc., 135 S. Ct.1338 (2015) (No. 12–1226).

39. Brief of Bipartisan State and Local Legislators as Amici Curiae in Support of Petitioner, Young v. United Parcel Service, Inc., 135 S. Ct.1338 (2015) (No. 12–1226).

40. Brief of Amici Curiae 23 Pro-Life Organizations, et al. in Support of Petitioner Peggy Young, Young v. United Parcel Service, Inc., 135 S. Ct.1338 (2015) (No. 12–1226).

41. Naomi Schoenbaum, "When Liberals and Conservatives Agree on Women's Rights," *Politico*, March 31, 2015, http://www.politico.com/magazine/story/2015/03/supreme-court-pregnancy-discrimination-coalition-116559.html#.VUJ2ZaZN3zJ.

42. Brief for the United States as Amicus Curiae Supporting Petitioner, Young v. United Parcel Service, Inc., 135 S. Ct.1338 (2015) (No. 12–1226).

43. U. S. Equal Employment Opportunity Commission, Enforcement Guidance: Pregnancy Discrimination and related Issues, July 14, 2014, superseded by Enforcement Guidance: Pregnancy Discrimination and related Issues, June 25, 2015, http://www.eeoc.gov/laws/guidance/pregnancy_guidance.cfm,

44. Brief for the United States as Amicus Curiae Supporting Petitioner, Young v. United Parcel Service, Inc., 135 S. Ct.1338 (2015) (No. 12–1226).

45. Oral Argument at:08-:32, Young v. United Parcel Service, Inc., 135 S. Ct.1338 (2015) (No. 12–1226), available at http://www.supremecourt.gov/oral_arguments/audio/2014/12-1226.

46. 同上，49–1:02。

47. 同上，3:01–5:35。

48. 同上，6:57–8:45。

49. 同上，5:38–5:43；11:43–11:46；12:00。

50. 429 U. S. 125 (1976).

51. 同上，10:00–11:08。

52. 同上，2:33–2:50。

53. Carl Hulse, "Blocked Bids to Fill Judgeships Stirs New Fight on Filibuster," *The New York Times*, March 8, 2013, http://www.nytimes.com/2013/03/09/us/politics/filibus ter-stirs-a-new-battle-on-us-judges.html.

54. Adam Liptak, "UPS Suit Hinges on an Ambiguous Pregnancy Law," *The New York Times*, December 3, 2014, http://www.nytimes.com/2014/12/04/us/politics/in-ups-

case-justices-tackle-ambiguity-in-pregnancy-law.html.

55. 同上，27:54–28:05。

56. 同上，28:10–28:29。

57. 同上，30:30。

58. 同上，54:46–55:39。

59. 同上，57:57。

60. 同上，1:10:20–1:02:44。

61. “Andrea Mitchell reports: SCOTUS Hears Pregnancy Discrimination Case” (MS-NBC television broadcast, December 3, 2014).

62. Young v. United Parcel Service, Inc., 135 S. Ct.1338, 1354 (2015).

63. 同上，1350。

64. 同上。

65. 同上，545 (Marshall, J., concurring)。

66. 同上，1364，1365，1366。

67. 同上，1367 (Kennedy, J., dissenting)。

68. Brief of Law Professors and Women's and Civil rights Organizations as Amici Curiae in Support of Petitioner, Young v. United Parcel Service, Inc., 135 S. Ct.1338 (2015) (No. 12–1226).

69. Ben James, “UPS Settles Pregnancy Bias Case That Went to High Court,” *Law360*, October 2, 2015, http://www.law360.com/employment/articles/ 709843?nl_pk=8924 1183-ba46-425a-818a-12d046b8fc9b&utm_source= newsletter&utm_medium=ema il&utm_campaign=employment.

尾　声

1. 见，例如，Claire Cain Miller and Liz Alderman, “Why U. S. Women Are Leaving Jobs Behind,” *The New York Times*, December 12, 2014, http://www.nytimes.com/2014/12/14/upshot/us-employment-women-not-working.html。

2. 见，例如，Sylvia Ann Hewlett and Carolyn Buck Luce, “On-ramps and Off-ramps: Keeping Talented Women on the road to Success,” *Harvard Business Review*, March 2005, https: //hbr.org/2005/03/off-ramps-and-on-ramps-keeping-talented-women-on-the-road-to-success; Paulette Light, “Why 43 Percent of Women with Children Leave Their Jobs, and How to Get Them Back,” *The Atlantic*, April 19, 2013, http://www.theatlantic.com/sexes/archive/2013/04/why-43-of-women-with-chil dren-leave-their-jobs-and-how-to-get-them-back/275134/。

3. 见，例如，Claire Cain Miller, “The Motherhood Penalty v. The Fatherhood Bonus: A Child Helps Your Career, If You're a Man,” *The New York Times*, September

6, 2014, http://www.nytimes.com/2014/09/07/upshot/a-child-helps-your-career-if-youre-a-man.html。

4. "News in Brief," *The Onion*, July 30, 2015, http://www.theonion.com/article/company-flat-out-asks-female-candidate-how-much-mi-50963.

5. U. S. Department of Labor, Women's Bureau, "Latest Annual Data—Mothers' Participation in the Labor Force," 2013 annual averages, http://www.dol.gov/wb/stats/recentfacts.htm.

6. Wendy Wang, Kim Parker, and Paul Taylor, "Breadwinner Moms: Mothers Are the Sole or Primary Provider in Four-in-Ten Households with Children; Public Conflicted About Growing Trend," Pew Research Center, May 29, 2013, http://www.pewsocialtrends.org/files/2013/05/Breadwinner_moms_final.pdf, 1.

7. 见，例如，Sharon Lerner, "The real War on Families: Why the U. S. Needs Paid Leave Now," *In These Times*, Aug. 18, 2015, http://inthesetimes.com/article/18151/the-real-war-on-families; rachel Gillette, "'I Didn't Feel Appreciated': Inside the 'Backwards' Reality of Taking Unpaid Maternity Leave in America," *Business Insider*, June 20, 2015, http://www.businessinsider.com/the-reality-of-unpaid-maternity-leave-in-america-2015-6; Rebecca Traister, "Labor Pains," *The New Republic*, February 3, 2015, http://www.newrepublic.com/article/120939/maternity-leave-policies-america-hurt-working-moms。

8. Jonathan Cohn, "The Hell of American Day Care," *The New Republic*, April 16, 2013, http://www.newrepublic.com/article/112892/hell-american-day-care.

9. Anne Marie Slaughter, "A Toxic Work World," *The New York Times*, Sept. 18, 2015, http://www.nytimes.com/2015/09/20/opinion/sunday/a-toxic-work-world.html.

10. Caroline Frederickson, *Under the Bus: How Working Women Are Being Run Over* (New York: The New Press, 2015), 117–120, 174.

11. Joan C. Williams, "Beyond the Maternal Wall," *Harvard Women's Law Journal* 77 (2003), http://www.law.harvard.edu/students/orgs/jlg/vol26/williams.pdf.

12. Joan C. Williams, "The Maternal Wall," *Harvard Business Review*, October 2004, https: //hbr.org/2004/10/the-maternal-wall.

13. U. S. Equal Employment Opportunity Commission, "Enforcement Guidance: Unlawful Discrimination of Workers with Caregiving Responsibilities," May 23, 2007, http://www.eeoc.gov/policy/docs/caregiving.html.

14. Joan C. Williams & Stephanie Bornstein, "Caregivers in the Courtroom: The Growing Trend of Family Responsibilities Discrimination," *University of San Francisco Law Review* 41 (2006): 71.

15. Scott Coltrane, Elizabeth C. Miller, Tracy DeHaan, and Lauren Stewart, "Fathers and the Flexibility Stigma," *Journal of Social Issues* 69, Vol. 2 (June

2013): 279.

16. 转引自 Becky Beaupre Gillespie and Hollee Schwartz Temple, "A Lawsuit Claims 'Macho' Culture Led to Associate Dad's Firing," *ABA Journal*, March 1, 2011, http://www.abajournal.com/magazine/article/not_mans_work_a_lawsuit_claims_macho_culture_led_to_associate_dads_firing/。

17. Noam Scheiber, "Attitudes Shift on Paid Leave: Dads Sue, Too," *The New York Times*, Sept. 15, 2015, http://www.nytimes.com/2015/09/16/business/attitudes-shift-on-paid-leave-dads-sue-too.html?_r=0.See also Joshua Levs, *All In: How Our Work-First Culture Fails Dads, Families, and Businesses—and How We Can Fix It Together* (New York: HarperCollins, 2015).

18. Gillespie and Temple, "A Lawsuit Claims 'Macho' Culture Led to Associate Dad's Firing."

19. "Radio Host Mike Francesa Stands by Daniel Murphy Paternity Leave Comments After Heavy Criticism," cbsnews.com, April 4, 2014, http://www.cbsnews.com/news/sports-talk-radio-host-mike-francesa-stands-by-dan-murphy-paternity-leave-comments-after-heavy-criticism/.

20. Jennifer Ludden, "More Dads Want Paternity Leave. Getting It Is a Different Matter," NPR, August 13, 2014, http://www.npr.org/2014/08/13/333730249/more-dads-want-paternity-leave-getting-it-is-a-different-matter.

21. U. S. Equal Employment Opportunity Commission, "Pregnancy Discrimination Charges, EEOC & FEPAs Combined: FY1997–FY2011," http://www.eeoc.gov/eeoc/statistics/enforcement/pregnancy.cfm.

22. Bryce Covert, "Nonprofit Ordered to Pay $75,000 Over 'No Pregnancy in Workplace' Policy," *ThinkProgress*, May 29, 2015, http://thinkprogress.org/economy/2015/05/29/3663986/no-pregnancy-policy/.

23. Bryce Covert, "Company to Pay Record-Breaking Damages for Telling Pregnant Woman She Couldn't Do Her Job Anymore," *ThinkProgress*, July 23, 2015, http://thinkprogress.org/economy/2015/07/23/3683910/autozone-pregnancy-case/.

24. Brigid Schulte, "New Statistics: Pregnancy Discrimination Claims Hit Low-Wage Workers the Hardest," *The Washington Post*, Aug. 5, 2014, http://www.washington post.com/blogs/she-the-people/wp/2014/08/05/new-statistics-pregnancy-discrimina tion-claims-hit-low-wage-workers-hardest/.

25. Lynda Laughlin, "Maternity Leave and Employment Patterns of First Time Mothers: 1961–2008," U. S. Census Bureau, Current Population Reports, P7–128 (October 2011) at 11–12 & Table 7, http://www.census.gov/prod/2011pubs/p70-128.pdf.

26. Stephanie Bornstein, "Poor, Pregnant, and Fired: Caregiver Discrimination Against Low-Wage Workers," Center for WorkLife Law, University of California-

Hastings School of Law, 2011, http://worklifelaw.org/pubs/PoorPregnantAndFired.pdf.

27. Kristie Ackert and Oren Yaniv, *New York Daily News*, March 14, 2015, http://www.nydailynews.com/sports/baseball/mets/mets-settle-sex-discrimination-suit-filed-ex-team-exec-article-1.2148501.

28. 见，例如，Bornstein, "Poor, Pregnant, and Fired"。

29. U. S. Department of Justice, U. S. Attorney's Office, Eastern District, Press Release, "United States Settles Pregnancy Discrimination Action Against Triborough Bridge and Tunnel Authority," November 10, 2015, http://www.justice.gov/usao-edny/pr/united-states-settles-pregnancy-discrimination-action-against-triborough-bridge-and.

30. July 15, 2015 Pregnant Workers Fairness Act Coalition Letter to Members of Congress, http://www.nationalpartnership.org/research-library/workplace-fairness/pregnancy-discrimination/pregnant-workers-fairness-act-coalition-letter.pdf.

31. National Partnership for Women and Families, "Reasonable Accommodations for Pregnant Workers: State and Local Laws," July 2015, http://www.nationalpartnership.org/research-library/workplace-fairness/pregnancy-discrimination/reasonable-accommodations-for-pregnant-workers-state-laws.pdf. 见，例如，Amanda Marcotte, "Breast-Feeding Mom Loses Case Because Men Can Lactate Too," *Slate*, Feb. 4, 2015, http://www.slate.com/blogs/xx_factor/2015/02/04/angela_ames_sex_discr imination_case_breast_feeding_mom_loses_because_men.html。

32. 见，例如，Theresa K. Vescio, "Sugar-Coated Sexism," Harvard Business School, Research Symposium, Gender & Work: Challenging Conventional Wisdom, 2013, http://www.hbs.edu/faculty/conferences/2013-w50-research-symposium/Documents/vescio.pdf。

33. Sheryl Sandberg, *Lean In: Women, Work, and the Will to Lead* (New York: Knopf, 2013).

34. 见，例如，Cheryl Alter, "Here's What Anne-Marie Slaughter Has to Say About Sheryl Sandberg," *Time*, September 26, 2015, http://time.com/4050404/anne-marie-slaugh ter-unfinished-business-sheryl-sandberg/; Susan Faludi, "Facebook Feminism," *The Baffler*, No. 23 (2013), http://thebaffler.com/salvos/facebook-feminism-like-it-or-not。

35. 见，例如，Frederickson, *Under the Bus*, 4–7。

36. Annie Lowrey, "Ellen Pao and the Sexism You Can't Quite Prove," *New York Magazine*, March 30, 2015, http://nymag.com/daily/intelligencer/2015/03/ellen-pao-and-the-sexism-you-cant-quite-prove.html.

37. Maria Konnikova, "Lean Out: The Dangers for Women Who Negotiate," *The New Yorker*, June 10, 2014, http://www.newyorker.com/science/maria-konnikova/lean-out-the-dangers-for-women-who-negotiate.

38. 见，例如，Vauhini Vara, “The Ellen Pao Trial: What Do We Mean by ‘Discrimination’?,” *The New Yorker*, March 14, 2015, http://www.newyorker.com/business/currency/the-ellen-pao-trial-what-do-we-mean-by-discrimination。

39. 见，例如，Rex Huppke, “The Roots of Workplace Gender Bias,” *The Chicago Tribune*, July 27, 2014, http://www.chicagotribune.com/business/careers/ct-biz-0707-work-advice-huppke-20140707-column.html。

40. Farhad Manjoo, “Ellen Pao Disrupts How Silicon Valley Does Business,” *The New York Times*, March 27, 2015, http://mobile.nytimes.com/2015/03/28/technology/ellen-pao-disrupts-how-silicon-valley-does-business.html?referrer=&_r=0; Kathleen Davis, “The One Word Men Never See in Their Performance Reviews,” *Fast Company*, August 27, 2014, http://www.fastcompany.com/3034895/strong-female-lead/the-one-word-men-never-see-in-their-performance-reviews; Jessica Bennett, “Why We Need to Stop Calling Powerful Women ‘Bitches,’” *Cosmopolitan*, March 8, 2014, http://www.cosmopolitan.com/career/advice/a5890/powerful-women-names/.

41. Hannah Seligson, “Page by Page, Men Are Stepping Into the ‘Lean In’ Circle,” *The New York Times*, November 1, 2013, http://www.nytimes.com/2013/11/03/fashion/Page-by-Page-Men-Are-Stepping-Into-sheryl-sandbergs-lean-in-circle.html.

42. Prowel v. Wise Bus. Forms, No. 2: 06-cv-259, 2007 WL 2702664 at *5, *8 (W.D.Pa. Sept. 13, 2007).

43. No. 07–3997, 2009 U. S. App. LEXIS 19350 at *19 (3d Cir. Aug. 28, 2009).

44. Macy v. Holder, EEOC Appeal No. 0120120821 (Apr. 20, 2012).

45. 见 Baldwin v. Foxx, EEOC Doc. 0120133080, 2015 WL 4397641 at *5 (EEOC July 15, 2015); U. S. Equal Employment Opportunity Commission, Press Release, “EEOC Sues Detroit Funeral Home Chain for Sex Discrimination Against Transgender Employee,” September 25, 2014, http://www.eeoc.gov/eeoc/newsroom/release/9-25-14d.cfm; Jeff Guo, “America Might Have Accidentally Banned Transgender Discrimination in 1964,” *The Washington Post*, November 11, 2015, https: //www.washingtonpost.com/news/wonk/wp/2015/11/11/america-might-have-acciden tally-banned-transgender-discrimination-in-1964/。

46. 转引自 Eckholm, “Next Fight for Gay rights: Bias in Jobs and Housing,” *The New York Times*, June 27, 2015, http://www.nytimes.com/2015/06/28/us/gay-rights-leaders-push-for-federal-civil-rights-protections.html。

47. Joanna L. Grossman, “Hit the Gym, Borgata Babes,” *Verdict*, September 29, 2015, https: //verdict.justia.com/2015/09/29/hit-the-gym-borgatababes.

48. Darlene Jespersen, “Case Is About Civil rights and Sex Bias,” *Reno Gazette-Journal*, February 5, 2004, 11A.

49. Jespersen v. Harrah’s Operating Co., Inc., 444 F.3d 1104 (9th Cir. 2006) (全

院庭审）。

50. Martin DeAngelis and Maxwell Reil, "Appeals Judges Uphold Borgata Weight Rules," *Press of Atlantic City*, September 18, 2015, http://www.pressofatlanticcity.com/business/appeals-judges-uphold-borgata-weight-rules-in-babes-suit/article_0d11e d7a-5d4e-11e5-9716-6ffff54a2988.html.

51. Kathleen Berry, *Femininity in Flight: A History of Flight Attendants* (Durham: Duke University Press, 2007), 137.

52. Ashleigh Shelby Rosette and Tracy Dumas, "The Hair Dilemma: Conform to Mainstream Expectations or Emphasize Racial Identity," *Duke Journal of Gender Law & Policy* 14 (2007), http://scholarship.law.duke.edu/cgi/viewcontent.cgi?article=1119&context=djglp.

53. Jespersen, 444 F.3d at 1107.

54. Angela Onwuachi-Willig, "Another Hair Piece: Exploring New Strands of Analysis Under Title VII," *The Georgetown Law Journal* 98 (2010): 1085.

55. Rosette and Dumas, 408–409.

56. Rogers v. American Airlines, 527 F. Supp. 229 (D.C.N.Y.1981).

57. 同上，233。

58. Helen Cooper, "Army's Ban on Some Popular Hairstyles Raises Ire of Black Female Soldiers," *The New York Times*, April 20, 2014, http://www.nytimes.com/2014/04/21/us/politics/armys-ban-on-some-popular-hairstyles-raises-ire-of-black-female-soldiers.html.

59. Maya Rhodan, "U. S. Military Rolls Back Restrictions on Black Hairstyles," *Time*, August 13, 2014, http://time.com/3107647/military-black-hairstyles/.

60. Johnson v. Transportation Agency, 480 U. S. 616, 640 (1987).

61. Sally Kohn, "Affirmative Action Has Helped White Women More Than Anyone," *Time*, June 17, 2013, http://ideas.time.com/2013/06/17/affirmative-action-has-helped-white-women-more-than-anyone/.

62. 同上。

63. 见，例如，"Justice Department Files Lawsuit Against Corpus Christi, Texas Police Department for Sex Discrimination," Press Release, U. S. Dep't of Justice, Office of Public Affairs, July 3, 2012, http://www.justice.gov/opa/pr/justice-department-files-lawsuit-against-corpus-christi-texas-police-department-sex (challenging physical ability test for entry-level police officers, later settled); E.E.O.C.v. Dial Corp., 469 F.3d 735 (8th Cir. 2006) (invalidating strength test at meatpacking plant); United States v. City of Erie, 411 F. Supp.2d 524 (W.D.Pa.2005) (striking physical ability test for police applicants); Berkman v. City of New York, 536 F. Supp.177 (E.D.N.Y.1982) (invalidating physical ability test for firefighter candidates)。

64. Yiyang Wu, "Scaling the Wall and Running the Mile: The Role of Physical Selection Procedures in the Disparate Impact Narrative," *University of Pennsylvania Law Review* 160 (2012): 1212–1213, n.82.

65. Denise M. Hulett, Marc Bendick, Jr., Sheila Y. Thomas and Fran Moccio, "A National Report Card on Women in Firefighting," at 1, April 2008, https: //i-women.org/wp-content/uploads/2014/07/35827WSP.pdf.

66. 同上。

67. Bureau of Labor Statistics, Household Data, Annual Averages, Table 11, "Employed Persons by Detailed Occupation, Sex, Race, and Hispanic or Latino Ethnicity," 2014, http://www.bls.gov/cps/cpsaat11.pdf, 4.

68. 见，例如，Vicki Schultz, "Telling Stories About Women and Work: Judicial Interpretations of Sex Segregation in the Workplace in Title VII Cases Raising the Lack of Interest Argument," *Harvard Law Review* 103, No. 8 (June 1990); Gregory Pratt, "Country Club Hills Lawsuit Alleges Porn in Fire Station, Sexual Harassment," *The Chicago Tribune*, Aug. 20, 2015, http://www.chicagotribune.com/suburbs/daily-southtown/news/ct-sta-country-club-firefighters-suit-st-0820-20150819-story.html; "Female Firefighter Files Sex Discrimination Lawsuit," *Florida Times Union*, Aug. 22, 2014, http://www.firerescue1.com/fire-department-management/articles/1968958-Female-firefighter-files-sex-discrimination-lawsuit/。

69. Hulett, Bendick, Jr., Thomas and Moccio, "A National report Card on Women in Firefighting," April 2008 at 3.

70. 824 F. Supp.847 (D. Minn. 1993).

71. Clara Bingham and Laura Leedy Gansler, *Class Action: The Landmark Case That Changed Sexual Harassment Law* (New York: Doubleday, 2002).

72. *North Country* (Warner Brothers, 2005).

73. Suzanne Goldenberg, "'It Was Like They'd Never Seen a Woman Before,'" *The Guardian*, Feb. 3, 2006, http://www.theguardian.com/film/2006/feb/03/gender.world.

74. 同上。

75. Oncale v. Sundowner Offshore Services, Inc., 523 U. S. 75, 77 (1998).

76. 523 U. S. 75, 77 (1998).

77. "The Glass Floor: Sexual Harassment in the Restaurant Industry," Restaurant Opportunities Center United, Oct. 7, 2014, http://rocunited.org/new-report-the-glass-floor-sexual-harassment-in-the-restaurant-industry/.

78. 同上。

79. Saru Jayaraman, "It's Not a Tip Credit, It's a Tip Penalty," *The Stranger*, Apr. 9, 2014, http://www.thestranger.com/seattle/its-not-a-tip-credit-its-a-tip-penalty/

Content?oid=19234278.

80. Jillian Berman, "80 Percent of Female restaurant Workers Say They've Been Harassed by Customers," *The Huffington Post*, Oct. 8, 2014, http://www.huffington post.com/2014/10/08/sexual-harassment-restaurants_n_5948096.html.

81. "The Glass Floor."

82. Human rights Watch, "Cultivating Fear: The Vulnerability of Immigrant Farmworkers in the U. S. to Sexual Violence and Sexual Harassment," May 5, 2012, https: //www.hrw.org/report/2012/05/15/cultivating-fear/vulnerability-immigrant-farmworkers-us-sexual-violence-and-sexual.

83. 同上。

84. 同上。

85. Southern Poverty Law Center, "Injustice On Our Plates: Immigrant Women in the U. S. Food Industry," November 2010, https: //www.splcenter.org/news/2010/11/23/injustice-our-plates.

86. William R. Tamayo, "The Role of the EEOC in Protecting the Civil rights of Farmworkers," *University of California-Davis Law Review* 33 (Summer 2000): 1075.

87. Liz Jones, "Farm Worker Harassment Draws Increased Scrutiny," KUOW, May 12, 2013, http://kuow.org/post/farm-worker-harassment-draws-increased-scrutiny; *Frontline*, "Rape in the Fields," PBS Broadcast (June 25, 2013), http://www.pbs.org/wgbh/pages/frontline/social-issues/rape-in-the-fields/transcript-46/; Sasha Khokha, "Down on the Farm, Sexual Harassment Claims Finally Surface," *The California Report*, July 24, 2006, http://audio.californiareport.org/archive/r607240850/a.

88. U. S. Equal Employment Opportunity Commission, "Selected List of of Pending and Resolved Cases Involving Farmworkers from 1999 to the Present," June 2015, http://www.eeoc.gov/eeoc/litigation/selected/farmworkers_august_2014.cfm.

89. Esther Yu-Hsi Lee, "5 Female Farmworkers Will Be Awarded $17 Million After Facing Rape and Harassment," *ThinkProgress*, September 11, 2015, http://thinkprogress.org/immigration/2015/09/11/3700839/female-farmworkers-17-million-verdict/.

90. 同上。

91. Equal Rights Advocates, "Moving Women Forward: On the 50th Anniversary of Title VII of the Civil rights Act, A Three-Part Series, Part One: Sexual Harassment Still Exacting a Heavy Toll," Oct. 9, 2014, 8–9, http://www.equalrights.org/wp-content/uploads/2014/11/ErA-Moving-Women-Forward-report-Part-One-Sexual-Harassment-Oct-2014.pdf.

92. 见，例如，Joanna Grossman, "The U. S. Court of Appeals for the Eleventh Circuit Undercuts Sexual Harassment Victims' Rights: How the Decision Underlines

Problems with the Supreme Court's Approach to Hostile Environment Harassment," *FindLaw*, Apr. 3, 2007, http://writ.news.findlaw.com/grossman/20070403.html。

93. 133 S. Ct. 2434 (2013).

94. 同上，2455 (Ginsburg, J., dissenting)。

95. 同上，2456 (Ginsburg, J., dissenting)。

96. 同上，2466 (Ginsburg, J., dissenting)。

97. Bryce Covert, "Exclusive: 43 Harassment Cases That Were Thrown Out Because of One Supreme Court Decision," *Think Progress*, Nov. 24, 2014, http://thinkprogress.org/economy/2014/11/24/3596287/vance-sexual-harassment/.

98. Crawford v. Metropolitan Gov't of Nashville and Davidson County, Tenn., 129 S. Ct. 846 (2009).

99. Thompson v. North American Stainless, LP, 131 S. Ct. 863 (2011).

100. 见，例如，Linda Hirshman, *Sisters in Law: How Sandra Day O'Connor and Ruth Bader Ginsburg Went to the Supreme Court and Changed the World* (HarperCollins, 2015), 284–285。

101. 133 S. Ct. 2517, 2546 (2013) (Ginsburg, J., dissenting).

102. 同上。

103. Bryce Covert, "The Lifelong Effects of the Gender Wage Gap," *ThinkProgress*, Sept. 3, 2015, http://thinkprogress.org/economy/2015/09/03/3698300/gender-retirement-gap/.

104. 127 S. Ct. 2162 (2007).

索　引

（以下页码为英文原版页码，即本书边码）

B

C

D

E

F

G

H

I

J

K

L

M

N

O

P

Q

R

S

T

U

V

W

Y

Z